Mabill,
Generati'ous ...

Wagl.

1) S. 109 ff

2)

Soziale Schichtung
und Mobilität

Handbuch der empirischen Sozialforschung
Herausgegeben von René König

Band 5

Soziale Schichtung und Mobilität

2., völlig neubearbeitete Auflage

Deutscher
Taschenbuch
Verlag

Ferdinand Enke
Verlag
Stuttgart

Prof. Dr. René König (emeritus)
Universität zu Köln

Die Bände 5 ff. der Taschenbuchausgabe stellen die 2., völlig neubearbeitete Auflage vom „Handbuch der empirischen Sozialforschung“, Band II, dar.

Printed in Germany
Satz und Druck: Druckerei Maisch & Queck, Gerlingen

ISBN Enke 3-432-86902-9
ISBN dtv 3-423-04240-0

Vorwort des Herausgebers zur zweiten Auflage

(Ursprünglich Band II des Handbuchs der empirischen Sozialforschung)

Wie schon im „Vorwort des Herausgebers" zu den Bänden eins bis vier der Taschenbuchausgabe des *Handbuchs der empirischen Sozialforschung* bemerkt, umfassen diese den vormaligen ersten Band (1. Aufl. 1962, 2. Aufl. 1967), der einer eingehenden Ergänzung, Erweiterung und Umarbeitung unterzogen wurde. Die jetzt folgenden weiteren Bände umfassen bis zum Ende der Reihe den vormaligen zweiten Band, der ursprünglich den vierten Teil des Werkes mit „Ausgewählten Gebieten der empirischen Soziologie" darstellte (1. Aufl. 1969). Diese Neuauflage als Taschenbuchserie ist ebenfalls das Ergebnis einer weitgehenden Umarbeitung und Ergänzung (insbesondere der Bibliographien, die so gut wie möglich à jour gebracht wurden); außerdem sind einige Kapitel dazugekommen, deren Fehlen von uns teilweise schon bei der vorigen Auflage bedauert wurde. Das betrifft vor allem den Anfang des Werkes. Aber auch am Schluß werden einige Darstellungen angeschlossen, die in letzter Zeit von besonderer Aktualität geworden sind. Das wäre der allgemeine (also auch formelle) Umriß der gegenüber der vorigen Auflage eingetretenen Änderungen. Ferner gibt es Sach- und Namenregister jetzt nur noch für jeden einzelnen Band und kein Gesamtregister mehr, weil es zu umfangreich würde. Denn der vierte Teil dieses Handbuchs (vormals Band 2) wird nach dem heutigen Stand der Planung eine ganze Reihe von Bänden umfassen. Damit ist dann das Werk abgeschlossen.

Im folgenden soll nun nicht mehr allgemein über Forschungstechniken und Methoden gesprochen werden, vielmehr sollen diese auf den verschiedensten Gebieten praktisch am Werk gezeigt werden. Dabei ist den Verfassern zur Auflage gemacht worden, insbesondere jene Punkte hervorzuheben, an denen aufgrund empirischer Forschung entscheidende Veränderungen der bisherigen Theorie notwendig geworden sind. Ich betone das ausdrücklich, um das leider noch vielerorts vorwaltende Mißverständnis zu zerstreuen, daß empirische Sozialforschung völlig ziellos, d. h. ohne theoretische Orientierung sich entfalte und darum nur als begrenzte Aussage gewertet werden könne, ohne daß weitere Zusammenhänge sichtbar würden, in die sich die betreffende Erscheinung einordnet. In Wahrheit ist es aber ein leichtes zu zeigen, daß eine recht verstandene Sozialforschung nicht nur Einzelprobleme, selbst die speziellsten in weitere Sachzusammenhänge integriert, sondern ausgesprochen gesamtgesellschaftliche Probleme aufrollt. Mir scheint sogar beim neuerlichen Durchlesen ein wichtiges Ergebnis, auf das eigentlich alle Kapitel der vorliegenden Bände konvergieren, darin zu liegen, daß ein entscheidender gesamtgesellschaftlicher Wandel in ihnen sichtbar wird, der sich ungefähr über die ersten zwei Drittel des 20. Jahrhunderts erstreckt. Damit wird der Zusammenhang zur Geschichte hergestellt, und ich möchte wünschen, daß die in verschiedenen Beiträgen aufgewiesenen Beispiele für eine ausgesprochene Historisierung der Theorie zu einer weiteren Diskussion dieser Probleme anregen werden, wie es jüngstens von dem Historiker *Hans Ulrich Wehler* angebahnt worden ist (siehe *Peter Christian Ludz,* Hrsg., Soziologie und Sozialgeschichte, Sonderheft 16 der Kölner Zeitschrift für Soziologie und Sozialpsychologie, Opladen 1972, S. 59).

Es wird im Schlußkapitel darauf zurückzukommen sein, welche allgemeinen Folgerungen aus diesem Ergebnis gezogen werden müssen. Hier soll einzig darauf hingewiesen werden, daß sich die Auflösung der Vorurteile des vorwissenschaftlichen Seinsverständnisses, worin wir nach wie vor die zentralste Aufgabe der empirischen Sozialforschung sehen, auf höherer Ebene auch dahingehend bewährt, daß Wandelerscheinungen in den bezielten Objekten sichtbar gemacht, ferner überlieferte theoretische Vorurteile, die ihre Begründung in vergangenen Zuständen finden, aufgelöst und weitreichende Revisionen einzelner Theoriestücke wie komplexer Theoriezusammenhänge angebahnt werden, die schließlich zu neuen gesamtgesellschaftlichen Konzeptionen führen, von denen wir hier nur den Übergang vom kapitalistischen Industriesystem zur fortgeschrittenen Industriegesellschaft erwähnen. Es wird eine wichtige Aufgabe des Schlußkapitels sein, diese Andeutungen näher auszuführen, in Einzelheiten zu erhärten und insgesamt zu vertiefen.

Der Sinn der „Kritik“ liegt hier also insbesondere in der ständigen „Autokritik“ der soziologischen Theorien anhand einer sich kontinuierlich kumulierenden Forschung, an deren Rändern zunächst immer mehr Unstimmigkeiten auftreten, mit denen man erst durch Aufstellung von „Epizyklentheorien“ fertig zu werden versucht, bis dies Vorgehen völlig versagt. Dann bleibt keine andere Lösung, als die alten Theoriestücke völlig umzuschmelzen und allmählich zu neuen Interpretationsansätzen zu schreiten. Das nennt man dann den Fortschritt in der Wissenschaft, der sich dementsprechend fast nie kontinuierlich, sondern in „Sprüngen“ vollzieht. Das Paradigma hat sich verändert.

In dieser Hinsicht unterscheidet sich die empirische Sozialforschung, wie sie hier verstanden wird, sehr wesentlich von einer vermeintlichen „kritischen Soziologie“, die ihre aus theoretischen Ansätzen mit völlig andersartiger existentieller Begründung entsprungenen Konzeptionen, wie sie für das 19. Jahrhundert bezeichnend waren, umweglos und damit auch kritiklos (weil der Wirklichkeit gegenüber in einer eigentlichen intellektuellen Schwebelage befindlich) in eine „Praxis" zu entwerfen sucht, die in ihren entscheidenden Zügen völlig unbekannt bleibt. Hier ist dann „Kritik" nicht der Stachel der Erkenntnis, der uns vor jeder einzelnen Erscheinung immer wieder in die gleiche Ausgangslage der völligen Unwissenheit versetzt, sondern sie wird umgekehrt zum Ausdruck einer ausgesprochenen intellektuellen Selbstbefriedigung, in der Eigentlichkeit und Uneigentlichkeit objektlos um sich selbst rotieren und letztlich ausschließlich in der emphatischen Beteuerung des Selbstseins als Substanz gründen, demgegenüber in der Tat jede Anerkenntnis eines Objektivitätsprinzips wie eine Selbstentfremdung wirken muß. Diese Art der Kritik ist nicht viel anders als jene, die immerfort Empirie, Empirie, Verifizierung und Falsifizierung stammelt, ohne jemals das geringste Stückchen empirischer Forschung bewältigt zu haben. *Das Werkzeug der Wissenschaft ist zweifellos nicht identisch mit der Wissenschaft selbst, die sich einzig in der realen Lösung realer Probleme und nicht in sterilen Diskussionen darüber darstellt, wie man es anfangen müßte, um diesen Problemen beizukommen.* Auch diesen Versuchen droht die Gefahr, schließlich auf der Stelle zu treten, beziehungsweise „vor lauter Kraft nicht laufen zu können", wie eine Berliner populäre Redewendung sagt.

Dementsprechend ist auch der einzige Gegenbeweis für die „Kritiker" der empirischen Sozialforschung die Leistung der letzteren, wie sie in den vorliegenden Bänden dargestellt wird. Umgekehrt reizt es zum Nachdenken, warum die empirischen Arbeiten dieser Kritiker eigentlich so sehr unter aller Kritik sind; das gilt seit *Theodor W. Adornos* Ausführungen über die autoritäre Persönlichkeit (1940), wie von *Ludwig von Friedeburgs* „Umfrage in der Intimsphäre" (1953), auch von *Helmut Schelskys* Untersuchungen über Familie (1954) oder über Jugend (1957), schließlich von den Untersuchungen über „Student und Politik" von *Jürgen Habermas, Ludwig von Friedeburg* u. a. (1961, 1967), denen noch viele andere anzuschließen wären. Es wäre recht leicht, ihnen den Vorwurf des „Positivismus" zu machen, als seien Tatsachen einfach Tatsachen ohne zugeordnete Bedeutungssysteme, die sich eben wirklich historisch wandeln und nicht nur im Postulat. Sollte sich der Kampf dieser „Kritiker" nicht vielleicht gegen den geheimen „Positivisten" in ihnen selbst richten?

Ähnliches ist bei den speziell marxistischen Kritikern der empirischen Soziologie zu beobachten: sie deuten immer wieder auf die vermeintliche A-Historizität der empirischen Forschung hin, vermeiden es aber sorgfältigst, auch nur den leisesten historischen Wandel jener strukturellen Voraussetzungen zuzugestehen, unter denen das theoretische System des Marxismus entstanden ist. Wenn man im Sinne von Karl Marx Forschung betreiben will, muß man wohl als erstes einräumen, daß sich mit den strukturellen Wandlungen des sozial-ökonomischen Unterbaus letztlich auch die theoretischen Kategorien wandeln. Gerade das geschieht aber bei den Marxisten nicht, so daß sich wohl zweifellos in dieser Hinsicht der vermeintlich tödliche Pfeil der A-Historizität auf den Schützen zurückwendet. Gegen den Marxismus kann nur der Rückgriff auf Karl Marx selber helfen.

Der aufmerksame Leser dieser Bände wird ferner leicht feststellen können, daß noch eine Reihe anderer Vorwürfe gegen die empirische Soziologie sachlich gegenstandlos ist. Dazu gehört vor allem die Meinung, daß die empirische Sozialforschung die Bedeutung und das Gewicht kultureller Werte unterschätze. Dem steht ein entscheidender Zug der ganzen vorliegenden Reihe entgegen, daß praktisch kein einziger Mitarbeiter darauf verzichtet hat, die kulturanthropologische Bewandtnis des jeweils von ihm behandelten Gegenstandes herauszustellen. Ein weiterer Vorwurf bezieht sich auf den vermeintlich „punktuellen" Charakter der empirischen Forschung. Dieser sollte an sich schon aufgrund der ganzen Anlage dieses Werkes nicht erhoben werden können, da empirische Forschung einzig und allein um der Theorie willen betrieben werden soll, die selbstverständlich immer über die Beschränkung isolierter Problemstellungen hinausweist. Damit ist gleichzeitig die gesamtgesellschaftliche Ausrichtung der Forschung hervorgehoben, die eine Grundvoraussetzung aller strukturell-funktionalen Analyse darstellt und sich dementsprechend auch notwendigerweise bei der empirischen Forschung bemerkbar machen muß.

Die Auswahl der Forschungsgebiete, die hier vorgelegt werden sollte, konnte natürlich keine vollständige sein. Das hätte jeden vernünftigen Umfang gesprengt. Wohl aber wollte ich die zentralen Forschungsgebiete der modernen Sozialforschung mit ihren Ergebnissen vorstellen, und das sogar in einem gewissen Zusammenhang, der es jeweils erlaubt, mehrere Teile fortlaufend zu lesen. So besteht etwa eine enge Verbindung zwischen Schichtung, vertikaler Mobilität, Wanderungen und der Soziologie der Jugend, der Familie und des Alters. Ein weiterer Zusammenhang dieser Art umfaßt die Teile zur Soziologie des Berufes, der Industrie, der Organisation und des Militärs. Ein dritter Block besteht schließlich aus den Teilen über wirtschaftlich unterentwickelte Länder, Soziologie von Stadt und Land sowie der Großstadt, an die sich als weiterer Block die Teile über Massenkommunikation, Freizeit, Konsumverhalten und Wahlverhalten anschließen.

In zwei weiteren Teilen werden Randprobleme der Soziologie behandelt, nämlich das abweichende Verhalten und die Vorurteile. Der Schluß des Werkes ist Teilen vorbehalten, die ebenfalls an den Rändern der Soziologie stehen und diese in Richtung der Kultur, der allgemeinen Psychologie oder der Biologie überschreiten. Dazu gehören die Teile über Sprache, Religion, Kunst, Bildungssoziologie, Medizin und Psychologie.

Was die innere Gestaltung der einzelnen Kapitel betrifft, so sollten diese keineswegs irgend eine Vollständigkeit anstreben, die es doch nicht gibt. Es sollten vielmehr die strukturell relevanten Ergebnisse gebracht werden und nicht ein „umfassendes Bild", wie es etwa eine Monographie bieten müßte. So sind zum Beispiel bei der Behandlung des Alters Fragen der beruflichen und arbeitsmäßigen Belastung im höheren Alter ausgeklammert worden, während die Beziehungen zwischen den Generationen sehr ausführlich dargestellt worden sind, weil sich hier wichtige Ergebnisse für die soziologische Theorie der Familie ergeben. Zeigen sie doch, daß eine bisher weithin als fraglos und selbstverständlich angenommene Theorie von der Isolierung der Kernfamilie nur sehr beschränkt zutrifft und teilweise durch die moderne Forschung geradezu widerlegt worden ist. Diese Einschränkung gilt selbstverständlich auch für die Bibliographien, die immer nur als „ausgewählte Bibliographien" beurteilt werden sollen. Manchmal ist es auch wichtig, um sich in der ungeheuren Flut der Publikationen auf so vielen Gebieten zurechtzufinden, daß bestimmte Produkte ausgeschaltet werden, die sich bei näherer Betrachtung als bloße enzyklopädische Zusammenfassung und nicht eigentlich als Förderung für die Forschung erwiesen haben.

Eine weitere wichtige Beobachtung, die man bei der fortlaufenden Lektüre dieser Bände machen kann und die einen wichtigen Kontrast zur Situation früher darstellt, ist die ungewöhnlich große Differenzierung der einzelnen Forschungsgebiete. Benutzte man in Deutschland noch vor einer Generation gern den Ausdruck „Bindestrich-Soziologie", wenn man von speziellen Theorien sprach, so hat dieser Ausdruck heute wohl völlig seine Berechtigung verloren. Zweifellos enthält die Bezeichnung „Bindestrich-Soziologie" eine gewisse Abwertung und eine Tendenz, Erscheinungen dieser Art zu bagatellisieren. Gewiß liegt eine solche Einstellung nahe, wenn man die allzu leichtsinnige Weise bedenkt, mit der häufig in der Öffentlichkeit der Begriff Soziologie wahllos mit irgendwelchen Lebensgebieten zusammengekoppelt wird. Dies ist ein ärgerliches Verfahren geworden, über das der Fachmann keinerlei Freude mehr empfinden kann, da es gewissermaßen die Soziologie als „Hans-Dampf-in-allen-Gassen" darstellt. Beim heutigen Stand der allgemeinen Soziologie und auch der einzelnen soziologischen Theorien kann aber von einer solchen Einstellung keinerlei Rede mehr sein. Vielmehr müßten wir uns klar darüber werden, daß die einzelnen Spezialtheorien der Soziologie in ihrer Entfaltung ganze Ketten von Begriffen und Theorien entwickelt haben, die zum Teil schon über weite Strekken hin zusammenhängen. Man denke etwa nur an einen so zentralen Begriff wie den des Familienzyklus, der dementsprechend eine eingehende Diskussion erfahren hat. Aber das gilt auch für andere Begriffe, wie etwa die der soziologischen Organisationstheorie, die ebenfalls über die verschiedensten Bereiche hinüberweggreift. Wir lassen es dahingestellt, wie weit solche Begriffsketten reichen. Für uns ist es hinreichend, und das ist auch die Rechtfertigung dafür, auf dem beschrittenen Wege weiterzugehen.

Blickt man unbefangen über die jede Saison neu in Blüte schießenden Bindestrich-Soziologien, so wird man den Eindruck nicht los, daß dabei ein gutes Teil rein modischer Erscheinungen im Spiel ist. Dieser Eindruck verstärkt sich, wenn man die Programme soziologischer Kongresse betrachtet, die zu gewissen Momenten alle die gleichen Spezialitäten anbieten. Dabei soll nicht von der Hand gewiesen werden, daß es unter Umständen sehr substantielle Gründe geben kann, warum zu gewissen Zeiten bestimmte Themen im Vordergrund stehen. Das ist eine wesentliche Folge der Historizität soziologischer Theorienbildung. Dabei können sogar sehr weitgespannte historische Phasen sichtbar werden, wie etwa in der Mobilitätsforschung. Die Inflation auf diesem Gebiet in den Vereinigten Staaten war zunächst zweifellos ideologisch bedingt, indem man den Wunschtraum „vom Tellerwäscher zum Millionär" zu rechtfertigen und zu „beweisen" suchte. Das erklärt auch die massenhafte Verbreitung dieser Darstellungen. Dann zeigte sich allerdings bald die recht ernüchternde Tatsache, daß es auch im vermeintlich hochmobilen Amerika feste Klassenschranken gab, die nur in wenigen Fällen überschritten wurden. Als man ähnliche Untersuchungen in den fünfziger Jahren in der Bundesrepublik unternahm, war wohl zunächst die höchst existentielle Fragestellung leitend, ob sich das alte Klassensystem vom Kaiserreich über die Weimarer Republik, das nationalsozialistische Deutschland bis zum totalen Krieg, zum totalen Zusammenbruch und zum Nachkrieg erhalten hatte *(Ralf Dahrendorf, Wolfgang Zapf)*. Man könnte sogar heute eine neue Situation in dieser Hinsicht ansetzen – nach Beendigung des sogenannten Nachkriegs, der nicht nur architektonisch einfach ein Neuaufbau des Alten gewesen ist. Dieser Nachkrieg ist nun zu Ende. Was gilt nun? Die sozialen Bewegungen in den meisten fortgeschrittenen Industrieländern seit der Mitte der sechziger

Jahre lassen vielerlei Vermutungen aufkommen, über die jedoch noch nichts genaues ausfindig zu machen ist. Das wird sich vielleicht bald als eine neue Herausforderung an die empirische Sozialforschung erweisen.

Ohne auf Zukunftsfragen einzugehen, wollen wir noch einen Blick auf die historischen Phasierungen werfen, welche die empirische Sozialforschung sichtbar gemacht hat. So scheinen, wie schon *Theodor Geiger* vermutete, etwa die Mobilitätsraten in Deutschland (und anderen Gesellschaften) in Zeiten von Umbrüchen in der Sozialstruktur besonders hoch zu sein, um danach wieder abzusinken *(Hansjürgen Daheim)*. Für Deutschland fällt eine solche Phase in die Jahre 1840–1880. Das bestätigt sich nicht nur auf nationaler, sondern auch auf gemeindlicher Ebene *(Renate Mayntz)*. Danach treten Stabilisierungsprozesse in den Vordergrund, um später durch neue Umbrüche struktureller Natur abgelöst zu werden. So erreichte die Mobilitätsforschung in Deutschland einen recht präzisen Überblick über mehr als 130 Jahre. Das allein würde genügen, um die vermeintliche A-Historizität der empirischen Sozialforschung schlagend zu widerlegen *(Gerhard Kleining)*, so daß heute die Grenzen zwischen Soziologie und Geschichte immer durchlässiger werden.

Angesichts dieser Lage muß man sich natürlich auch fragen, ob die Strukturumbrüche immer der gleichen Natur sind, die sich in der „Mobilität" niederschlagen. Man muß sich auf prinzipielle Wandlungen gefaßt machen. Das ist ein wichtiges weiteres Argument für den gelegentlich nur pragmatischen Charakter der meisten Bindestrich-Soziologien, die ihre Zeit unter Umständen schnell überleben mögen. So sollte man sich vor einer allzu weitgehenden Institutionalisierung solcher Spezialdisziplinen hüten und sie als das sehen, was sie sind: eine nützliche Konstellation von Konzepten, Methoden und Forschungstechniken zur Bearbeitung einer existentiell aufdringlichen Problematik, die man aber bereit sein muß, über Bord zu werfen, sowie neue existentielle Herausforderungen spürbar werden. Auch das verweist neuerlich auf den gesellschaftlichen Gesamtzusammenhang, den man nicht „aufteilen" oder „zerlegen" kann, sondern durch den man jeweils nur bestimmte situationsbedingte Schnitte legen kann, auf deren Oberfläche bestimmte Probleme sichtbar werden. Damit allein ist schon gesagt, daß es sich dabei immer nur um Provisorien handeln kann, die für ein oder zwei Generationen erleuchtend sind, dann aber ihre kognitive und wissenschaftliche Funktionalität verlieren. Das zeigt z. B. in hervorragendem Maße das Antinomienpaar von Gemeinschaft und Gesellschaft, das einzig auf eine Gesellschaft anwendbar ist, die sich auf dem Umbruch zwischen Vorkapitalismus und Kapitalismus befindet. Nach Abschluß dieses historischen Prozesses hat sie aber ihren Sinn weitgehend (wenn nicht gar total) verloren und muß durch ein anderes Kategoriensystem resp. Paradigma ersetzt werden. Ich glaube, daß es den Mitarbeitern des vorliegenden und aller übrigen Bände gelungen ist, ganze Serien von solchen Übergangssituationen aufzuweisen. Das ist auch der Punkt, an dem sich das Handbuch der empirischen Sozialforschung weder mit Zusammenfassung des Gewesenen noch mit Rechtfertigung des Bestehenden begnügt, sondern überall in die Dimension der Zukunft vorstößt.

René König

Inhalt Band 5

Soziale Schichtung und Mobilität

Vorwort VII

Soziale Schichtung. Von Thomas B. Bottomore, Halifax, N. S.

I. Einleitung 1
II. Der Begriff der sozialen Klasse 1
III. Der Begriff der Eliten 12
IV. Status und Prestige 15
V. Schichtungssysteme 18
VI. Wandel der Schichtungssysteme 22
VII. Soziale Schichtung und Sozialstruktur 32
Ausgewählte Literatur 33

Vertikale Mobilität. Von Karl Martin Bolte und Helga Recker, beide München

I. Vertikale Mobilität als Teilaspekt sozialer Mobilität . . 40
II. Vertikale Mobilität als Forschungsobjekt der Sozialwissenschaften 43
a) Zur Entfaltung des Interesses an der Untersuchung vertikaler Mobilität 43
b) Die Zielrichtung der Analyse vertikaler Mobilität . . 46
III. Auf- und Abstiegsbewegungen im Generationswechsel (Inter-Generationen-Mobilität) 48
IV. Karrieremobilität (Intra-Generations-Mobilität) 62
V. Die Herkunft der Eltern 70
VI. Kanäle, Bestimmungsgründe und Konsequenzen vertikaler Mobilität 75
VII. Zum Stand der Erforschung vertikaler Mobilität 81
Anmerkung 83
Ausgewählte Literatur 84

Zur Soziologie der Wanderungen. Von Kurt Horstmann, Wiesbaden

I. Einführung 104
II. Die Erforschung der Wanderungsvorgänge 107
III. Merkmale und Arten der Wanderungen 113
IV. Datenbeschaffung 120
V. Die Wanderung zwischen Land und Stadt 126
VI. Pendelwanderungen 135
VII. Wanderungsgründe und -entscheidung 141
VIII. Differenzierte Wanderung und Siebungseffekte 156
IX. Entwurzelung und Anpassung 161
X. Wanderungsmodelle und Wanderungsprognosen 167
XI. Wanderungstheorien 173
Ausgewählte Literatur 174

Namenregister 187

Sachregister 196

Soziale Schichtung

Von Thomas B. Bottomore

I. Einleitung

Der Begriff „soziale Schichtung“ ist heute weithin akzeptiert als ein allgemeiner Ausdruck für alle Arten hierarchischer Rangordnungen von Individuen und Gruppen in der Gesellschaft. Als allgemeiner Begriff hat er insofern gewisse Nachteile, als er in Analogie mit dem geologischen Schichtbegriff eine Vorstellung von der sozialen Hierarchie zu vermitteln tendiert, als bestünde diese wesentlich und ausschließlich in einer Reihe von Schichten, die eine über der anderen angeordnet sind. Das gibt kein adäquates Bild von jenen Vorstellungen (insbesondere im Marxismus), die die Gesellschaft als in ungleiche und antagonistische Klassen aufgeteilt ansehen. Solange wir jedoch diese Beschränkungen anerkennen, auch daß es eine Mannigfaltigkeit von entsprechenden Erscheinungen und Begriffsschemata gibt, wird der Begriff der sozialen Schichtung nützlich sein, um eine breite deskriptive Klassifikation einiger fundamentaler Charaktere der Sozialstruktur zu vermitteln.

Wenn man die Charakteristiken der sozialen Schichtung näher ins Auge faßt, wird es nötig, zwischen *drei Haupttypen sozialer Ungleichheit und hierarchischer Ordnung* zu unterscheiden, die verschiedene theoretische Schemata einschließen und teilweise von ihnen abhängen, wie sie zur Definition und zum Verständnis des Phänomens entwickelt worden sind. Diese Typen sind: *herrschende und unterworfene Klassen, Eliten und Massen* sowie *Statusgruppen*. Wir sollten damit beginnen, die verschiedenen Vorstellungen zu bedenken, die über sie formuliert worden sind, bevor wir zur Untersuchung ihrer historischen Manifestationen im sozialen Leben schreiten, der Beziehungen zwischen ihnen und dem Ausmaß, in dem jeder einzelne Typ als alle bezeichnenden Züge der sozialen Ungleichheit umfassend angesehen werden kann.

II. Der Begriff der sozialen Klasse

Der Begriff der *„sozialen Klasse“* begann im Anfang des 19. Jahrhunderts weithin in Gebrauch zu kommen, wo er Begriffe wie „sozialer Rang“ oder „Stand“ zu ersetzen begann, um die größeren hierarchischen Gruppierungen in der Gesellschaft zu bezeichnen. Dieser Gebrauch reflektierte Wandlungen in der Struktur der westeuropäischen Gesellschaften nach den industriellen und politischen Revolutionen des 18. Jahrhunderts. Die feudalen Rangunterscheidungen verloren an Bedeutung und neue soziale Gruppen entwickelten sich – die der Handels- und Industriekapitalisten sowie die städtische Arbeiterklasse in den neuen Fabriken –, die wesentlich in ökonomischen Begriffen definiert wurden, z. B. als Kapitalbesitz auf der einen und Lohnabhängigkeit auf der anderen Seite. Dies Phänomen wurde von vielen europäischen Gelehrten im 18. Jahrhundert erkannt, selbst in jenen Fällen, wo die ältere Terminologie noch im Gebrauch blieb, z. B. bei *Jean Jacques Rousseau* in seinem „Discours sur l'origine de l'inégalité" (1755) und bei *John Millar* in seinem Werk „The Origin of the Distinction of Ranks" (1771), aber auch in Nordamerika, wo sich eine neue Gesellschaft etablierte, die keine feudalen Vorgänger gehabt hatte. So betonte *James Madison* in „The Federalist" (Nr. 10 vom 23. November 1787) die Bedeutung der ungleichen Verteilung von Eigentum für die Ausbildung verschiedener sozialer Klassen und antagonistischer politischer Interessen. Später bemerkte *Karl Marx* in einem Brief an *Joseph Weydemeyer* vom 5. März 1852: „Was mich nun betrifft, so gebührt mir nicht das Verdienst, weder die Existenz der Klassen in der modernen Gesellschaft noch ihren Kampf unter sich entdeckt zu haben. Bürgerliche Geschichtsschreiber hatten längst vor mir die historische Entwicklung dieses Kampfes der Klassen, und bürgerliche Ökonomen die ökonomische Anatomie derselben dargestellt" *(MEGA* Bd. 28, Berlin 1970, S. 507/8).

Obwohl die ökonomische Basis der sozialen Klassen allgemein anerkannt worden ist, sind jedoch viele Unstimmigkeiten beim Versuch entstanden, den Begriff der sozialen Klasse zu definieren. Zunächst gibt es einige Unklarheiten darüber, wie weit der Begriff angewendet werden sollte. Ursprünglich wurde er gebraucht zur Bezeichnung von sozialen Gruppen, die in nachfeudalen Gesellschaften entstanden sind, aber er wurde auch angewendet, um Teilungen in vielerlei anderen Gesellschaften zu beschreiben. So sagt *Madison* zum Beispiel: „Those who hold property and those who are without property have ever formed distinct interests in society. Those who are creditors, and those who are debtors, fall under a like discrimination. A landed interest, a manufacturing interest, a mercantile interest, a moneyed interest, with many lesser interests, grow up of necessity in civilized nations, and divide them into different classes, actuated by different sentiments and views." *Karl Marx* und *Friedrich Engels* sprechen im „Kommunistischen Manifest" von „Freien und Sklaven, Patriziern und Plebejern, Baronen und Leibeigenen, Zunftbürgern und Gesellen", die in Klassenkämpfen verwickelt sind, und betrachten als den entscheidenden Zug der modernen Gesellschaften einzig, daß „sich die Klassengegensätze vereinfacht" haben, so daß sich „die ganze Gesellschaft ... mehr und mehr in zwei große feindliche Lager, in zwei große, einander direkt gegenüberstehende Klassen (aufspaltet): Bourgeoisie und Proletariat". Andernorts schrieb Marx jedoch, daß „der Unterschied zwischen dem persönlichen und dem Klassenindividuum ... erst mit der Entstehung der Klasse erscheint, die ihrerseits ein Produkt der Bourgeoisie ist" (Deutsche Ideologie); und in dem unvollendeten Kapitel über soziale Klassen in Band 3 des „Kapitals" scheint seine Absicht in der Beschränkung des Begriffs der Klasse auf „die drei Klassen der modernen Gesellschaft" zu liegen, Lohnarbeiter, Kapitalisten und Landbesitzer. Das Problem liegt darin, zwischen einer Definition der sozialen Klasse zu wählen, die den Begriff auf *alle* Formen der Gesellschaft anzuwenden erlauben würde – also auf die Stadtstaaten der Antike, die frühen Reichsbildungen, die Kastengesellschaft, die Feudalgesellschaft und die modernen kapitalistischen Gesellschaften –, wobei natürlich die spezifischen Eigentümlichkeiten jeder einzelnen dieser Formen in Betracht gezogen werden; und einer anderen Definition, die den Begriff auf die sozialen Scheidungen in den modernen Gesellschaften beschränken und anderen Gesellschaftsformen völlig verschiedene Schichtungsarten, die durch andere Faktoren als Besitz von Eigentum bestimmt sind, zuschreiben würde. Selbst wenn der Begriff der sozialen Klasse auf moderne Gesellschaften beschränkt wird, gibt es aber noch immer Meinungsverschiedenheiten bezüglich seiner Reichweite und seiner Bedeutung. Einige dieser Differenzen stammen aus Meinungsverschiedenheiten über die Beziehungen zwischen den Klassen und den Einfluß der sozialen Klassen im politischen Leben.

Eine wesentliche Meinungsverschiedenheit besteht zwischen jenen, die soziale Klassen *als echte soziale Gruppen* ansehen, die ein Klassenbewußtsein ausbilden sowie eine eigene Kultur und einen eigenen Lebensstil, und jenen, die den Begriff soziale Klasse als ein *analytisches Konstrukt* ansehen, das für die Unterscheidung von Individuen auf Grund ihres Einkommens, ihrer Ausbildung oder ihres Berufs dienlich ist. Die erste Definitionsart findet sich insbesondere in der Marxistischen Theorie, die vor allem an der historischen Entwicklung der sozialen Klassen als Gruppen interessiert ist, sofern sie einen determinierenden Einfluß auf den Gang der Sozialgeschichte haben. *Marx* selber skizzierte einen historischen Bericht über den Aufstieg der Bourgeoisie und den anschließenden Aufstieg des Proletariats (Das Elend der Philosophie 1847) und machte einen Unterschied zwischen der *„Klasse an sich"* (d. h. eine Reihe von Individuen, die sich in gleichen ökonomischen Bedingungen befinden) und der *„Klasse für sich"* (d. h. eine mehr oder weniger organisierte Gruppe, die bewußt bestimmte ökonomische und politische Ziele verfolgt), wie sie im Laufe der Entwicklung einer gegebenen Gesellschaftsform auftauchte. Unter den späteren marxistischen Schriftstellern betonte insbesondere *Georg Lukács* in verschiedenen Abhandlungen, die in seinem Werk „Geschichte und Klassenbewußtsein" (1923) vereinigt sind, sehr stark die Bedeutung des Klassenbewußtseins, indem er gleichzeitig ein neues Element in seiner Darstellung der *Rolle des revolutionären Intellektuellen in der Ausbildung eines solchen Klassenbewußtseins* einführte. Die Idee der sozialen Klasse als einer Gemeinschaft war aber nicht nur in der marxistischen Theorie vorherrschend. *Richard Hoggart* (1957) hat die charakteristische Kultur eines Teils der englischen Arbeiterklasse gezeichnet, *C. Wright Mills* (1951) und andere haben den sich wandelnden Charakter der Mittelklassen untersucht und *E. Digby Baltzell* (1958) gab eine aufschlußreiche Untersuchung der Oberklasse und der Eliten in Philadelphia. Obwohl *Max Weber* (1922) der marxistischen Idee, daß die „Klasse an sich" notwendig eine eigene Kultur und Weltanschauung ausbilden müsse, kritisch gegenüberstand, meinte er trotzdem, daß der Begriff der Klasse in diesem Sinn eine der bedeutendsten Grundlagen für eine gemeinsame Aktion darstelle.

Andererseits ist der Begriff der sozialen Klassen weithin als eine Kategorie von Individuen in Zensuserhebungen und Mobilitätsstudien benutzt worden. So arbeitet das britische „*Office of Population Censuses and Surveys*" mit fünf breiten Kategorien von sozialen Klassen, die aus den Einheiten einer Berufsklassifikation konstruiert sind, und Untersuchungen über soziale Mobilität haben allgemeine Kategorien angewendet, die in ähnlicher Weise durch Gruppierung von Berufen gewonnen wurden, die allgemein als ungefähr auf dem gleichen Niveau in der sozialen Hierarchie stehend angesehen werden (siehe auch das Kapitel von *Karl-Martin Bolte* im gleichen Bande). Einige andere soziologische Untersuchungen haben – insbesondere unter dem Einfluß der funktionalistischen Behandlungsweise – in ähnlicher Weise Unterscheidungen zwischen Kategorien von Individuen in bezug auf Prestige gemacht, ohne viel Aufmerksamkeit auf Fragen zu wenden, die mit der Bildung und der historischen Entwicklung von sozialen Gruppen mit verschiedenen Kulturen zusammenhängen.

Viele der Kontroversen über die Natur der sozialen Klassen stammen aus breiter gelagerten theoretischen Differenzen. Theorien der sozialen Klassen wurden erst im späteren 19. Jahrhundert ausgearbeitet, und zwar seit der systematischen Entwicklung der Soziologie, und ihr wichtigster Ausgangspunkt war die Gesellschaftstheorie von *Karl Marx*, die ihrerseits viele Elemente früherer Denker aufgenommen hatte. Marx begann mit der Unterscheidung der bürgerlichen Gesellschaft vom Staat und bemerkte, daß die Anatomie der bürgerlichen Gesellschaft in der politischen Ökonomie gesucht werden müßte. Ein Gesellschaftstyp wird vom anderen unterschieden durch seine *Produktionsweise* (d. h. der Natur der Technologie und der Arbeitsteilung); und jede Produktionsweise erzeugt ein verschiedenes Klassensystem, in dem eine Klasse den Produktionsprozeß kontrolliert und leitet, während eine oder mehrere andere Klassen die unmittelbaren Produzenten sind und Dienstleistungen für die herrschende Klasse erbringen. Die Beziehungen zwischen den Klassen sind antagonistisch, da sie sich in Konflikt befinden über die Appropriation des Produzierten. Zu gewissen Zeiten, wenn die Produktionsweise selbst als Ergebnis technologischer Entwicklungen und des Einsatzes der Arbeitskraft sich ändert, kann dieser Konflikt extrem werden, und eine neue Klasse bedroht die Dominanz der bisherigen Herren der Gesellschaft. Die herrschende Klasse dominiert zu jeder Zeit nicht nur die materielle Produktion, sondern auch die Produktion von Ideen. So begründet sie einen eigentümlichen *Kulturstil* und eine vorherrschende *politische Doktrin,* und ihre Kontrolle über die Gesellschaft wird durch einen besonderen Typ des politischen Systems befestigt. Die unterworfenen Klassen, insbesondere eine Klasse, die infolge der sich wandelnden Produktionsweise ständig an Stärke gewinnt, erzeugen politische Doktrinen und Bewegungen, die sich in Gegensatz zur herrschenden Klasse stellen.

Marx formulierte die Prinzipien dieser ökonomischen Geschichtsinterpretation im Vorwort zur Kritik der politischen Ökonomie (1859): „In der gesellschaftlichen Produktion ihres Lebens gehen die Menschen bestimmte, notwendige, von ihrem Willen unabhängige Verhältnisse ein, Produktionsverhältnisse, die einer bestimmten Entwicklungsstufe ihrer materiellen Produktivkräfte entsprechen. Die Gesamtheit dieser Produktionsverhältnisse bildet die ökonomische Struktur der Gesellschaft, die reale Basis, worauf sich ein juristischer und politischer Überbau erhebt, und welcher bestimmte gesellschaftliche Bewußtseinsformen entsprechen. Die Produktionsweise des materiellen Lebens bedingt den sozialen, politischen und geistigen Lebensprozeß überhaupt" (Vorwort 1859). Es liegt auf der Hand, daß die Klassentheorie im Zentrum der Sozialtheorie von Karl Marx steht, denn die sozialen Klassen, die sich im Rahmen einer besonderen Produktionsweise gebildet haben, werden als die Grundlage der besonderen Staatsform, als die Antriebe der politischen Konflikte und als die Erzeuger der großen Veränderungen in der Gesellschaftsstruktur angesehen.

Marx unterschied mehrere Gesellschaftstypen, die er in eine historische Sequenz brachte: „In großen Umrissen können asiatische, antike, feudale und moderne bürgerliche Produktionsweisen als progressive Epochen der ökonomischen Gesellschaftsformation bezeichnet werden" (Vorwort 1859). Eine Bestätigung dieser Theorie in ihrer allgemeinsten Form würde natürlich eine eingehende Analyse der Klassenstruktur in jedem dieser Gesellschaftstypen erforderlich machen, um zu zeigen, wie die Vorherrschaft einer bestimmten Klasse von einer besonderen Produktionsweise abhängt und umgekehrt besondere kulturelle und politische Systeme entstehen läßt. Ferner würde das eine systematische Untersuchung des Charakters der Klassenkämpfe erfordern, die den Übergang von einem Gesellschafttyp zum anderen bedingen. Aber Marx unternahm keine eingehende historische oder soziologische Analyse der früheren Gesellschaftsformen (mit Ausnahme der sogenannten „primitiven" Gesellschaften, siehe *Lawrence Krader* 1972), und er versuchte auch nicht, eine generelle Übersicht auszuarbeiten, die auf den verfügbaren historischen Einsichten über die Entwicklung der sozialen Klassen über die ganze Spanne der menschlichen Geschichte aufgebaut hätte. In dieser Hinsicht gibt es noch immer keine Darstellung von seiten dieser marxistischen Soziologen (mit einer einzigen Ausnahme von Detailanalysen wie etwa die von *Karl August Wittfogel* über die „hydraulischen Kulturen", 1957). Marxens eigene Analyse der Klassenstruktur beschränkte sich wesentlich auf die moderne kapitalistische Gesellschaft, und er war vor allem beschäftigt mit dem Aufstieg des Proletariats, dem Fortschritt seiner Kämpfe gegen die Bourgeoisie und den aus dem kapitalistischen Produktionssystem herauswachsenden Bedingungen, die eine erfolgreiche Revolution der arbeitenden Klasse und den Beginn einer klassenlosen Gesellschaft ermöglichen würden.

Die späteren Klassentheorien entstanden weitgehend als Versuche, die marxsche Theorie zu revidieren, zu widerlegen oder eine Alternative zu ihr zu schaffen, und sie haben sich in ähnlicher Weise auf die Entwicklung der Klassen in den modernen kapitalistischen Gesellschaften konzentriert. Und das, obwohl sich in den letzten Jahren ein wachsendes Interesse an der Entstehung neuer Schichtungsformen (nach manchen Autoren sogar neuer Klassen) in den sozialistischen Gesellschaften Osteuropas und den Veränderungen der Schichtsysteme in den sich industrialisierenden Ländern der Dritten Welt bemerkbar gemacht hat, wo der Einfluß der neuen (modernisierenden) Eliten betont wird. *Max Weber* skizzierte die immer noch einflußreichste kritische Revision der marxistischen Theorie, insbesondere in seinem Kapitel über „Klassen, Stände, Parteien" (1922), daneben aber auch in allgemeinerer Form in vielen anderen seiner Schriften. Vor allem stellte er die den sozialen Klassen in der politischen Entwicklung der modernen Gesellschaften zugeschriebene Bedeutung in der Verursachung größerer sozialer Wandlungen in Frage. Nach seiner Meinung ist der westliche Kapitalismus durch kulturelle und geistige Veränderungen verursacht worden (insbesondere durch den sozialen Einfluß der protestantischen Ethik), aber auch durch neuartige ökonomische Interessen. Und die Entwicklung der europäischen Länder im späten 19. Jahrhundert *ist mindestens zu gleichen Teilen durch den Nationalismus wie durch Klassenideologien und soziale Bewegungen beeinflußt worden.* Es gab aber noch einen anderen Faktor, der die Bedeutung der sozialen Klasse als Basis der politischen Aktion beschränkte, nämlich die Existenz einer sozialen Schichtung in Vorstellungen von sozialer Ehre oder Prestige, die die Klassenscheidungen durchkreuzte und einen Gesellschaftszustand zu produzieren tendierte, in dem friedliche Konkurrenz und Wetteifer über einen zunehmend sich verschärfenden Klassenkampf überwogen. Noch allgemeiner: *Max Weber* bestritt die Marxsche Vorstellung von der Zukunft der kapitalistischen Gesellschaft; wo Marx das erfolgreiche Ergebnis des Kampfes der Arbeiterklasse in der Schaffung einer befreiten und klassenlosen Gesellschaft erblickte, sah *Weber* eine *weitere Rationalisierung des sozialen Lebens und ein monströses Wachstum der bürokratischen Regelung* voraus, die ihr größtes Ausmaß in einer sozialistischen Gesellschaft erreichen würde.

Eines der wichtigsten Probleme, das die soziologischen Theoretiker in ihrer Analyse der Klassenstruktur unterscheidet, ist in der Tat die Einschätzung der Ausdehnung und der Bedeutung des *Klassenkonflikts.* Die schärfsten Kritiker der Marxschen Theorie haben die funktionale Interdependenz der sozialen Klassen und ihre mehr oder weniger harmonische Koexistenz und Kollaboration hervorgehoben. Das gilt zum Beispiel für *Emile Durkheim* (1893) in Frankreich und seine *Theorie der Arbeitsteilung.* Unter dem Eindruck amerikanischer Erfahrungen betonte *William Graham Sumner* (1883) den Beitrag jeder Klasse zur Wohlfahrt der Gesellschaft, und das in einer Gesellschaft, in der Klassendifferenzen und Klassenideologien niemals so scharf hervorgetreten waren (weder im 19. Jahrhundert noch später) wie in den europäischen Ländern; gleichzeitig betonte er den Grad an sozialer Mobilität, der seiner Meinung nach sicherte, daß die Individuen ihren Platz in der Klasse finden würden, die ihren Fähigkeiten am Besten entsprach.

Die *funktionalistische Theorie,* die ebenfalls ihren größten Einfluß in den Vereinigten Staaten erreichte, hat dieses Thema weiter entwickelt. Der Funktionalismus steht ganz klar in einem allgemeinen Gegensatz zum Marxismus, und zwar durch seine unhistorische Ansicht, seine Betonung der Regulierung des sozialen

Lebens durch Werte und Normen, die in einer gegebenen Gesellschaft mehr oder weniger allgemein akzeptiert sind, und durch die Bedeutung, die er der sozialen Integration im Gegensatz zum sozialen Konflikt beimißt. Aber der Funktionalismus bietet im strengen Sinne keine Klassentheorie. Sein Hauptinteresse, insbesondere in der Abhandlung von *Kingsley Davis* und *Wilbert Moore* (1945), aber auch in den Schriften von *Talcott Parsons* (1953) und anderen, liegt in der sozialen Schichtung, wie sie sich aus der sozialen Differenzierung und der Bewertung insbesondere beruflicher Rollen ergibt. Der Funktionalismus beschäftigt sich eher mit der Plazierung von Individuen in der sozialen Hierarchie als mit der Bildung von unterschiedenen sozialen Gruppen.

Das wird besonders klar bei der Formulierung der Theorie durch Davis und Moore, die ihre Absicht folgendermaßen definieren: „To explain, in functional terms, the universal necessity which calls forth stratification in any social system ... The main functional necessity explaining the universal presence of stratification is ... the requirement faced by any society of placing and motivating individuals in the social structure ... Social inequality is thus an unconsciously evolved device by which societies ensure that the most important positions are conscientiously filled by the most qualified persons."

Man kann viele Kritiken gegen diese funktionalistische Theorie vorbringen, und sie sind auch vorgebracht worden. Wie wir schon bemerkt haben, ist sie wesentlich befaßt mit der Rangordnung von Individuen, nicht mit der Bildung von Gruppen; so ignoriert diese Theorie Phänomene wie die Konsolidierung von Eigentum, Macht und Prestige durch die Abschließung einer Gruppe und die Übertragung dieser Besitztümer durch Erbgang. Ferner erklärt sie Schichtung in Vorstellungen einer funktionalen Notwendigkeit, was Übereinstimmung in der Bewertung der „wichtigsten Positionen" und der „qualifiziertesten Personen" einschließt, von der man annimmt, daß sie von allen Mitgliedern der Gesellschaft akzeptiert wird, und vernachlässigt daher vollständig die Rolle der Macht und einer dominanten Ideologie in der Begründung und Erhaltung eines Schichtungssystems. Außerdem ignoriert sie darum auch das Ausmaß, in dem gegen ein gegebenes Schichtungssystem durch untergeordnete Gruppen protestiert und opponiert werden kann, und die Konsequenzen, die von hier aus auf die Entwicklung von Veränderungen der Schichtung ausgehen. Diese Theorie erhebt in der Tat die Frage nach dem sozialen Wandel überhaupt nicht. Sie befaßt sich nur mit den sogenannten universellen Zügen der Schichtung und ist nicht interessiert an den möglichen Grundlagen für Differenzen in den Schichtungsformen und auch nicht an den möglichen Ursachen für historische Übergänge von einem Schichtungssystem zum anderen. In diesem Sinne bietet der Funktionalismus nicht sosehr eine Theorie als vielmehr ein Begriffssystem oder eine Betrachtungsweise. Aber in einem anderen Sinne kann man von ihm sagen, daß er die unbewußte theoretische Formulierung der Schichtungsideologie in der amerikanischen Gesellschaft darstellt. Die Grundidee ist die einer völlig offenen und flüssigen Gesellschaft, in der die sozialen Positionen der Individuen einzig durch Verdienst und Leistung determiniert sind, und das stimmt engstens überein mit populären Vorstellungen von „Chancen" und „Mobilität" und der Abwesenheit von starren Klassen- oder Statusbarrieren in den USA.

Obwohl die Aufmerksamkeit, die den Problemen des sozialen Status zugewendet wurde, in den beiden Jahrzehnten nach 1945 beträchtlich anwuchs, größtenteils unter dem Einfluß funktionalistischer Ideen, wurden die Probleme der sozialen Klassen keineswegs vernachlässigt. In der Tat wurde das neuerliche Nachdenken über die Natur und die Bedeutung der sozialen Klassen durch Veränderungen in der Klassenstruktur beeinflußt, die sich speziell in den westlichen Industriegesellschaften zu vollziehen schienen. *Ralf Dahrendorf* (1959) kritisierte die Marxsche Theorie auf Grund der Tatsache, daß die Bedingungen, die im 19. Jahrhundert vorgeherrscht hätten, als die Linien des industriellen und politischen Kampfes aufgezwungen wurden, in dem, was er die *„post-kapitalistischen Gesellschaften"* nannte, zu existieren aufgehört hätten. Der industrielle Konflikt konnte nicht länger als der Ansatz für einen allgemeineren politischen Konflikt auf Grundlage des Klassengegensatzes angesehen werden. Da es aber auch in den „post-kapitalistischen" Gesellschaften noch immer Konflikte mannigfacher Natur gab, schlug *Dahrendorf* vor, *soziale Klassen als „Konfliktgruppen"* neu zu definieren, wie sie in allen zwangsweise koordinierten Assoziationen auftreten. Diese Darstellung hat einige Verwandtschaft mit den Elitetheorien, in denen der Konflikt zwischen der Herrschaft einer Elite und der Herausforderung durch eine andere aufstrebende Elite entsteht, aber die eigentümliche Schwierigkeit in *Dahrendorfs* Theorie liegt darin, daß sie keinen befriedigenden Zusammenhang zwischen den Konflikten innerhalb jeder einzelnen Assoziation und allgemeineren sozialen Konflikten aufweist, die man mit den Klassenkämpfen im Sinne von *Karl Marx* vergleichen könnte. Das Bild, das hier vermittelt wird, entspricht einer Gesellschaft, in der sich zahllose infinitesimale Konflikte zwischen einzelnen Interessengruppen abspielen, aber keine weiterreichenden Konflikte. In dieser Hinsicht bedeutet diese Theorie eher eine Zurückweisung als eine Revision des Klassenbegriffs.

Die Beziehung zwischen sozialer Klasse und Politik war ein wichtiges Thema in den meisten neueren Diskussionen. Nachdem *Stanislaw Ossowski* (1957) eine nützliche Darstellung der Theorie gegeben hat, fährt er mit der Betrachtung der Probleme fort, die aus den Wandlungen in den sozialen Strukturen der fortgeschrittenen Industriegesellschaften resultieren, und schließt, daß die Klassenphänomene jetzt einen völlig verschiedenen Charakter angenommen haben: „In situations where changes of social structure are to a greater or lesser degree governed by the decision of the political authorities, we are a long way from ... classes conceived of as groups determined by their relations to the means of production. ... The 19th century conception of class becomes more or less an anachronism, and class conflicts give way to other forms of social antagonism." *Alain Touraine* (1969) hat ein ähnliches Argument vorgebracht, das auch den neuen sozialen Bewegungen Rechnung trägt, die am Ende der 1960er Jahre aufgetreten sind. In der neuen, jetzt entstehenden „post-industriellen" Gesellschaft, meint er, sei die herrschende Klasse nicht mehr die über Eigentum verfügende Bourgeoisie, sondern die der Technokraten und Bürokraten, die den Prozeß der technologischen Neuerungen und des wirtschaftlichen Wachstums lenken. Die Opposition gegen ihre Herrschaft wird nicht mehr hauptsächlich von der Arbeiterklasse, sondern vielmehr von jenen Gruppen angeführt, die am intensivsten ihre abhängige Position und ihre Ausschließung von unmittelbarer politischer Partizipation fühlen. Der soziale Konflikt hat darum einen unmittelbar politischen Charakter angenommen, statt vorwiegend aus dem Konflikt ökonomischer Interessen zu resultieren. Aber *Touraine* behält noch immer den Begriff der sozialen „Klasse" bei, um die Gruppen zu bezeichnen, die sich in diesem Konflikt befinden, und betont die historische Kontinuität mit dem früheren Zustand der Gesellschaft.

So ist die Marxsche Klassentheorie im Laufe der soziologischen Forschungen und Diskussionen des 20. Jahrhunderts und als Ergebnis der wirtschaftlichen, kulturellen und politischen Wandlungen, die eingetreten sind, unter verschiedenen Gesichtspunkten in Frage gestellt worden. Vor allem ist behauptet worden, daß die größeren Klassen in den kapitalistischen Gesellschaften, insbesondere die beiden großen Klassen der Bourgeoisie und des Proletariats, die Marx als die politische Szene beherrschend ansah, ihren besonderen Charakter verloren hätten infolge des *Anwachsens der Mittelklassen, einer wachsenden sozialen Mobilität, steigenden Wohlstands, komplexer werdender sozialer Differenzierung (René König* 1949) und gleichzeitig vielleicht eines stärkeren und weiter verbreiteten Gefühls der Zugehörigkeit zu einer nationalen Gemeinschaft. Forscher verschiedener Orientierung haben ferner auf das Phänomen der „Eingliederung" oder der „Anpassung" der Arbeiterklasse an den modernen Industriestaat hingewiesen. Diese Anpassung wurde in den fünfziger Jahren häufig als Verbürgerlichung der Arbeiterklasse diskutiert. Obwohl eine größere Untersuchung dieses Phänomens (*John Goldthorpe* u. a. 1968/9) nur geringe Zeichen dafür fand, daß selbst die wohlhabenderen Teile der Arbeiterklasse in England sozial, kulturell und politisch weniger unterschieden geworden seien, könnte es noch immer der Fall sein, daß die Klassenantagonismen in einem Maße abgenommen haben, daß sie keine größeren politischen Konflikte mehr erzeugen können. Mit den Worten von *Raymond Aron* (1950): „... experience in most of the developed countries suggests that semi-peaceful competition among social groupings is gradually taking the place of the so-called deadly struggle in which one class was assumed to eliminate the other."

Arons Untersuchungen über soziale Klassen und seine Kritiken an der Marxistischen Theorie haben sich sehr eng an das begriffliche Modell von *Max Weber* gehalten, speziell in der sehr scharfen Trennung des ökonomischen Aspekts der Klasse von ihrer politischen Rolle. Einer der wichtigsten Züge von *Arons* Analyse ist die Betonung der relativen Autonomie der Politik; wie *Weber* meint er, daß die Klasse eine mögliche Basis für politische Aktion ist, aber keineswegs die einzige, und er lehnt die Idee völlig ab, daß die Politik ausschließlich oder wenigstens hauptsächlich durch ökonomische Interessen determiniert sein könnte. So untersucht er in einer seiner Arbeiten (*R. Aron* 1950) insbesondere die verschiedenen und wandelbaren Beziehungen zwischen ökonomischen Klassen und politischen Eliten. In anderen Schriften baut er *Max Webers* Ideen bezüglich neuer Phänomene in der Entwicklung der Industriegesellschaften im 20. Jahrhundert weiter aus: einerseits die Entwicklung demokratischer politischer Regime, in denen der Klassenkampf, seiner Meinung nach, einen mehr friedlichen Charakter anzunehmen im Begriffe ist und insgesamt an Bedeutung abnimmt als Folge der Veränderungen in der ganzen Klassenstruktur (diese Frage wird später eingehender untersucht werden); und andererseits den Aufstieg politischer Eliten in den sozialistischen Ländern Osteuropas, die auf keiner besonderen Klasse begründet sind, sondern auf der Organisation einer monopolistischen Partei beruhen.

Andererseits haben *Touraine* und andere bemerkt, daß vielleicht die bedeutenderen sozialen Klassen des Kapitalismus im 19. Jahrhundert in ihrer Bedeutung zurückgegangen sind oder sich transformiert haben, während sich in den fortgeschrittenen Industriegesellschaften kapitalistischer und sozialistischer Ausrichtung *neue Klassen* bilden und in Konflikte neuer Art zu geraten scheinen, die zum ersten Male in den radikalen Bewegungen und politischen Erhebungen der späten sechziger Jahre in Erscheinung traten. Außerdem würden die orthodoxeren marxistischen Denker noch immer behaupten, daß die Opposition zwischen Bourgeoisie und Proletariat eine Grundquelle des Konflikts in der Gesellschaft bleibt und noch immer in den Ideologien starker sozialer Bewegungen zum Ausdruck kommt, obwohl einige von ihnen von diesem Gegensatz annehmen, daß er sich im Laufe des 20. Jahrhunderts verändert habe, so daß er sich jetzt größtenteils in einem Konflikt zwischen den radikalen politischen Bewegungen oder Regierungen der Dritten Welt und den wichtigsten kapitalistischen Ländern, inklusive der staatskapitalistischen Gesellschaften manifestiert.

III. Der Begriff der Eliten

Eine wichtige Alternative zur marxistischen Klassentheorie ist die Elitentheorie, die zuerst von *Gaetano Mosca* (1896, 1923) und *Vilfredo Pareto* (1915–1919) formuliert wurde. Pareto definierte zunächst „Elite" auf eine sehr allgemeine Weise als die Gruppe jener Individuen, die in jedem Zweig menschlicher Aktivität am kompetentesten ist; danach aber konzentrierte er seine Aufmerksamkeit hauptsächlich auf das, was er als die *regierende Elite* bezeichnete, d. h. die Gruppe jener Leute, die eine Gesellschaft zu einer bestimmten Zeit regieren. *Mosca* dagegen begann mit diesem letzten Begriff, indem er als eines der „konstanten Fakten und Tendenzen" des politischen Lebens die Existenz zweier Klassen von Menschen ansah – eine Klasse von Herrschern, die er die *politische Klasse* nannte, und eine Klasse der Beherrschten.

Die Hauptzüge dieser Konzeption einer Elite liegen zunächst in der scharfen Unterscheidung zwischen *Eliten* und *Massen* (was auch der Unterscheidung von Herrschern und Beherrschten entspricht); zweitens in der Behauptung, daß diese Unterscheidung ein konstanter und unveränderlicher Zug des politischen Lebens sei, der durch den Fortschritt der „Demokratie" nicht verändert werden könne, insbesondere auch nicht durch irgendein Streben nach einer „klassenlosen" Gesellschaft ohne herrschende Gruppen. Daneben gab es aber einige wichtige Differenzen zwischen *Pareto* und *Mosca*. *Pareto* dachte sich die *„Zirkulation der Eliten"*, d. h. die Rekrutierung neuer Elemente in eine existierende Elite oder die Ersetzung einer absteigenden Elite durch eine neue und stärkere als eine immerwährende Wiederherstellung derselben Herrschaftsform durch eine regierende Gruppe, die sich selbst an der Macht hält durch eine Mischung von Gewalt und Betrug.

Mosca anerkannte seinerseits in gewissem Ausmaß eine „Demokratisierung“ der Eliten in neuerer Zeit, und zwar durch die Entwicklung einer „zweiten Schicht“ der politischen Klasse, die einen großen Teil der neuen Mittelklasse umfaßte, die eine wichtige Rolle in der Regierung der Gesellschaft spielt, indem sie ein Mittel für die Repräsentation verschiedener sozialer Interessen und Ziele bereitstellt. Nochmals: während *Pareto* die Zusammensetzung der regierenden Elite fast ausschließlich in den psychologischen Charakteristiken der Individuen erblickte, war *Mosca* eher geneigt, den Einfluß neuer sozialer Kräfte (inbegriffen den ökonomischen Wandel) anzuerkennen, der neuen Gruppen von Individuen erlaubte, eine dominantere Stellung in der Gesellschaft zu erreichen. Im deutschen Sprachbereich wurden diese Ideen insbesondere durch *Robert Michels* bekannt gemacht (1912), der für sie den Ausdruck prägte von dem „eisernen Gesetz der oligarchischen Tendenzen“ der Herrschaft.

Nach den Schriften von *Pareto* und *Mosca* verminderte sich das Interesse am Problem der Eliten für einige Zeit; der wichtigste Beitrag dazu bis zur Mitte des Jahrhunderts ist in *Karl Mannheims* Diskussion der „Demokratisierung der Eliten“ zu finden (1940). Eine neue Diskussion wurde insbesondere durch *C. Wright Mills'* (1956) Untersuchung über die „Power Elite“ in den Vereinigten Staaten eingeleitet, obwohl *Raymond Aron* (1950) schon einige Jahre früher die Frage nach der Beziehung zwischen wirtschaftlich begründeten Klassen und den Elitengruppen, die im politischen Leben aktiv sind, aufgerollt hatte. Seit jener Zeit hat das Interesse der Sozialwissenschaftler an den Eliten beträchtlich zugenommen. Es gab Neubewertungen von Pareto und Mosca (*James H. Meisel* 1958; *Gottfried Eisermann* 1962; *Thomas B. Bottomore* 1964), Neuformulierungen und kritische Betrachtungen über den Begriff und die Theorie der Eliten (*Hans P. Dreitzel* 1962; *Suzanne Keller* 1963; *Nicos Poulantzas* 1968) und schließlich eine wachsende Zahl empirischer Studien über die Zusammensetzung, die Rekrutierung und die Aktivitäten einzelner Eliten.

Die neueren theoretischen Untersuchungen von Eliten haben sich in verschiedene Richtungen verzweigt. Manche Autoren (z. B. *Suzanne Keller*) haben betont, daß sich in den fortgeschrittenen industriellen Gesellschaften frühere „regierende Eliten“ oder „herrschende Klassen“ in „funktionelle Eliten“ verwandelt haben, die unentbehrliche und weitgehend unpolitische Funktionen in verschiedenen Sphären des sozialen Lebens ausüben. Diese Auffassung ist verwandt mit einer Konzeption, die von anderen Sozial- und Politikwissenschaftlern vorgebracht worden ist, daß heute in den Industriegesellschaften eine Pluralität von Eliten existiert, die miteinander um den Einfluß auf den allgemeinen Lauf der sozialen Entwicklung wetteifern (*Raymond Aron* 1964; *Robert Dahl* 1958). Auf der anderen Seite stehen jene Soziologen, die die von *C. Wright Mills* formulierte Auffassung von einer mehr oder weniger einheitlichen „Machtelite" übernommen und weiterentwickelt haben (*G. William Domhoff* 1967), während einige marxistische Autoren die Beziehung zwischen „Elite" und „herrschender Klasse" neu untersucht haben und insbesondere *Poulantzas* im Einzelnen zu zeigen versucht hat, wie die theoretischen Schemata, welche diese beiden Begriffe benutzen, voneinander abweichen.

Die Elitegruppen, die hauptsächlich analysiert worden sind, sind politische Führer, hohe Beamte, Geschäftsleute, Intellektuelle und in minderem Ausmaß Gewerkschaftsführer. In den letzten Jahren ist insbesondere die Rolle der Intellektuellen in der Politik ein wichtiger Gegenstand von Untersuchungen und Kontroversen gewesen. In einem berühmten Buch hat *Julien Benda* (1927) einst die Intellektuellen insofern des „Verrats" geziehen, als sie ihre unabhängige kritische Einstellung für die Bindung an eine politische Bewegung aufgegeben hätten, und *Raymond Aron* (1955) hat eine ähnliche Ansicht vorgetragen in seiner Kritik an jenen westlichen Intellektuellen, die in den vierziger und fünfziger Jahren den ideologischen Dogmen und politischen Praktiken des sowjetischen Marxismus allzu sklavisch ergeben waren.

Während der sechziger Jahre betonte jedoch eine entgegengesetzte Ansicht, die schon früher in der existenzialistischen Philosophie ausgedrückt worden war, die Pflicht des Intellektuellen zum „Engagement" und gestand den Intellektuellen eine größere Prominenz in radikalen und revolutionären Bewegungen zu, worauf wiederum reaktionäre Entgegnungen folgten wie etwa in besonders radikaler Weise von Seiten *Helmut Schelskys* (1975), in dessen Werk sich die ältesten antiliberalen Parolen ein Stelldichein geben. Es ist jedenfalls klar, daß Intellektuelle in den heutigen Gesellschaften eine bedeutendere Stellung erhalten, wenn auch in verschiedener Weise. In den fortgeschrittenen Industriegesellschaften hat jedenfalls die „Intellektuellenklasse" zahlenmäßig stark zugenommen (*Theodor Geiger* 1949; *René König* 1971 a), und jene Sozialdenker, die eine Transformation der Gesellschaft in eine „spätkapitalistische" oder „postindustrielle" Phase annehmen, betonen den Einfluß der Intellektuellen als den Trägern des theoretischen Wissens, das für die wirtschaftliche und soziale Entwicklung von entscheidender Bedeutung ist. Dieser Ansicht nach ist ihre Rolle teilweise die von „Experten" in den Natur- und Sozialwissenschaften, aber auch teilweise ideologisch die von Wächtern und Förderern einer „technologischen" oder „manageriellen" Auffassung des sozialen Lebens. Im Gegensatz zu dieser Gruppe von Intellektuellen gibt es andere, die „humanistisch" und „kritisch" sind und eine führende Stellung in der Vorbereitung einer radikalen Umgestaltung der Gesellschaft haben. Diese Art des politischen Engagements war in den Industriegesellschaften insbesondere während der Entfaltung der Studentenbewegungen in den späten sechziger Jahren lebendig, aber es liegt auf der Hand, daß die Intellektuellen in anderen Teilen der Welt eine ebenso große und manchmal wirksamere Rolle gespielt haben, indem sie nationalistische und revolutionäre Bewegungen beseelten.

Welche theoretische Orientierung sie sich auch immer zu eigen machen, es ist klar, daß die Soziologen viel bewußter geworden sind über die Bedeutung der Untersuchung „höherer Kreise" in der Gesellschaft, und in den letzten Jahren hat die Forschung auf diesem Gebiet beträchtlich zugenommen. Die meisten Untersuchungen dieser Art sind in westlichen Industriegesellschaften unternommen worden. Sie haben sich entweder mit der Stellung der Eliten im System der Schichtung und der Macht auf nationaler oder auf lokaler Ebene befaßt (*E. Digby Baltzell* 1958; *G. W. Domhoff* 1970; *Robert Dahl* 1961; *Floyd Hunter* 1953, 1959; *Kurt B. Mayer* 1975; *J. Urry* und *J. Wakeford* 1973; *Philip Stanworth* und *Anthony Giddens* 1974; *Wolfgang Zapf* 1965) oder mit besonderen Elite-Gruppen *R. K. Kelsall* 1955; *W. L. Guttsman* 1964; *William Miller* 1962; *Ezra N. Suleiman* 1974). Aber es gibt auch einige Untersuchungen über Elitegruppen in Osteuropa von westlichen Sozialwissenschaftlern (*John A. Armstrong* 1959; *Peter Chr. Ludz* 1968; *Mervyn Matthews* 1972). Auf einem anderen Gebiet hat man begonnen, die Rolle der sogenannten „modernisierenden Eliten" in den Entwicklungsgesellschaften eingehender zu studieren (*David E. Apter* 1965; *Morris Janowitz* 1964; *Seymour M. Lipset* und *Aldo Solari* 1967; *Thomas B. Bottomore* 1964). Schließlich sollte man vermerken, daß der Begriff der Eliten durch einige Historiker benutzt worden ist, um politischen Wandel zu beleuchten; es gibt gute Beispiele dafür in der Aufsatzsammlung, die *Frederic C. Jaher* (1973) herausgegeben hat.

IV. Status und Prestige

Eine dritte Art, soziale Schichtung zu begreifen, wird durch die Begriffe Status und Prestige eröffnet; diese wurden zuerst von *Max Weber* systematisch formuliert, insbesondere in dem Kapitel in „Wirtschaft und Gesellschaft" (1922) über „Klassen, Stand, Parteien". Es ist ein bezeichnender Zug von Webers Darstellung, daß er die Phänomene Klasse, Status und politische Macht unterscheidet und gleichzeitig in Beziehung zueinander setzt, welche die drei verschiedenen „Ordnungen" darstellen (die wirtschaftliche, die soziale und die rechtliche oder politische); in jeder von ihnen gibt es Schichtung, d. h. eine Hierarchie von höheren und niedrigeren Positionen. So versucht Max Weber mit seinem Begriff der Schichtung alle Formen von Hierarchien und individuellen Rangordnungen zu umfassen. Man kann von ihm sagen, daß er prinzipiell alle die Aspekte umfaßt, die wir schon im Rahmen der sozialen Klassen und Eliten besprochen haben. Aber in späteren soziologischen Werken sind die verschiedenen Formen der sozialen Schichtung häufig ganz unabhängig voneinander behandelt worden oder die Aufmerksamkeit hat sich ausschließlich auf eine Form konzentriert, die als die Grundstruktur aller Schichtung angesehen wurde.

Wenn *Max Weber* Schichtung als durch Prestige und „Ehre" bestimmt ansah, war er ausdrücklich mit Statusgruppen befaßt, die er als Gemeinschaften ansah, die voneinander durch spezifische „Lebenstile" unterschieden waren; diese wurden durch Konventionen, Gesetze und Rituale getragen. Die Unterschiedenheit einer besonderen Statusgruppe wird in Praxis durch „Geschlossenheit" und „Exklusivität" aufrechterhalten. Sie erreicht eine Extremform im *Kastensystem,* von dem *Weber* annahm, daß es sich insbesondere als ethnische Segregation darstellte. Die Quellen für Prestige sind verschieden: Reichtum und Macht verleihen gewöhnlich Prestige, und das eine oder das andere wird gewöhnlich erfordert (wenn es auch nicht ausreicht), um das Prestige einer sozialen Gruppe über einen gewissen Zeitraum zu sichern. Aber Herkunft, Ausbildung, Beruf, ethnische Abstammung und andere Faktoren mögen auch eine wichtige Rolle spielen und sogar unter gewissen Umständen dominant werden. Spätere Untersuchungen über soziale Schichtung nach Statusgruppen wichen in verschiedenen Punkten ab von *Webers* analytischem Schema. Zunächst analysierten viele von ihnen Statusunterschiede, ohne der sozialen Klasse und der Macht große Aufmerksamkeit zu schenken; insbesondere die Schichtung in der modernen Industriegesellschaft wurde weitgehend nach dem beruflichen Status eingeschätzt. Diese Auffassung übersah die Möglichkeit, wie *Richard H. Tawney* (1952) betont hat, „daß die soziale Klasse den Beruf determiniert, und nicht der Beruf die soziale Klasse". Das heißt, daß sowohl die Berufshierarchie als Ganzes wie auch die Position, die ein Individuum in ihr einnimmt, stärkstens durch die Klassenstruktur einer gegebenen Gesellschaft berührt oder bestimmt werden. Andererseits wird die Tatsache, daß ein Individuum seinen beruflichen Status verändern kann, für sich allein, d. h. ohne Akkumulation von Reichtum, seine Klassenposition nicht wesentlich beeinflussen. Die Vorstellung, daß hauptsächlich Berufsrollen das ganze Schichtsystem bestimmen, wurde sehr eingehend von *Kingsley Davis* und *Wilbert E. Moore* (1945) in einer Abhandlung formuliert, die eine funktionalistische Theorie der Schichtung entwickelte und die oben bereits diskutiert wurde.

Es wird zu zeigen sein, daß diese funktionalistische Theorie noch in einer zweiten Hinsicht von *Webers* Begriff abweicht, indem sie sich insbesondere auf *die Stellung von Individuen* in der sozialen Hierarchie und nicht auf die Existenz oder Bildung von *Statusgruppen* konzentriert. Letzteres wurde ein charakteristischer Zug vieler Schichtungsuntersuchungen während der vierziger und fünfziger Jahre. Er wurde verstärkt durch die Entwicklung von Mobilitätsstudien, die es methodologisch vertretbar fanden, soziale Mobilität insbesondere in Form von Bewegungen von Individuen zwischen verschiedenen beruflichen Prestigeniveaus zu untersuchen (*David V. Glass* 1954). Die zu diesem Zweck aufgestellten Prestigeskalen begründeten Berufskategorien und keine Statusgruppen, und allgemein wurde wenig Mühe aufgewendet, um die Berufskategorien oder das Prestige insbesondere Berufe mit der Klassenstruktur oder dem politischen System in Verbindung zu setzen, obwohl eine neuere Untersuchung in den Vereinigten Staaten die Beziehung zwischen sozialer Klasse und Beruf eingehender diskutiert (*Peter Blau* und *Otis D. Duncan* 1967).

Eine Reihe von Untersuchungen über den sozialen Status, die *W. Lloyd Warner* und seine Mitarbeiter in den dreißiger Jahren unternahmen, zeigte jedoch die Existenz deutlich identifizierbarer Statusgruppen. Die „Yankee City" Serie, deren Bände seit 1941 veröffentlicht wurden (siehe vor allem *W. L. Warner* und *P. S. Lunt* 1941, 1942), hatte mehrere charakteristische Züge. Zunächst waren es Untersuchungen relativ kleiner Lokalgemeinden; das rollte die Frage auf, die übrigens nicht behandelt wurde, nach dem Verhältnis zwischen lokalen Schichtungsformen und dem Schichtsystem einer globalen Gesellschaft. Zweitens versuchte *Warner* einen „Index von Statuskriterien" aufzustellen, mit Hilfe deren die Amerikaner seiner Meinung nach ihr gegenseitiges soziales Prestige bewerteten. Drittens verließ er sich bei der Aufstellung dieser Klassifikationen auf „subjektive" Kriterien, d. h. auf die Bewertungen, die Individuen von ihren eigenen und von Positionen anderer Personen in der sozialen Hierarchie machten. Hier gibt es einen gewissen Konflikt zwischen der Idee „objektiver" Klassencharakteristiken (z. B. Einkommen, Ausbildung, Herkunft) und der Idee „subjektiver" Bewertungen von Prestige; und es ist keineswegs klar, wie sich diese zueinander verhalten. Ernster aber ist der Umstand, daß *Warner*, nachdem er auf der

Basis seiner Kriterien die Existenz von sechs Statusgruppen festgestellt hatte (die von der ober-ober- bis zur unter-unter-Gruppe reichen), diese als „Klassen“ bezeichnet und damit die Begriffe von Klasse und Status verwischt, die *Max Weber* so sorgfältig unterschieden hatte. Jedenfalls ist es nicht evident, daß *Warners* Gruppen überhaupt Statusgruppen im Sinne von *Weber* sind und nicht vielmehr bloße Kategorien von Individuen. In neueren Schichtungsanalysen ist Webers Unterscheidung zwischen Klasse und Status wieder deutlicher betont worden, und Warners Art von Untersuchungen wird heute allgemein als eine im Grunde unfruchtbare Ablenkung von den wichtigeren Problemen der Schichtung angesehen.

Eine Reihe von Untersuchungen, insbesondere solche von besonders angesehenen Berufen (wie den freien Berufen, den höheren Beamten usf.) haben sich jedoch mit Statusgruppen im Sinne von *Max Weber* befaßt. Sie haben die Kanäle untersucht, durch die diese Gruppen rekrutiert werden, wie sie verschiedene Lebensstile entwickeln, sich perpetuieren, untragbare Mitglieder ausschließen und gleichzeitig darum kämpfen, ihre eigene Bedeutung im Wettbewerb mit anderen Gruppen zu erhöhen (man vergl. hierzu insbesondere die im vorigen Abschnitt erwähnten Elitenuntersuchungen). Ähnlich haben Untersuchungen ethnischer Schichtung gezeigt, wie ethnische Gruppen zu geschlossenen Gemeinschaften werden (*John Dollard* 1937; *Takeo Shibutani* und *K. M. Kwan* 1966); auch religiöse Unterschiede mögen Veranlassung zur Ausbildung von exklusiven und geschichteten Gruppen bieten.

V. Schichtungssysteme

Die drei Aspekte oder Dimensionen der sozialen Schichtung, die wir unterschieden haben: Klassen, Eliten und Statusgruppen können nur schwer in einer umfassenden Schichtungstheorie vereinigt werden. Wie wir gesehen haben, haben auch viele Analytiker ihre Aufmerksamkeit auf nur je einen besonderen Aspekt konzentriert. Trotzdem ist es wichtig, wenn man auf konkrete Schichtungssysteme und auf die in ihnen sich vollziehenden Veränderungen blickt, sich alle drei Aspekte gegenwärtig zu halten und so weit wie möglich die Arten zu untersuchen, wie die verschiedenen Formen des Besitzes von Reichtum, Macht und Prestige auf die Begründung und Transformation der sozialen Hierarchie einwirkten.

Ein erster Schritt bei der Betrachtung der Unterschiede zwischen Schichtungssystemen liegt in der Entscheidung, wie viele solcher Systeme es gibt. Diese Frage ist noch immer weit von einer Lösung entfernt. Die *Marx*sche Theorie unterscheidet drei wesentliche Formen von Klassengesellschaft: die antike Sklavenhaltergesellschaft, die Feudalgesellschaft und die moderne kapitalistische Gesellschaft. Dazu kommt noch eine vierte Möglichkeit, die asiatische Gesellschaft, die aber nur ungenau umrissen ist. Dies Schema zielt offensichtlich auf einige wesentliche und akzeptierte Unterschiede in der Sozialstruktur von historischen westeuropäischen Gesellschaften. Insbesondere gibt es dem Kontrast zwischen Feudalismus und Kapitalismus große Bedeutung, sowie dem Übergang von einem zum anderen auf Grund des Aufstiegs einer neuen Klasse, die auf dem Eigentum an industriellen Produktionsmitteln begründet ist. Aber selbst in diesem Falle vermittelt der Marxismus nur ein sehr allgemeines Bild von den Änderungen in der Klassenstruktur. Die tatsächlich vorhandene Komplexheit der Klassenbeziehungen führte in Wirklichkeit zu sehr verschiedenen Verläufen der sozialen und politischen Entwicklung (*Barrington Moore* 1966). Andererseits scheint die Marxistische Theorie noch weniger erleuchtende Einsichten in die spezifische Charakteristika eines Schichtungssystems zu vermitteln. Obwohl man z. B. die Struktur der indischen Gesellschaft vor der Britischen Eroberung teilweise als einen asiatischen Gesellschaftstyp beleuchten kann, in dem die herrschende Klasse jene war, die die großen Bewässerungswerke kontrollierte und betrieb (*K. A. Wittfogels* „hydraulische Gesellschaft"), so ist doch das *indische Kastenregime* damit nicht erklärt; man kann sich ihm nur mit Hilfe von Statusdifferenzen nähern, die zunächst aus ethnischer Segregation entstanden und durch den Einfluß religiöser Vorstellungen entwickelt wurden (*Celestin Bouglé* 1908). Man kann nicht gerade sagen, daß neuere soziologische Autoren viel Aufmerksamkeit auf die Analyse der Unterschiede zwischen den Schichtungssystemen gewendet haben. Und wo es geschehen ist, sind sie sogar geneigt gewesen, ein noch einfacheres und allgemeineres Modell als *Karl Marx* anzuwenden und vor allem zwischen den Schichtungsarten zu unterscheiden, die man in agrarischen und industriellen Gesellschaften findet (*Gerhard Lenski* 1966). Diese Vorgehensweise entspricht offensichtlich einer allgemeinen Orientierung in der neuesten Soziologie, die den Unterschied zwischen den agrarischen und den industriellen Gesellschaften betont und den Prozeß der „Industrialisierung" oder der „Modernisierung" als einen bedeutsamen Wandel in der Geschichte der menschlichen Gesellschaft hervorgehoben hat (siehe dazu in diesem Handbuch das Kapitel von *Bert Hoselitz* über Entwicklungssoziologie). Die Bedeutung dieses besonderen Wandels kann nicht geleugnet werden, aber er gibt doch keine ausreichende Rechenschaft für die verschiedenen Stratifikationstypen. So wurde z. B. die erste Industrialisierung der westeuropäischen Länder weitgehend durch die Tätigkeiten einer neuen Unternehmerklasse in Gang gebracht. Aber im 20. Jahrhundert sind die Agrargesellschaften unter der Führung durch politische Eliten (nationalistische oder revolutionäre Führer) oder durch Offiziere in die Industrialisierung eingetreten, wobei hohe Regierungsbeamte häufig in diesem Prozeß eine wichtige Rolle gespielt haben. Daher haben sich auch in diesen Gesellschaften Schichtungstypen entwickelt, die sich sehr wesentlich von jenen unterscheiden, die sich in den „Laissez-faire" kapitalistischen Gesellschaften des 19. Jahrhunderts entwickelt hatten.

Ein anderer Aspekt der Industrialisierung agrarischer Gesellschaften im 20. Jahrhundert ist die Rolle der Bauernschaft in diesem Prozeß. Frühere soziologische Schichtungsuntersuchungen, die sich vor allem auf die Industriegesellschaften konzentrierten, schenkten dem Bauerntum als Klasse nur geringe Aufmerksamkeit. Wo man überhaupt darüber sprach, wurde es gemeinhin als konservatives Überlebsel des Feudalismus in den europäischen Gesellschaften angesehen. Aber in unserem Jahrhundert, insbesondere nach dem Ende des Zweiten Weltkrieges, sind in vielen Entwicklungsgesellschaften bäuerliche Bewegungen radikaler oder revolutionärer Art entstanden; so wurde die wirtschaftliche, soziale und politische Situation der Bauernschaft im Schichtungssystem eingehender untersucht (*Eric Wolf* 1969; *T. Shanin* 1971).

Es gibt noch einen anderen Gesichtspunkt, unter dem die einfache Unterscheidung zwischen Agrar- und Industriegesellschaften als Mittel der Unterscheidung zwischen verschiedenen Schichtungsformen inadäquat ist, nämlich die Tatsache, daß sie die Unterschiede zwischen den Industriegesellschaften selbst nicht berücksichtigt. *Insbesonders unterscheidet sie nicht zwischen dem, was man allgemein als kapitalistische und sozialistische Industriegesellschaften bezeichnet.* Die ersteren (insbesonders die westeuropäischen Gesellschaften und Nordamerika) haben im Lauf unseres Jahrhunderts verschiedene Veränderungen erfahren, aber ihre Schichtungssysteme enthalten noch immer als wichtige Elemente einige traditionale Eliten, eine bedeutende Klasse, die über Eigentum verfügt, und eine besondere Arbeiterklasse.

Die sozialistischen Industriegesellschaften, die mit der russischen Revolution von 1917 und nach dem Zweiten Weltkrieg mit der Ausdehnung dieser Revolution auf andere osteuropäische Gesellschaften entstanden, haben neue Eliten hervorgebracht (die politischen Führer und Kader der kommunistischen Partei, die Manager der Staatsunternehmungen) und, nach der Meinung einiger

Autoren, die Grundlagen für ein neues Klassensystem geschaffen. Die genaue Struktur des Schichtungssystems in der UdSSR und in anderen osteuropäischen Gesellschaften ist noch immer Gegenstand von Kontroversen, insbesondere über die Frage, ob eine neue herrschende Klasse entstanden oder im Entstehen ist, wie *Nikolai Bukharin* in den zwanziger Jahren meinte (siehe die Zusammenfassung der Quellen in *Stephen F. Cohen* 1974, S. 142/4 und die Diskussion bei *Bukharin* 1925) und wie es später von Autoren sowohl innerhalb als auch außerhalb der sozialistischen Gesellschaften debattiert wurde (*Milovan Djilas* 1957; *Stanislaw Ossowski* 1963; *Frank Parkin* 1971). Jene, die da behaupten, daß eine neue Klassenstruktur im Entstehen sei, sind dazu gezwungen worden, den Klassenbegriff neu zu definieren, das von *Karl Marx* formulierte Konzept aufzugeben, das auch *Max Weber* angenommen hatte, nach dem Klassen im Eigentum oder Nicht-Eigentum an Produktionsmitteln begründet sind, und zu betonen, daß *die Kontrolle und das Management von Staatsunternehmungen und der Wirtschaft im Ganzen (im Gegensatz zum juristischen Eigentum an diesen Ressourcen) eine andere Grundlage für die Ausbildung einer herrschenden Klasse darstellten.* So läuft die Diskussion über die Klassenstruktur der sozialistischen Gesellschaften in eine breitere Kontroverse über die Grundlagen der sozialen Klassen im Produktionssystem ein, die wesentlich im Rahmen der Analyse „postindustrieller" Gesellschaften geführt wird (wie oben betont).

Unangesehen dessen, ob es ein Klassensystem in den osteuropäischen Gesellschaften gibt, so bleibt doch klar, daß es wichtige Eliten bei ihnen gibt, die sich vom Rest der Gesellschaft durch ihr höheres Einkommen, spezielle Privilegien und höheren Status unterscheiden. Aber diese Eliten sind jenen in den kapitalistischen Gesellschaften nicht genau gleich. Sie werden auf andere Weise rekrutiert, sie mögen offener sein, sie sind im kulturellen Sinne weniger unterschieden vom Rest der Gesellschaft. Andererseits gibt es einen sehr scharfen Unterschied zwischen der herrschenden Partei und dem Rest der Gesellschaft, der in den kapitalistischen Gesellschaften kein Äquivalent hat. In anderen Hinsichten sind jedoch die Ähnlichkeiten größer. Die Rangordnung der Berufe in bezug auf ihr Prestige scheint sich in allen Industriegesellschaften auf die gleiche Weise zu entwickeln, und das Berufsprestige spielt eine beträchtliche Rolle bei der Entscheidung über den sozialen Status der Individuen.

Eine adäquate Typologie von Schichtungssystemen müßte zwischen den verschiedenen Formen von Industrie- und Agrargesellschaften unterscheiden, und diese Unterscheidungen müßten wahrscheinlich die verschiedenen Kulturregionen der Welt berücksichtigen und die Art und Weise, wie kulturelle Phänomene wie die Religion die Schichtung beeinflußt haben. Es wäre auch erforderlich zu bedenken, in welchem Ausmaß die verschiedenen Schichtungssysteme in eine historische Sequenz gebracht werden können. Offensichtlich umfaßt das marxistische Schema historische Stufen wie etwa die sehr allgemeine Unterscheidung zwischen Agrar- und Industriegesellschaften, aber es kann sehr wohl sein, daß die Entwicklung der Schichten in verschiedenen Teilen der Welt einen verschiedenen Verlauf genommen hat und daß kein allgemeines Entwicklungsschema aufgewiesen werden kann, obwohl es einige universale Elemente geben mag. So scheint z. B. der Feudalismus keine universale Entwicklungsstufe der Schichtung, sondern vielmehr weitgehend auf Europa und Japan beschränkt zu sein, obwohl einige ähnliche Züge in anderen Gesellschaften in manchen Perioden ihrer Geschichte gefunden werden können (z. B. in Indien).

Selbst eine mehr ausgearbeitete Typologie würde nicht alle Unterschiede sehen lassen, die zwischen den Gesellschaften als Ergebnis ihrer besonderen historischen Entwicklung bestehen. In einer gegebenen Gesellschaft mag die Schichtung durch die vorherrschende Religion und religiöse Unterschiede stark beeinflußt worden sein, oder durch die Existenz unterschiedlicher ethnischer oder sprachlicher Gruppen als Ergebnis von Einwanderung und Eroberung. Untersuchungen von Schichtungssystemen in spezifischen Gesellschaften, die in bezug auf ihre wirtschaftliche Organisation, ihre geographische und kulturelle Lage zum gleichen Typ gehören, würden die Reichweite der individuellen Variationen zutage bringen und gleichzeitig bei der Konstruktion einer genaueren Typologie behilflich sein. Aber es gibt nur relativ wenig Versuche, auf eine mehr detaillierte Weise das Schichtungssystem einer ganzen Gesellschaft zu analysieren. Viele Untersuchungen haben einige Aspekte dieser totalen Schichtung behandelt, indem sie die herrschenden Eliten (z. B. *C. Wright Mills 1956)* oder die Prozesse der sozialen Mobilität *(David V. Glass* 1954; *Peter Blau* und *Otis D. Duncan* 1967; *D. V. Glass* und *René König* 1974) analysierten, aber nur wenige haben eingehendere Studien unternommen *(John Porter* 1965; *Ralf Dahrendorf* 1961; *P. Machonin* 1970; *Mervyn Matthews* 1972).

VI. Wandel der Schichtungssysteme

Die Veränderungen der Schichtungssysteme können von zweierlei Art sein: entweder *ein relativ abrupter Wandel* von einem System zum anderen oder *ein mehr allmählicher Wandel* innerhalb einer Struktur, die eher modifiziert als ersetzt wird. Beispiele für die erste Art sind der Übergang vom Feudalismus zum Kapitalismus; die durch die Russische, Chinesische oder andere Revolutionen im 20. Jahrhundert verursachten Transformationen; das Aufzwingen eines neuen Schichtungssystems durch Eroberung und andererseits die Zerstörung eines alten Systems durch nationale Befreiungsbewegungen. Die zweite Art von Veränderungen kann den Aufstieg neuer und den Abstieg alter Eliten bedeuten; die Bewegung sozialer Gruppen zu neuen Positionen im Statussystem als Ergebnis von wirtschaftlichen, politischen oder kulturellen Veränderungen; auch Veränderungen in der Lage ganzer Klassen. So unterschied z. B. *Henri Pirenne* (1914) in einer Abhandlung über die Sozialgeschichte des Kapitalismus in Westeuropa vier Hauptperioden der wirtschaftlichen Entwicklung; in jeder von ihnen stieg eine neue soziale Gruppe zu dominierender Stellung in der Leitung der wirtschaftlichen Aktivitäten auf. Es liegt auf der Hand, daß in den modernen Industriegesellschaften manche Gruppen von Wissenschaftlern und Technikern als neue Eliten aufgestiegen sind, während manche traditionelle Eliten wie z. B. der Klerus an Bedeutung verloren haben.

Beständig gehen Veränderungen in der Position verschiedener sozialer Gruppen, speziell Berufsgruppen, im Statussystem vor sich. Das geschieht in modernen Gesellschaften größtenteils als Folge technologischen Wandels, der die Bedeutung mancher Berufe vermindert und die anderer erhöht, aber es wird auch durch die Bemühungen der Berufsgruppen bestimmt, ihren Status durch „Professionalisierung", d. h. durch Ansetzen höherer Ausbildungsstandards als Voraussetzung für die Ausübung des Berufs, zu erhöhen. Obwohl dieser Wettbewerb um den Status für die westlichen Industriegesellschaften speziell charakteristisch ist und durch die wachsende Spezialisierung der Berufe und durch die Zunahme neuer Berufe als Folge technologischer Entwicklung durch leichteren Zugang zu Ausbildungschancen und größere Möglichkeiten der sozialen Mobilität begünstigt wird, kommt er auch in nicht-industriellen Gesellschaften vor. So bietet z. B. das indische Kastensystem trotz seiner viel größeren Starrheit noch immer gelegentlich die Möglichkeit für den Angehörigen einer unteren Kaste, einen sozialen Status durch Übernahme der Riten und Speisegebote einer höheren Kaste zu verbessern und schließlich auch die Anerkennung seines Anspruchs auf einen höheren Status durch andere Gruppen des Dorfes oder der Region zu erlangen (*M. N. Srinivas* 1965).

Die Veränderungen, die in der Position ganzer Klassen vor sich gehen, sind am auffälligsten, wenn es einen plötzlichen Wandel von einem Schichtungssystem zum anderen gibt, so wenn z. B. eine landbesitzende Aristokratie oder eine fremde Herrschaftsgruppe gestürzt wird. Aber es gibt auch allmählichere Wandlungen, wie man sie etwa in den Industriegesellschaften des 20. Jahrhunderts beobachten kann: eine beträchtliche Erweiterung der Mittelklassen, eine ebenso ausgeprägte Abnahme in der Zahl der Bauern oder Farmer und der Beginn einer Abnahme (mindestens proportional zur Gesamtbevölkerung) in der Größe der handarbeitenden Klasse. Ob die allmählichen Bewegungen dieser Art in der Lage sein werden, einen radikaleren Wandel im Schichtungssystem zu verursachen oder vielleicht bereits verursacht haben – ob z. B. das im Entstehen ist, was man als Mittelklassengesellschaften bezeichnen könnte –, ist noch immer kontrovers; die verschiedenen Ansichten zu dieser Frage sollen später besprochen werden.

Während man relativ leicht eine Beschreibung mindestens einiger Wandlungen beschaffen kann, die in bestimmten Gesellschaften in der Vergangenheit vor sich gegangen sind, oder die in den heutigen Industrie- und in den Entwicklungsgesellschaften vor sich gehen, ist es viel schwerer, einen langfristigen historischen Wandlungsprozeß zu umschreiben oder eine Erklärung der hauptsächlichen Strömungen zu geben. Unter Anwendung einer rudimentären Typologie wirtschaftlicher Gebilde und der Schichtungssysteme bietet die Marxistische Theorie die systematische Darstellung einer Folge der Wandelerscheinungen, die sie als Entwicklung neuer Produktionsweisen als Folge technologischer Wandlungen erklärt. Diese Darstellung fußt auf der Klassenstruktur und den Wandlungen von einem Schichtungssystem zum anderen, jedoch gibt es prinzipiell keinen Grund dafür, warum sie nicht auch den Einfluß der Eliten und der Statusunterscheidungen berücksichtigen und auch die allmählicheren und vielleicht kumulativen Veränderungen in der Schichtung behandeln sollte. Aber, wie schon vorher betont, die Theorie benötigt eine ausgearbeitetere Typologie; und wenn sie noch andere Elemente als die soziale Klasse berücksichtigen würde, die bei der Formierung und Veränderung eines Schichtungssystems wirksam werden, könnte wohl eine zutiefst modifizierte Beschreibung und Erklärung der Etappen und Prozesse der sozialen Entwicklung die Folge sein.

Die wichtigste Alternative zur Marxistischen Theorie als allgemeine Übersicht über die Veränderungen im Schichtungssystem scheint die Auffassung der sozialen Entwicklung als eines Prozesses wachsender Differenzierung zu sein, wie sie durch *Herbert Spencer* und *Emile Durkheim* formuliert und jüngstens durch *Talcott Parsons* wieder aufgenommen wurde (*H. Spencer* 1877 bis 1896; *E. Durkheim* 1893; zu beiden *Celestin Bouglé* 1902; *T. Parsons* 1966). Aber die Analyse sozialer Differenzierung reicht für sich allein nicht aus, um die Veränderungen der Schichtung zu erklären. Zunächst geben nicht alle Differenzierungen Anlaß zur Schichtung, darum ist es nötig, die spezifischen Züge jener Differenzierungen zu beachten, die neiderregende Rangunterscheidungen erzeugen. Zweitens unterscheidet die Vorstellung von der Differenzierung als Quelle der Schichtung nicht zwischen der Bildung von sozialen Klassen, der Entwicklung von Eliten und der Einordnung von Individuen oder Gruppen in einer Statushierarchie. Drittens konzentriert der Begriff der wachsenden Differenzierung die Aufmerksamkeit auf die allmählichen und kontinuierlichen Veränderungen der Schichtung und unterscheidet nicht zwischen diesen und den ausgedehnteren und tieferen Transformationen, die ein neues Schichtsystem begründen.

Trotz dieser beträchtlichen Differenzen zwischen der Marxistischen Theorie und der Auffassung von der Schichtung als einem Produkt wachsender sozialer Differenzierung gibt es auch einige gemeinsame Züge. *Beide Auffassungen beziehen die Schichtung auf die Arbeitsteilung,* die einerseits eine Quelle spezifischer Eigentumsverhältnisse und Produktionsweisen und andererseits des allgemeineren Systems der sozialen Differenzierung ist. Ferner wird in beiden Fällen angenommen, daß die technologische Entwicklung eine wesentliche Rolle in der Verursachung des Wandels in der Schichtung spielt, obwohl die wirklichen Prozesse, durch die die Technologie ihre Wirkungen übt, verschieden aufgefaßt werden. Die Idee der wachsenden sozialen Differenzierung ist wahrscheinlich am bedeutsamsten in ihrer Anwendung auf moderne Industriegesellschaften, wo sie sehr oft in Argumenten verwendet wird, die sich mit der Auflösung weitreichender Varietät von Statusgruppen und der beträchtlich gewachsenen Klassengruppierungen, der Entwicklung einer größeren Zahl und Komplexheit von Schichtungssystemen beschäftigen.

Historische Darstellungen von Veränderungen in der sozialen Schichtung haben in der neueren Soziologie nicht sehr im Vordergrund gestanden, selbst wenn die Historiker zunehmend nützliche Materialien für solche Untersuchungen bereitgestellt haben. Man hat sich wenig darum bemüht, die „Zirkulation der Eliten" eingehender zu untersuchen, dem sich wandelnden Status verschiedener sozialer Gruppen nachzugehen oder die Bewegungen in der Position ganzer Klassen zu erforschen. Einzig einige wenige Arbeiten wie die von *C. Wright Mills* über die Angestellten (1951) oder *Barrington Moore* über die sozialen Ursprünge von Diktatur und Demokratie (1966) zeigen ein ernsthaftes Interesse an diesen historischen Bewegungen.

Zumeist haben sich die Soziologen darauf beschränkt, neuere und sich erst anbahnende Wandelerscheinungen in der Schichtung gegenwärtiger Gesellschaften, entweder in westlichen Industriegesellschaften oder in Entwicklungsgesellschaften, zu untersuchen. Im ersteren Falle hat sich die Analyse und die Forschung zumeist auf die Frage nach dem Übergang vom klassischen Laissez faire-Kapitalismus auf den Spätkapitalismus, den organisierten Kapitalismus, den Wohlfahrtskapitalismus, die post-kapitalistische oder die post-industrielle Gesellschaft konzentriert. Unangesehen der angebotenen Interpretation, die sich in der Wahl des charakterisierenden Begriffs ausdrückt, gibt es eine ziemliche Übereinstimmung über die Haupttrends in der Entwicklung und sogar über die verursachenden Faktoren. Zunächst wird anerkannt, daß es eine beträchtliche Vermehrung der Mittelklassenberufe gegeben hat und daß dies mit einem wesentlichen Wandel im Produktionssystem verbunden ist, in dem die Anwendung wissenschaftlicher Erkenntnisse eine beherrschende Rolle angenommen und unter anderem eine beschleunigte Vermehrung von Universitäten und anderen Anstalten höherer Ausbildung hervorgerufen hat. Man könnte nun sagen, daß die Zunahme der Mittelklassen neue Perspektiven in der sozialen Mobilität eröffnet, die Gegensätze zwischen den sozialen Klassen an den entgegengesetztesten Polen der Gesellschaft vermindert und die Entwicklung eines breiteren politischen Konsensus erleichtert, der seiner allgemeinen Orientierung nach eher reformistisch als radikal oder reaktionär ist.

Neben dieser Umformung der Mittelklassen finden sich bezeichnende Veränderungen in der Stellung der Arbeiterklasse. Ein wesentlicher Zug hierbei ist der Umstand, daß die wissenschaftliche und technologische Entwicklung die Bedeutung der Handarbeit im Produktionsprozeß vermindert und sie sogar in einigen Produktionszweigen vollständig zum Verschwinden gebracht hat. Infolgedessen ist auch eine Verminderung in der relativen Zahl von Handarbeitern im Verhältnis zur beschäftigten Bevölkerung im Ganzen festzustellen, und einige Darsteller der „post-industriellen" Gesellschaft sehen sogar eine *absolute* Verminderung vor dem Ende dieses Jahrhunderts voraus (*Daniel Bell* 1973). In den Vereinigten Staaten betragen die White Collar Workers jetzt mehr als 50 % aller Erwerbstätigen, während Handarbeiter oder Blue Collar Workers nur 40 % erreichen, und eine ähnliche Situation bahnt sich beschleunigt in vielen europäischen Ländern ab. Die wichtigsten Züge dieser Entwicklung liegen in folgendem: erstens daß die Arbeit der Angestellten in der männlichen Bevölkerung zugenommen hat und nicht mehr, wie früher, durch Frauen dominiert wird; zweitens, daß eine wachsende Proportion der Erwerbstätigen direkt in Regierungsdiensten steht (zumeist als Angestellte), in der Tat ist das der schnellstwachsende Beschäftigungssektor der letzten Zeit gewesen; drittens, daß es im Rahmen der Angestelltenberufe einen besonders schnellen Zuwachs an professionellen und technischen Berufen gegeben hat. Diese Veränderungen werden wichtige Konsequenzen für das ganze Schichtungssystem und für die Entwicklung sozialer und politischer Einstellungen haben, aber sie sind im momentanen Stadium schwer zu interpretieren und haben zahlreiche Kontroversen in Diskussionen über die „spätkapitalistische" oder „postindustrielle" Gesellschaft hervorgerufen (siehe „Verhandlungen ..." 1968).

Gleichzeitig wird hervorgehoben, daß sich die allgemeine Position der Arbeiter im Klassensystem verändert hat infolge des steigenden Lebensstandards, insbesondere Sozialleistungen und neuer Chancen für soziale Mobilität. Das Ergebnis dieser Veränderungen wird in der Verminderung der Klassenunterschiede und in einem zugeordneten Absinken des Radikalismus der Arbeiterklasse erblickt. Die Organisationen der Arbeiterklasse mögen noch immer militant sein, indem sie etwa bereit sind, Konflikte auf sich zu nehmen, um ihren Anteil am Sozialprodukt und an den allgemeinen Sozialleistungen zu sichern (in dieser Hinsicht sind auch die Organisationen der Mittelklassen, die Angestelltengewerkschaften und Berufsverbände militant), aber sie sind in dem Sinn weniger radikal, als sie nicht mehr so stark an einer totalen Veränderung der Gesellschaft interessiert sind. Solche Deutungen der Arbeiterklasse und ihrer Stellung in den westlichen Industriegesellschaften standen in den fünfziger Jahren stark im Vordergrund; einige dieser Themen wurden in Abhandlungen von *Seymour M. Lipset* und *Ralf Dahrendorf* in einem Band über Nachkriegsveränderungen in den europäischen Gesellschaften behandelt (*Stephen R. Graubard* 1964). Aber das Neuerwachen des politischen Radikalismus in der Mitte der sechziger Jahre und der Einfluß neuer politischer Ideen in den Gewerkschaften haben diese Deutungen in Frage gestellt und es gibt heute wieder größere Kontroversen darüber, wie sich die Verhältnisse zwischen den sozialen Klassen in den Industriegesellschaften entwickeln mögen.

Die Entwicklung der Oberklasse hat bei den Soziologen nicht annähernd die gleiche Aufmerksamkeit wie die der mittleren und Arbeiterklasse erregt, teilweise natürlich weil es viel schwieriger ist, Forschungen über die Lage und Tätigkeiten der oberen Kreise der Gesellschaft durchzuführen. Aber in den letzten Jahren sind doch einige systematischere Untersuchungen über die Verteilung von Eigentum, die Rekrutierung der Eliten und den Einfluß besonderer sozialer Gruppen auf die Entwicklung der Politik und Entscheidungsprozesse unternommen worden. Auf diesem Gebiet scheint es widersprüchliche Tendenzen zu geben, die zu verschiedenen Interpretationen der eingetretenen Veränderungen Anlaß geben. Einerseits kann man behaupten, daß in gewissem Ausmaß eine Neuverteilung von Eigentum zwischen Individuen und Familien stattgefunden hat, so daß die Konzentration von Eigentum auf einen sehr kleinen Teil der Bevölkerung rückläufig geworden ist. Aber diese Neuverteilung geht doch sehr langsam vor sich und vor allem in den oberen Gesellschaftsschichten, so daß das Eigentum noch immer nicht über sehr weite Kreise verteilt ist. Andererseits ist es klar, unangesehen der Neuverteilung persönlichen Eigentums, daß eine zunehmende Konzentration von Eigentum in der Produktionssphäre stattgefunden hat mit der Entwicklung von Riesengesellschaften, die sowohl national als auch international eine überragende Rolle innehaben. Aber hier kommt es auf die Feststellung an, ob diese Konzentration von Produktionsressourcen in großen Unternehmungen eine Akkumulation von Eigentum in den Händen kleiner Gruppen zur Folge hat, oder ob es nicht vielmehr eine Konzentration der „Kontrolle" neuer technologischer und Manager-Eliten bedeutet, deren Macht weniger von dem tatsächlichen Eigentum an den Produktionsmitteln als vielmehr von ihrer Stellung in einem Organisationssystem abhängig ist. Wiederum muß man die Ausdehnung der staatseigenen Industrien bedenken, in denen Macht und Einfluß ganz eindeutig nicht von privaten Eigentumsverhältnissen, sondern von allgemeineren administrativen und politischen Bedingungen abhängig ist. Eine Analyse dieser Bedingungen in der Entwicklung des ökonomischen Systems führt entweder zur Konzeption eines Staatskapitalismus, in dem die Oberklasse als eine Variante der besitzenden Klasse im Laissez faire-Kapitalismus erscheint, oder zur Idee einer neuen Form der Gesellschaft, in der eine neue herrschende Klasse aufgetreten ist, was gelegentlich als „Managerrevolution", als „technobürokratisches System" oder als „post-industrielle Gesellschaft" bezeichnet worden ist. Wie man auch immer diese Veränderungen interpretiert, man muß anerkennen, daß es in den fortgeschrittenen Industriegesellschaften einen direkten politischen Einfluß auf das Schichtungssystem gibt.

Ein Aspekt der Veränderungen in der Schichtung ist bisher noch kaum untersucht worden (wiederum teilweise wegen der großen Schwierigkeit solcher Untersuchungen), nämlich der Effekt, den sie auf das Bewußtsein und die Attitüden der Gesellschaft im Ganzen und in verschiedenen Sektoren der Gesellschaft gehabt haben. Natürlich gibt es verschiedene Untersuchungen über das Bewußtsein der Arbeiterklasse. Diese befassen sich entweder mit der Verbürgerlichung der Arbeiter in der Wohlstandsgesellschaft

(*J. Goldthorpe* u. a. 1968, 1969) oder im Gegenteil mit der möglichen Entwicklung einer radikalen und kollektivistischen Einstellung bei den höher qualifizierten Technikern (*Serge Mallet* 1963). Aber diese Arbeiten haben sich nicht näher mit den Veränderungen im Laufe der Zeit befaßt, mit Ausnahme der von *Alain Touraine* (1966) durchgeführten historischen Analyse, und sie haben mehr die Unterschiede zwischen den Gesellschaften als die Prozesse des Wandels selbst untersucht. Ferner gibt es nur wenige Untersuchungen der kulturellen und politischen Konsequenzen des Anwachsens der Mittelklassen. Führt das zu einem größeren Konsensus oder einer typischen Mittelklasseneinstellung und, falls letzteres zutrifft, welches sind die spezifischen Züge einer solchen Einstellung? Man könnte z. B. argumentieren, daß einige der Veränderungen der letzten zwanzig Jahre – insbesondere in der Minderung der Zwänge in vielen Lebensbereichen und der Zunahme einer größeren Freizügigkeit („permissiveness") – aus dieser Zunahme der Mittelklassen und der Diffusion ihrer Vorstellungen von einer „offenen Gesellschaft" herausgewachsen sind. Aber diese Beziehungen sind noch nicht systematisch untersucht worden.

Die Veränderungen in den Schichtungssystemen der Entwicklungsgesellschaften sind – wie die in den Industriegesellschaften – größtenteils aus wirtschaftlichen Veränderungen herausgewachsen, aber sie sind gleichzeitig durch politische Bewegungen angebahnt worden, die auch die Entwicklung selbst begonnen haben. In einigen Ländern (z. B. in China) haben die politischen Führer, unterstützt durch die Bauernschaft, das alte Schichtungssystem abgeschafft und versuchen, eine neue klassenlose Gesellschaft mit einem sehr begrenzten Ausmaß an Schichtung jeglicher Art zu begründen. Andernorts, z. B. in Indien, haben die nationalistischen Führer, wiederum unterstützt durch die Bauernschaft, das traditionelle Schichtungssystem allmählicher umzuformen gesucht.

In ihren Untersuchungen über die Entwicklungsgesellschaften haben die Soziologen ihre Aufmerksamkeit auf die Rolle der Eliten konzentriert – die „traditionellen" oder die „modernisierenden" –, sowie auf die Situation und die Chancen der Bauern oder verschiedener Teile der Bauernschaft. Die neuen Eliten waren vorwiegend die Führer der politischen Bewegungen, revolutionäre oder reformistische Intellektuelle und Offiziere, obwohl hohe Regierungsbeamte und Geschäftsleute eine wichtige Rolle in einigen Ländern gespielt haben. Die Natur und die Zusammensetzung der im Vordergrund stehenden Eliten hängt in jedem einzelnen Fall vom historischen und kulturellen Hintergrund und den existierenden Problemen und Möglichkeiten in einer besonderen Region oder einem besonderen Land ab. Es gibt wichtige Unterschiede zwischen Asien, Afrika, dem Mittleren Osten und Lateinamerika. Und selbst innerhalb einer Region gibt es auffällige Kontraste wie z. B. zwischen China und Indien. Ein sehr wichtiger Zug ist jedoch die wichtige politische Rolle von Offizieren in den Entwicklungsgesellschaften, von denen viele durch militärische Juntas beherrscht werden (*Morris Janowitz* 1964). Diese Situation resultiert teilweise aus dem Umstand, daß Offiziere über die Mittel verfügen, politische Kontrolle auszuüben, während andere Gruppen diese Chance nicht haben, speziell nicht während interner Konflikte und bei Mangel wohlorganisierter politischer Parteien. Teilweise rührt sie auch ganz einfach daher, daß das Militär den Vorteil hat, in dem am meisten modernisierten Sektor der Gesellschaft zu stehen. In anderen Fällen, speziell in Lateinamerika, gibt es jedoch eine alte Tradition militärischer Einmengung in die Politik, die auf die Periode zurückgeht, als die Armee eine wichtige Rolle in den nationalen Befreiungskämpfen spielte.

Die Rolle der Eliten in den Entwicklungsländern hängt nicht nur von ihrem eigenen Organisationsgrad und ihren politischen Vorteilen, sondern auch von dem Ausmaß ab, zu dem sie die Unterstützung der größeren sozialen Klassen oder anderer wichtiger Gruppen in der Gesellschaft für sich gewinnen können. Ein wichtiges Element ist dabei das Bauerntum oder einzelne Teile des Bauerntums; nach einer langen Periode der Vernachlässigung haben die Soziologen jüngstens begonnen, den Eigentümlichkeiten der Bauerngesellschaften und der Bauernbewegungen in der modernen Welt mehr Aufmerksamkeit zu schenken. Marxistische Denker unternahmen Untersuchungen der Bauernschaft zur Zeit der russischen Revolution und analysierten insbesondere die Beziehung der verschiedenen Teile der Bauernschaft zum Sozialismus in der UdSSR (siehe dazu die Beiträge von *N. Bukharin* in der Zusammenfassung bei *Stephen F. Cohen* 1974 und die allgemeine Diskussion bei *Moshe Lewin* 1968) und auch die Bedeutung der politischen Bauernbewegungen und Rebellionen in den Kolonialgesellschaften (siehe dazu die Diskussion und die Dokumente in *Hélène Carrère d'Encausse* und *Stuart R. Schram* 1969).

Im Licht dieser Ereignisse haben die Soziologen nicht nur ein allgemeineres Interesse an den Prozessen beschleunigten sozialen Wandels zu zeigen, sondern sie haben auch viele ihrer Ideen über den „Traditionalismus" der Bauerngesellschaften und ihrer Fähigkeit und Bereitschaft, sich in weitreichende politische Bewegungen zu engagieren, einer Revision unterzogen (*Hamza Alavi* 1965; *Eric Wolf* 1969). Die meisten Untersuchungen der Bauernschaft erkennen jedoch, daß die Organisation und Führung von Bauernbewegungen durch städtische Elemente in den betreffenden Gesellschaften unternommen werden – durch Führer der Arbeiterparteien, Intellektuelle oder militärische Führer. Die Reaktion der verschiedenen Teile der Bauernschaft auf diese städtischen Gruppen variiert beträchtlich; sie wird durch soziale und wirtschaftliche Umstände bedingt, durch die historischen Erfahrungen mit politischen Aktionen, den Charakter des bestehenden Regimes und viele andere lokale Faktoren.

Es ist interessant, unter diesem Aspekt den Lauf der Ereignisse in Indien und China zu vergleichen. Beide Gesellschaften sind überwiegend agrarisch, sie besitzen eine alte, traditionale Kultur und waren bis vor kurzem direkt oder indirekt kolonisiert. In beiden Fällen können verschiedene Teile der Bauernschaft unterschieden werden – entweder als reiche, mittlere und arme Bauern oder in bezug auf verschiedene Verhältnisse zum Eigentum oder nur zum Gebrauch von Land –, und die Probleme dieser verschiedenen Gruppen waren in den beiden Ländern ähnlich. Aber während in China ein wesentlicher Teil der Bauernschaft in der politischen Zielsetzung revolutionär wurde und die Führung der kommunistischen Partei akzeptierte, blieb die große Majorität der Bauern in Indien, obwohl einige sporadische radikale Bewegungen und Rebellionen sich ereigneten, reformistisch und in manchen Hinsichten in ihren sozialen und politischen Einstellungen konservativ. Diese Unterschiede können einzig durch den Einfluß der besonderen historischen Verhältnisse und durch allgemeinere kulturelle Bedingungen erklärt werden. So ist in Indien die Entwicklung einer breiten revolutionären Bewegung unter der Bauernschaft wahrscheinlich durch religiöse Glaubensvorstellungen und durch die Kastenscheidungen verhindert worden, sie wurde auch durch den Einfluß von *Gandhis* Lehren während der nationalen Unabhängigkeitsbewegung unter Kontrolle gehalten. Vergleichende Untersuchungen der Bauernschaften und der Bauernbewegungen zeigen die gleichen Probleme einer verschiedenartigen Entwicklung, wie sie auch bei den Bewegungen der Arbeiterklassen in industriellen Gesellschaften auftreten. Das Ausmaß, in dem sich eine Intensivierung des Klassenbewußtseins und das Wachstum revolutionärer Parteien in westlichen Gesellschaften angebahnt hat, ist engstens verbunden mit spezifischen Zügen nationaler Kulturen und historischer Traditionen. Aber in fast allen Fällen wird eine Bauernbewegung, die vor allem an Landbesitz, Kredit und Märkten interessiert ist, durch die existierenden politischen Organisationen, die auf eine fundamentalere Umformung der Gesellschaft ausgehen, in radikalere Konflikte gebracht.

VII. Soziale Schichtung und Sozialstruktur

Während die Veränderungen im Schichtungssystem der Industriegesellschaften von anderen Entwicklungsprozessen bestimmt werden, haben sie ihrerseits Konsequenzen für die Sozialstruktur. Ein auffälliger Zug im Bereich der Statusverschiedenheiten ist die größere Komplexheit der Schichtung. Das produziert, so könnte man argumentieren, eine größere Verschiedenheit sowohl der kulturellen als auch der ökonomischen Interessen in der Gesellschaft, und die Konflikte zwischen besonderen Interessengruppen können dann eine größere Bedeutung erhalten als der Kampf zwischen den bedeutenderen sozialen Klassen. Gleichzeitig provoziert die Komplexheit und die Verschiedenheit der Interessen einen höheren Grad an Regulierung der Gesellschaft als Ganzes (d. h. mehr aktive Staatsintervention, um zwischen den verschiedenen Interessen zu entscheiden und zu vermitteln) und eine stärkere Betonung der nationalen Einheit, die in manchen Fällen bis zu einer Renaissance des Nationalismus führt. Es kann auch geschehen, daß in diesen Gesellschaften eine größere Mannigfaltigkeit der Eliten entsteht, wobei neue Eliten als Ergebnis der Veränderungen im Produktionssystem und in den kulturellen Orientierungen auftauchen, so daß es entsprechend schwieriger wird, eine stabile Herrschaftsgruppe oder eine Allianz von solchen Gruppen in der Sozialstruktur zu identifizieren.

Aber diese Wandelprozesse haben in den westlichen kapitalistischen Gesellschaften den Gegensatz zwischen den sozialen Klassen noch nicht verwischt, der noch immer einen beherrschenden Einfluß auf das politische Leben ausübt. So scheint es zu geschehen, daß neue politische Bewegungen entstehen, die die besonderen Interessen oder die Forderung nach Gleichbehandlung ethnischer, linguistischer, beruflicher oder regionaler Gruppen oder im Falle der verschiedenen Frauenbewegungen der einen Hälfte der Gesellschaft erheben, während auf der anderen Seite die Kämpfe zwischen den sozialen Klassen weitergehen, die verschiedene Vorstellungen von der Zukunftsentwicklung haben und den zentralen Punkt für die Meinungsverschiedenheiten über Demokratie und Gleichheit darstellen. Es gibt ähnliche Erscheinungen in vielen sozialistischen Gesellschaften, wo die bestehende Sozialstruktur kritisiert und durch eine Reihe von Gruppen in Frage gestellt wird, die ihre speziellen Interessen zu fördern oder einen größeren Grad an Gleichheit zu erreichen oder eine offenere und liberalere Kulturatmosphäre zu verwirklichen suchen. Aber diese Bewegungen finden in einem anderen Zusammenhang statt, in dem eine viel stärkere Staatskontrolle über die Bildung politischer Gruppen und die Äußerung abweichender Meinungen wacht.

Es ist oft behauptet worden, daß die Erforschung der sozialen Schichtung die gleiche Bedeutung für den Soziologen hat wie die Erforschung der Verwandtschaft durch den Anthropologen; in beiden Fällen bietet das untersuchte Phänomen einen wichtigen Schlüssel für das Verstehen der gesamten Sozialstruktur. Wenn wir die ganze Reihe menschlicher Gesellschaften jenseits des tribalen Stadiums überblicken, können wir zustimmen, daß die Verteilung des Eigentums und die Gestaltung sowie die Entwicklung der sozialen Klassen Grundcharakteristiken darstellen, die uns viele andere Züge der Sozialstruktur interpretieren lassen. Aber das heißt nicht, daß in allen Fällen das Klassensystem oder irgendein ökonomisch bedingter Aspekt der sozialen Schichtung den entscheidenden Faktor darstellen, der einer Gesellschaft ihre eigentümliche Form gibt. Speziell in modernen Gesellschaften hat die politische Gewalt – ob sie nun aus einer Militärgruppe oder aus einer politischen Partei oder sonstwoher stammt – einen überragenden Einfluß auf alle Institutionen der Gesellschaft, selbst unter Einbegreifung des Schichtungssystems.

Ausgewählte Literatur

Alavi, Hamza, Peasants and Revolution, in: The Socialist Register (1965).

Ammassari, P., The Italian Blue-Collar Worker, in: International Journal of Comparative Sociology, Bd. 10 (1969).

Andrieux, Andrée, und *Jean Lignon,* L'ouvrier d'aujourd'hui, Paris 1960.

Apter, David E., The Politics of Modernization, Chicago 1965.

Archer, Margaret S., und *Salvador Giner* (Hrsg.), Contemporary Europe: Class, Status and Power, London 1971.

Armstrong, John A., The Soviet Bureaucratic Elite, London 1959.

Aron, Raymond, Social Structure and the Ruling Class, in: British Journal of Sociology, Bd. 1 (1950).

Aron, Raymond, L'opium des intellectuels, Paris 1955 (dtsche. Übers. 1957).

Aron, Raymond, Le développement de la société et la stratification sociale, Paris 1961.

Aron, Raymond, La lutte de classes, Paris 1964.

Baltzell, E. Digby, An American Business Aristocracy, New York 1962.

Banfield, Edward C., The Moral Basis of a Backward Society, Glencoe, Ill., 1958.

Baumanns, H. L., und *H. Grossmann,* Deformierte Gesellschaft, Reinbek b. Hamburg 1969.

Baumert, Gerhard, Kritische Bemerkungen über empirische Ansätze zur Bestimmung der sozialen Schichtung, in: *David V. Glass* und *René König* 1974.

Bell, Daniel, The Coming of Post-Industrial Society, New York 1974.

Benda, Julien, La trahison des clercs, Paris 1927.

Bendix, Reinhard, und *Seymour M. Lipset* (Hrsg.), Class, Status and Power, 2. Aufl. New York 1966 (zuerst 1953).

Bergel, Egon E., Social Stratification, New York 1962.

Bergonzini, L., La stratificazione demografico-sociale in Italia, Milano 1963.

Beyme, Klaus von, Die politische Elite in der Bundesrepublik Deutschland, München 1971.

Blau, Peter, und *Otis D. Duncan,* The American Occupational Structure, New York 1967.

Blauner, Robert, Alienation and Freedom, London 1964.

Bloch, Marc, La société féodale, Paris 1928.

Bolte, Karl Martin, Sozialer Aufstieg und Abstieg, Stuttgart 1959.

Bolte, Karl Martin, Typen sozialer Schichtung in der Bundesrepublik Deutschland, in: Hamburger Jahrbuch für Wirtschafts- und Gesellschaftspolitik, Bd. 8 (1963).

Bolte, Karl Martin, Einige Anmerkungen zur Problematik der Analyse von „Schichtungen" in sozialen Systemen, in: *David V. Glass* und *René König* (Hrsg.) 1974.

Bolte, Karl Martin, Dieter Kappe und *Friedhelm Neidhardt,* Soziale Schichtung, Opladen 1966.

Bottomore, Thomas B., Elites and Society, London 1964.

Bottomore, Thomas B., Classes in Modern Society, London 1965 (dtsche. Übers. München 1968).

Bouglé, Célestin, Essais sur le régime des castes, 2. Aufl. Paris 1927 (zuerst 1908).

Bouglé, Célestin, Théories sur la division du travail, in: Année Sociologique, Bd. 6 (1902).

Bouvier-Ajam, M., und *G. Mury,* Les classes sociales en France, 2 Bde., Paris 1963.

Briefs, Götz, The Proletariat, New York 1937.

Bukharin, Nikolai, Historical Materialism: A System of Sociology, New York 1925.

Carrère d'Encausse, Hélène, und *Stuart R. Schram,* Marxism and Asia, London 1969.

Castles, Stephen, und *Godula Kosack,* Immigrant Workers and Class Structure in Western Europe, London 1973.

Centers, Richard, The Psychology of Social Classes, Princeton 1949.

Cohen, Stephen F., Bukharin and the Bolshevik Revolution, London 1974.

Croner, Fritz, Soziologie der Angestellten, Köln 1962.

Daheim, Hansjürgen, Neuere deutsche Veröffentlichungen zum Problem der sozialen Schichtung, in: *David V. Glass* und *René König* 1974.

Daheim, Hansjürgen, Die Vorstellungen vom Mittelstand, in: Kölner Zeitschrift für Soziologie und Sozialpsychologie, Bd. 12 (1960).

Dahl, Robert, Who Governs? New Haven 1961.

Dahrendorf, Ralf, Soziale Klassen und Klassenkonflikte in der industriellen Gesellschaft, Stuttgart 1957 (engl. erweiterte Aufl.: Class and Class Conflict in Industrial Society, Stanford 1959).

Dahrendorf, Ralf, Über den Ursprung der Ungleichheit unter den Menschen, 2. Aufl. Tübingen 1966 (zuerst 1961).

Dahrendorf, Ralf, Gesellschaft und Demokratie in Deutschland, 2. Aufl. München 1968 (zuerst 1965).

Dahrendorf, Ralf, Recent Changes in the Class Structure of European Societies, in: *Steven R. Graubard* 1964.

Dahrendorf, Ralf, Conflict after Class: New Perspectives on the Theory of Social and Political Conflict, The University of Essex 1967.

Davis, Kingsley, und *Wilbert E. Moore,* Some Principles of Stratification, in: American Sociological Review, Bd. 10 (1945).

Delcourt, J., und *G. Lamarque,* Un faux dilemme: embourgeoisement ou prolétarisation de la classe ouvrière, Bruxelles 1963.

Djilas, Milovan, The New Class, London 1957 (dtsche. Übers).

Dollard, John, Caste and Class in a Southern Town, New Haven 1937.

Domhoff, G. William, Who Rules America? Englewood Cliffs, N. J., 1967.

Domhoff, G. William, The Higher Circles, New York 1970.

Dreitzel, Hans P., Elitebegriff und Sozialstruktur, Stuttgart 1962.

Dumont, Louis, Homo Hierarchicus, Paris 1966.

Durkheim, Emile, De la division du travail social, 6. Aufl. Paris 1960.

Eisenstadt, S. N., und *Yael Azmon* (Hrsg.), Socialism and Tradition, Atlantic Highlands, N. J., 1975.

Eisermann, Gottfried, Die Struktur der sozialen Klassen in Deutschland, in: Kölner Zeitschrift für Soziologie und Sozialpsychologie, Bd. 17 (1965).

Eisermann, Gottfried, Vilfredo Paretos System der allgemeinen Soziologie, Stuttgart 1962.

Fürstenberg, Friedrich, Die Sozialstruktur der Bundesrepublik Deutschland, Opladen 1967.

Geiger, Theodor, Die soziale Schichtung des deutschen Volkes, 2. Aufl. Stuttgart 1967 (zuerst 1932).

Geiger, Theodor, Art. „Schichtung", in: *W. Bernsdorf,* Wörterbuch der Soziologie, 2. Aufl. Stuttgart 1969 (zuerst 1955).

Geiger, Theodor, Die Klassengesellschaft im Schmelztiegel, Köln 1949.

Geiger, Theodor, Aufgaben und Stellung der Intelligenz in der modernen Gesellschaft, Stuttgart 1949.

Geiger, Theodor, Soziale Umschichtungen in einer dänischen Mittelstadt, Kopenhagen 1951.

Geiger, Theodor, Über dynamische Aspekte sozialer Umschichtungen, in: *K. G. Specht* (Hrsg.), Soziologische Forschung in unserer Zeit, Köln-Opladen 1951.

Giddens, Anthony, The Class Structure of the Advanced Societies, London 1973.

Glass, David V. (Hrsg.), Social Mobility in Britain, London 1954.

Glass, David V., und *René König* (Hrsg.), Soziale Schichtung und soziale Mobilität, Sonderheft 5 der Kölner Zeitschrift für Soziologie und Sozialpsychologie, 5. Aufl. Opladen 1974 (zuerst 1961).

Goldthorpe, John H., David Lockwood, Frank Bechhofer und *Jennifer Platt,* The Affluent Worker, 3 Bde., Cambridge 1968—69.

Graubard, Stephen R. (Hrsg.), A New Europe?, Boston 1964.

Gurvitch, Georges, Le concept de classes sociales de Marx à nos jours, Paris 1954.

Gurvitch, Georges, Etudes sur les classes sociales, Paris 1966.

Guttsman, W. L., The British Political Elite, London 1963.

Halbwachs, Maurice, Esquisse d'une psychologie des classes sociales, Paris 1955.

Hamilton, Richard F., Affluence and the French Worker in the Fourth Republic, Princeton 1967.

Hamilton, Richard F., Einkommen und Klassenstruktur. Der Fall der Bundesrepublik, in: Kölner Zeitschrift für Soziologie und Sozialpsychologie, Bd. 20 (1968).

Hamon, Léo, Les nouveaux comportements politiques de la classe ouvrière, Paris 1962.

Heller, C. S. (Hrsg.), Structured Social Inequality, New York 1969.

Hofbauer, H., Zur sozialen Gliederung der Arbeiterschaft. Arbeiter und Angestellte in der Gesellschaftshierarchie, Opladen 1965.

Hoggart, Richard, The Uses of Literacy, London 1957.

Hörning, K. H. (Hrsg.), Der „neue" Arbeiter: Zum Wandel sozialer Schichtstrukturen, Frankfurt/M. 1971.

Hunter, Floyd, Community Power Structure, Garden City, N. Y., 1953.

Inchiesta Shell, La classe dirigente italiana, Roma 1964.

Jackson, J. A. (Hrsg.), Social Stratification, Cambridge 1968.

Jaeggi, Urs, Macht und Herrschaft in der Bundesrepublik, Frankfurt/M. 1969.

Jaher, Frederic C. (Hrsg.), The Rich, the Well-born, and the Powerful, Urbana 1973.

Janowitz, Morris, Soziale Schichtung und Mobilität in Westdeutschland, in: Kölner Zeitschrift für Soziologie und Sozialpsychologie, Bd. 10 (1958).

Janowitz, Morris, The Military in the Political Development of New Nations, Chicago 1964.

Johnson, Terence J., Professions and Power, London 1972.

Kahl, Joseph A., The American Class Structure, New York 1957.

Keller, Suzanne, Beyond the Ruling Class, New York 1963.

Kelsall, R. K., Higher Civil Servants in Britain, London 1966.

Kleining, Gerhard, und *Harriett Moore,* Soziale Selbsteinstufung (SSE). Ein Instrument zur Messung sozialer Schichten, in: Kölner Zeitschrift für Soziologie und Sozialpsychologie, Bd. 20 (1968).

Kluth, Heinz, Sozialprestige und sozialer Status, Stuttgart 1957.

Kolko, Gabriel, Wealth and Power in America, New York 1962.

König, René, Soziologie heute, Zürich 1949.

König, René, Studien zur Soziologie. Thema mit Variationen, Frankfurt 1971a.

König, René, The Contemporary German Middle Classes, in: *M. S. Archer* und *S. Giner* (Hrsg.), 1971b.

Krader, Lawrence, Marx's Ethnological Notebooks, Assen 1972.

Kruk, M., Die oberen 30 000. Industrielle, Bankiers, Adlige, Wiesbaden 1967.

Lane, David, The End of Inequality? Stratification under State Socialism, London 1971.

Laroque, P., Les classes sociales, Paris 1959.

Leggett, John C., Class, Race and Labor, New York 1968.

Lenski, Gerhard E., Power and Privilege, New York 1966.

Lepsius, Rainer M., Ungleichheit zwischen den Menschen und soziale Schichtung, in: *David V. Glass* und *René König* (Hrsg.) 1974.

Lepsius, Rainer M., Aspekte der Ungleichheit, Tübingen 1966.

Les classes sociales dans le monde d'aujourd'hui, in: Cahiers internationaux de sociologie, Bde. 38—39 (1965).

Lewin, Moshe, Russian Peasants and Soviet Power: A Study of Collectivization, Evanston, Ill., 1968.

Lipset, Seymour M., The Changing Class Structure and Contemporary European Politics, in: *S. Graubard* 1964.

Lipset, Seymour M., Elites in Latin America, New York 1967.

Lloyd, Peter C., Classes, Crises and Coups, London 1971.

Lockwood, David, The Blackcoated Worker, London 1958.

Lopreato, J., Peasants no More: Social Change in an Underdeveloped Society, San Francisco 1967.

Lopreato, J., und *Lawrence E. Hazelrigg,* Class, Conflict and Mobility, San Francisco 1972.

Ludz, Peter Christian, Parteielite im Wandel, Köln-Opladen 1968.

Ludz, Peter Christian (Hrsg.), Studien und Materialien zur Soziologie der DDR, Sonderheft 8 der Kölner Zeitschrift für Soziologie und Sozialpsychologie, 2. Aufl. Opladen 1971 (zuerst 1964).

Lukácz, Georg, Geschichte und Klassenbewußtsein, Neuausg. Neuwied 1968 (zuerst 1928).

Machonin, P., Social Stratification in Contemporary Czechoslovakia, in: American Journal of Sociology, Bd. 75 (1970).

Mackenzie, R. T., und *A. Silver,* Angels in Marble: Working Class Conservatives in Urban England, London 1968.

Madison, James, The Federalist, Bd. 10 (November 23, 1787).

Mandic, Oleg, Einige Bemerkungen über durchgeführte Forschungen und weitere Untersuchungspläne zum Problem der sozialen Schichtung in Jugoslawien, in: *David V. Glass* und *René König* 1974.

Mallet, Serge, La nouvelle classe ouvrière, Paris 1963.

Mannheim, Karl, Essays on the Sociology of Culture, London 1956.

Marx, Karl, Das Elend der Philosophie, in: *K. Marx,* Frühe Schriften, hersg. von *Hans-Joachim Lieber* und *Peter Furth,* 2 Bde., Stuttgart 1971.

Marx, Karl, und *Friedrich Engels,* Das Kommunistische Manifest, eodem loco.

Marx, Karl, und *Friedrich Engels,* Die deutsche Ideologie, eodem loco.

Marshall, Thomas H., Class, Citizenship and Social Development, New York 1964.

Matthews, Mervyn, Class and Society in Soviet Russia, London 1972.

Mauke, Michael, Die Klassentheorie von Marx und Engels, Frankfurt/M. 1970.

Mayer, Kurt B., Amerikanische Untersuchungen zur Machtstruktur der Gemeinde, in: *Beat Junker u. a.* (Hrsg.), Geschichte und Politische Wissenschaft, Bern 1975.

Mayer, Kurt B., und *Walter Buckley,* Class and Society, New York 1969.

Mayntz, Renate, Sozialer Wandel und soziale Schichtung in einer Industriegemeinde, Stuttgart 1958.

Mayntz, Renate, Kritische Bemerkungen zur funktionalistischen Schichtungstheorie, in: *David V. Glass* und *René König* 1974.

Meisel, James H., The Myth of the Ruling Class, Ann Arbor, Mich., 1958.

Meynaud, Jean, La technocratie, Paris 1964.

Michels, Robert, Zur Soziologie des Parteiwesens in der modernen Demokratie, Stuttgart 1912 (Neuausgabe 1957).

Millar, John, The Origin of the Distinction of Ranks, Edinburgh 1771.

Miller, William (Hrsg.), Men in Business, New York 1962.

Mills, C. Wright, White Collar: The American Middle Classes, New York 1951.

Mills, C. Wright, The Power Elite, New York 1956.

Moore, Barrington, Social Origins of Dictatorship and Democracy, London 1967.

Mosca, Gaetano, The Ruling Class, New York 1939 (dtsch. 1950).

Murillo, Francisco, Die spanischen Mittelschichten, in: *René König* (Hrsg.), Probleme der Mittelklassen in Entwicklungsländern, Opladen 1964.

Nellessen, W., und *K. Nold,* Unterlagen der amtlichen deutschen Statistik für eine quantitative Abgrenzung der Mittelschichten, Opladen 1963.

Nichols, T., Ownership, Control and Ideology, London 1969.

Ossowski, Stanislaw, Class Structure in the Social Consciousness, New York 1963 (dtsche Übers. 1962).

Page, Charles H., Class and American Sociology, New York 1969.

Pareto, Vilfredo, A Treatise on General Sociology, New York 1963.

Parkin, Frank, Middle Class Radicalism, Manchester 1968.

Parkin, Frank, Class Inequality and Political Order, London 1971.

Parkin, Frank, Class Stratification in Socialist Societies, in: British Journal of Sociology, Bd. 20 (1969).

Parry, Albert, The New Class Divided, New York 1966.

Parry, Geraint, Political Elites, New York 1969.

Parsons, Talcott, An Analytical Approach to the Theory of Social Stratification, in: *T. Parsons,* Essays in Sociological Theory, 2. Aufl. Glencoe, Ill., 1953 (zuerst 1949).

Parsons, Talcott, A Revised Analytical Approach to the Theory of Social Stratification, in: *R. Bendix* und *S. M. Lipset* (Hrsg.) 1966.

Parsons, Talcott, Societies: Evolutionary and Comparative Perspectives, Englewood Cliffs, N. J., 1966.

Pin, Emile, Les classes sociales, Paris 1962.

Pirenne, Henri, Les périodes de l'histoire sociale du capitalisme, in: Bulletin de l'Académie royale de Belgique, Mai 1914.

Popitz, Heinrich, Hans Paul Barth, Ernst A. Jüres und *Hermann Kesting,* Das Gesellschaftsbild des Arbeiters, Tübingen 1957.

Porter, John, The Vertical Mosaic: An Analysis of Social Class and Power in Canada, Toronto 1965.

Poulantzas, Nicos, Pouvoir politique et classes sociales, Paris 1968.

Reiss, Albert J. (Hrsg.), Occupations and Social Status, New York 1961.

Reissman, Leonard, Class in American Society, Glencoe, Ill., 1959.

Richert, Ernst, Macht ohne Mandat, 2. Aufl. Opladen 1963 (zuerst 1958).

Romano, S. F., Le classi sociali in Italia, Torino 1965.

Rousseau, Jean Jacques, Essai sur l'origine de l'inégalité des hommes, 1755.

Runciman, G. W., Embourgeoisement, Self-Rated Class and Party Preferences, in: Sociological Review, Bd. 12 (1964).

Schelsky, Helmut, Die Bedeutung des Klassenbegriffs für die Analyse unserer Gesellschaft, in: *H. Schelsky,* Auf der Suche nach der Wirklichkeit, Düsseldorf 1965.

Schelsky, Helmut, Die Arbeit tun die anderen. Klassenkampf und Priesterherrschaft der Intellektuellen, Opladen 1975.

Scheuch, Erwin K., und *Hansjürgen Daheim,* Sozialprestige und soziale Schichtung, in: *David V. Glass* und *René König* 1974.

Scheuch, Erwin K., und *Dieter Rüschemeyer,* Scaling Social Status in Western Germany, in: British Journal of Sociology, Bd. 11 (1960).

Schumpeter, Joseph A., Imperialism and Social Classes, New York 1955 (dtsche. Übers.).

Shanin, T. (Hrsg.), Peasants and Peasant Societies, Harmondsworth 1971.

Shibutani, Takeo, und *K. M. Kwan*, Ethnic Stratification, New York 1966.

Shostak, Arthur B., und *William Gomberg*, Blue-Collar World, Englewood Cliffs, N. J., 1965.

Spencer, Herbert, Principles of Sociology, 3 Bd., London 1877—96.

Srinivas, M. N., Caste, in: Current Sociology, Bd. 8 (1959).

Srinivas, M. N., Caste in Modern India and Other Essays, Bombay 1965.

Stanworth, Philip, und *Anthony Giddens*, Elites and Power in British Society, London 1974.

Steiner, Helmut, Soziale Strukturveränderungen im modernen Kapitalismus. Zur Klassenanalyse der Angestellten in Westdeutschland, Berlin (Ost) 1967.

Sturmthal, Adolf, White-Collar Trade Unions, Urbana 1966.

Suleiman, Ezra N., Politics, Power and Bureaucracy in France, Princeton 1974.

Sumner, William G., What Social Classes Owe to Each Other, New York 1883.

Tawney, R. H., Equality, 4. Aufl. London 1952.

Thoenes, Piet, The Elite in the Welfare State, London 1966.

Thompson, E. P., The Making of the English Working Class, London 1963.

Touraine, Alain, La conscience ouvrière, Paris 1966.

Touraine, Alain, La société post-industrielle, Paris 1969.

Tumin, Melvin M., Social Stratification, Englewood Cliffs N. J., 1967 (dtsche. Übers. 1969).

Urry, J., und *J. Wakeford* (Hrsg.), Power in Britain, London 1973.

Vaughan, Michalina, Poland, in: *Margaret Scotford Archer* und *Salvador Giner* (Hrsg.) 1971.

Veblen, Thorstein, The Theory of the Leisure Class, New York 1899.

Verhandlungen des 16. Deutschen Soziologentages 1968, Spätkapitalismus oder Industriegesellschaft?, hrsg. i. A. der DGS von *Th. W. Adorno*, Stuttgart 1969.

Warner, W. Lloyd, und *Paul S. Lunt*, The Social Life of a Modern Community, New Haven 1941.

Warner, W. Lloyd, The Status System of a Modern Community, New Haven 1942.

M. Meeker und *K. Eels*, Social Class in America, Chicago 1949.

Weber, Max, Stände und Klassen: Klassen, Stand, Parteien, in: Wirtschaft und Gesellschaft, Tübingen 1922.

Wiehn, Erhard R., Theorie der sozialen Schichtung, 2. Aufl., München 1974 (zuerst 1968).

Wiehn, Erhard R., und *Karl Ulrich Mayer*, Sozialschichtung und Mobilität. Eine kritische Einführung, München 1975.

Wittfogel, Karl August, Oriental Despotism, New Haven 1957 (dtsche. Übers. 1962).

Wolf, Eric, Peasant Wars of the Twentieth Century, New York 1969.

Zapf, Wolfgang, Wandlungen der deutschen Elite, 2. Aufl. München 1966 (zuerst 1965).

Zapf, Wolfgang (Hrsg.), Beiträge zur Analyse der deutschen Oberschicht, 2. Aufl. München 1965 (zuerst 1964).

Vertikale Mobilität

Von Karl Martin Bolte und Helga Recker

I. Vertikale Mobilität als Teilaspekt sozialer Mobilität

Unter Mobilität wird in den Sozialwissenschaften im allgemeinen die Bewegung von Personen aus einer gesellschaftlichen Position in eine andere gesellschaftliche Position verstanden, wobei Position jeweils den „Platz" bezeichnet, den ein Mensch im Hinblick auf ein oder mehrere Merkmale im Verhältnis zu anderen Menschen einnimmt. Man kann Menschen nach verschiedenen Merkmalen unterscheiden, die im Hinblick auf menschliches Mit-, Für- und Gegeneinander bedeutsam erscheinen, und innerhalb vieler, jedoch nicht aller sich so ergebenden Gliederungen sind Positionswechsel möglich. Während es praktisch keinen Wechsel des Geschlechts gibt, können in vielen Gesellschaften z. B. Wechsel des Berufs, der Einkommenslage, der Partei- und Konfessionszugehörigkeit, des Wohnorts und andere Bewegungen vollzogen werden. Da neben der Bewegung von Personen auch jene von „Kulturelementen" (Wörtern, Gegenständen, Ideen usw.) untersucht werden kann, hat *Pitirim A. Sorokin* (1959) die erstere als „social mobility" und die zweite als „cultural mobility" bezeichnet.

Da Mobilitätsvorgänge Prozesse von Positionswechseln sind und gesellschaftliche Positionen aus Unterscheidungen hervorgehen, die sich im Rahmen menschlichen Zusammenlebens entwickeln oder im Zusammenhang mit der Untersuchung gesellschaftlichen Geschehens vorgenommen werden, kann es Mobilität also immer nur im Hinblick auf bestimmte Positionsdifferenzierungen geben. Im Laufe der Zeit sind es sehr verschiedene Positionsdifferenzierungen gewesen, die im Hinblick auf die zwischen den Positionen stattfindenden Bewegungen relevant erschienen, und unser Wissen um Mobilität stellt sich deshalb als ein Wissen um verschiedene Aspekte von Mobilität dar. Da bisher eine übergreifende und in sich geschlossene „Theorie sozialer Mobilität" fehlt, die die Kriterien für eine Unterscheidung zwischen „wesentlichen" und „unwesentlichen" Aspekten von Mobilität liefern könnte und die es erlauben würde, sie in einem theoretisch logischen Zusammenhang darzustellen, ist man z. Zt. darauf angewiesen, diese Aspekte nach „Gesichtspunkten" zu ordnen, die recht unverbunden nebeneinander stehen.

Je nach der Art der betrachteten Positionen, zwischen denen Wechsel untersucht werden, lassen sich zunächst zahlreiche *spezielle Mobilitätsvorgänge* unterscheiden. Es gibt prinzipiell so viele verschiedene Bewegungsabläufe dieser Art, wie sich sinnvolle Gliederungen finden lassen, innerhalb derer Bewegungen von Position zu Position möglich sind. Häufig untersucht wurden bisher Wechsel von Berufspositionen (Berufsmobilität), Arbeitsstellen (Arbeitsstellenmobilität), Einkommenslagen (Einkommensmobilität) und von Wohnorte (regionale Mobilität). Innerhalb einiger dieser Mobilitätsvorgänge lassen sich weitere Untergliederungen vornehmen, so z. B. bei der regionalen Mobilität nach Binnenwanderung und Ein- und Auswanderung. (Siehe dazu in diesem Bande das Kapitel von *Kurt Horstmann* „Zur Soziologie der Wanderungen".)

Die speziellen Mobilitätsvorgänge können nun ihrerseits z. T. unter verschiedenen Aspekten analysiert werden:

a) Bereits von *Pitirim A. Sorokin* (1927, 1959) wurde darauf hingewiesen, daß man einerseits nach Bewegungen (z. B. Berufswechseln) fragen kann, die sich von Generation zu Generation (z. B. vom Vater zum Sohn) vollziehen, und andererseits nach solchen, die innerhalb einer Generation (z. B. im Lebenslauf der Angehörigen eines bestimmten Geburtsjahrgangs) stattfinden. Der erste Bewegungsaspekt wird *Inter-Generationen-Mobilität* und der zweite *Intra-Generations-Mobilität* genannt.

b) Der Terminologie *Theodor Geigers* (1955, 1962) folgend, können Bewegungen als *Umschichtungen* oder als *Fluktuationen* erfaßt werden. Vergleicht man z. B. die Berufsgliederung der Angehörigen eines Geburtsjahrgangs zu verschiedenen Zeitpunkten, so lassen sich gewisse „Umschichtungen" erkennen, d. h. quantitativ faßbare Verschiebungen im beruflichen Positionsgefüge. Versucht man hingegen, die zwischen den einzelnen Berufspositionen hin- und herlaufenden Bewegungen jeweils auch im einzelnen zu erfassen, so werden „Fluktuationen" beobachtet.

Umschichtungen zeigen das Nettoresultat von Fluktuationen an. Daraus folgt, daß alleiniges Beobachten von Umschichtungen (was z. B. im allgemeinen in der amtlichen Berufsstatistik bisher geschieht) zwar über die Richtung und Größe von Verschiebungen, niemals aber über die Zahl der tatsächlich erfolgten Bewegungen Aufschluß geben kann.

c) Ebenfalls nach *Th. Geiger* sind *individuelle* und *kollektive Wechsel* zu unterscheiden. Wenn Landarbeiter in die Industrie abwandern, so haben wir es mit individuellen Übergängen zu tun. Die einzelnen Positionsinhaber haben sich mit ihrer bisherigen Position irgendwie auseinandergesetzt und sie gewechselt. Wenn jedoch z. B. dadurch, daß für den Beruf Volksschullehrer ein volles akademisches Studium eingeführt wird, dieser Beruf im sozialen Ansehen steigt und die Volksschullehrer damit ihre Position in der Prestigeskala der Gesellschaft verändern, dann haben wir einen kollektiven Übergang vor uns. Individuelle und kollektive Bewegungen sind voneinander nicht unabhängig; die einen können die anderen nach sich ziehen. Für den ersten Fall nennt *Th. Geiger* ein Beispiel, das die Rekrutierung der Akademiker betrifft. „Die neuen, bisher nicht in der Schicht vertretenen Elemente bringen, in größerer Zahl auftretend, etwas von der Sozialatmosphäre ihrer Herkunftsschicht mit und färben auf die Attitüden der Akademiker ab. Mit der Umlegung des Affluxes (Zustroms) vom Groß- zum Kleinbürgertum ändert sich die wirtschaftliche Lage der Akademiker und damit ihr materieller Lebensstil. Soweit das soziale Ansehen der Schicht bisher auf ihrer Exklusivität beruhte, erleidet es durch den Zuzug aus weniger hoch eingeschätzten Schichten einen gewissen Abbruch. Hinzu kommt aber, daß infolge der Abriegelung anderer Aufstiegswege der Zudrang zum Akademikerstande dessen funktionelle Kapazität überstieg. Das Ergebnis war eine Überakademisierung, d. h. die Verwendung von Akademikern in Stellungen, die die akademische Ausbildung sachlich nicht unbedingt erforderten. Hieraus folgte eine Einbuße der Akademiker auch an Funktionsrang, verursacht durch die Fluktuationsvorgänge“ (*Th. Geiger* 1955, S. 110).

Hinsichtlich des zweiten Falles wäre es denkbar, daß der Beruf des Volksschullehrers durch die erwähnte Aufwertung zum Berufsziel für Kinder aus solchen Kreisen wird, für die er bisher als nicht vollakademischer Beruf wenig attraktiv war. Ein kollektiver Aufstieg würde damit individuelle Übergänge nach sich ziehen.

d) Ein weiterer Aspekt von Mobilität wird sichtbar, wenn man spezielle *Mobilitätsvorgänge in bestimmten gesellschaftlichen Gruppen* untersucht. So hat *Hermann Mitgau* (1928, 1952) z. B. analysiert, welche Berufe Angehörige bestimmter Familien über Generationen hinweg gehabt haben. Im Hinblick auf sich vollziehende Veränderungen hat er folgende Bewegungstypen hervorgehoben:

aa) Persönlichkeitsbetontes Generationsschicksal (Talent, Genie), schneller Auf- und Abstieg im Generationswechsel;

bb) Traditionsbetontes Generationsschicksal, statisch (gleichbleibend): Pastoren-, Offiziers-, Bauerngeschlechter usw.; dynamisch (stufenweiser Aufstieg): so z. B. Küster, Lehrer, Pfarrer, Staatsbeamter oder Gelehrter; Fabrikarbeiter, Gewerkschaftsangestellter, Redakteur, Politiker;

cc) Milieubetontes Generationsschicksal (Umweltfaktoren bestimmen das Schicksal der Familie stärker als die Kräfte der Persönlichkeit und Tradition).

Statt nach Berufsveränderungen in einer Familie im Generationswechsel zu fragen, kann man den Blick auf eine bestimmte Bevölkerungsgruppe richten und sich dafür interessieren, woher die zugehörigen Personen kommen und wohin ehemalige Angehörige dieser Gruppe bzw. deren Nachkommen gehen. Es handelt sich hier um die kombinierte Beobachtung von Zu- und Abströmen, die *Th. Geiger* (1955) immer wieder empfohlen hat. Aus Beobachtungen dieser Art lassen sich Erkenntnisse gewinnen, wie sie z. B. *Vilfredo Pareto* (1916) hinsichtlich des Kreislaufs der Eliten formulierte und wie sie *Wolfgang Zapf* (1965) für bestimmte elitäre Schichten der Bundesrepublik erarbeitet hat.

Schließlich sei neben anderen denkbaren – und z. T. mehr oder weniger ausführlich untersuchten – Aspekten von Mobilität (siehe dazu ausführlicher z. B. bei *Friedrich Fürstenberg* 1962) noch auf zwei wesentliche hingewiesen. Schon *P. A. Sorokin* (1927, 1959) machte darauf aufmerksam, daß man Positionswechsel danach unterscheiden kann, ob sie als *Auf- oder Abstiege* klassifiziert werden können oder nicht. Auf- und Abstiege erscheinen, sobald sich mit den verschiedenen Positionen eine unterschiedliche Wertschätzung (im Sinne von höher oder geringer geachtet, besser oder schlechter gestellt, mehr oder weniger erstrebenswert o. ä.) verbindet. Alle Bewegungen, die man entlang dieser Dimension betrachtet, wurden von ihm als *vertikale Mobilität*, alle übrigen als *horizontale Mobilität* bezeichnet.

Im folgenden wird sich der Text ausschließlich mit dem Aspckt der vertikalen Mobilität befassen, d. h. mit Positionswechseln, die als Statusänderungen im Sinne eines sozialen Auf- oder Abstiegs verstanden werden können.

II. Vertikale Mobilität als Forschungsobjekt der Sozialwissenschaften

a) Zur Entfaltung des Interesses an der Untersuchung vertikaler Mobilität

Obwohl in Verbindung mit Liberalisierung und Industrialisierung bereits in der ersten Hälfte des vorigen Jahrhunderts etliche Schranken gefallen waren, die bis dahin „Mobilität" behindert hatten, und sich zahlreiche Prozesse von Positionsveränderungen abzuzeichnen begannen, wurden Untersuchungen über Mobilität, die Einblicke in vertikale Mobilitätsvorgänge erlauben (von Einzelfällen abgesehen), erst gegen Ende des Jahrhunderts und systematisch überhaupt erst in diesem Jahrhundert durchgeführt. Zunächst handelte es sich dabei um sogenannte Herkunftsstudien, in denen man zu ermitteln suchte, aus welchen „Kreisen" sich bestimmte Bevölkerungsgruppen rekrutierten (z. B. die politischen und wirtschaftlichen Eliten, die Angestellten, die Arbeiter, die Studenten u. a. m.) und wo die ehemaligen Angehörigen bestimmter Berufsgruppen verblieben waren (z. B. die Berufsoffiziere nach dem 1. Weltkrieg). In einer 1930 erschienenen Veröffentlichung gab *J. Nothaas* für Deutschland unter Auswertung vieler einzelner Studien eine zusammenfassende Darstellung solcher Mobilitätsvorgänge für die Periode von etwa 1880 bis 1930. Einige Jahre früher (1927) war in den Vereinigten Staaten aber bereits *P. A. Sorokins* Werk „Social Mobility" erschienen (neu aufgelegt und erweitert im Jahre 1959 unter dem Titel „Social and Cultural Mobility"), in dem erstmals der Versuch unternommen wurde, das gesamte Phänomen „Mobilität" in seinen zahlreichen Aspekten umfassend darzustellen. Bis heute gilt dieses Buch als Standardwerk, zumal dort fast alles Wesentliche an Literatur berücksichtigt wurde, was bis 1927 zum Thema „Mobilität" erschienen war; man kann es als einen Markstein auf dem Weg zur Entwicklung einer systematischen Erforschung von „Mobilität" bezeichnen.

Nach dem zweiten Weltkrieg erlebte die Mobilitätsforschung bis in die sechziger Jahre hinein eine Art „boom", der sich an den zahlreichen Veröffentlichungen (siehe Literaturverzeichnis) vor allem im anglo-amerikanischen Bereich, aber auch in anderen europäischen Ländern ablesen läßt. Die Veröffentlichungen nahmen derart zu, daß es schwer wurde, sie noch im einzelnen zu übersehen.

Seit den 50er Jahren wurde auch intensiv über das technische Instrumentarium sowie über grundsätzliche methodische Probleme der Mobilitätsforschung diskutiert (z. B. Beiträge in *David V. Glass* 1954; *Leo A. Goodman* 1965; 1969; *Vittorio Capecchi* 1967 u. a.), ein Trend, der sich bis heute fortgesetzt hat (Vgl. *K. Hope* 1972; *D. McFarland* 1973; *Raymond Boudon* 1973 u. a.).

Das ständig gewachsene Interesse an der Erforschung vertikaler Mobilitätsprozesse wurde aus verschiedenen Quellen gespeist. In Europa kam ein wesentlicher Anstoß gegen Ende des vorigen Jahrhunderts vom Bewußtwerden der beruflichen Umschichtungen und der damit verbundenen Auf- und Abstiegsprozesse im Verlauf zunehmender Industrialisierung und ein weiterer Anstoß in den 20er Jahren durch die mit dem ersten Weltkrieg und seinen Folgen verursachten sozialen Umschichtungen.

Wichtige Impulse gingen sowohl in Europa als auch in den USA von der Weltwirtschaftskrise aus. In den Vereinigten Staaten brach in den dreißiger Jahren jener Teil des sogenannten „American Dream" zusammen, der den Glauben an die Möglichkeit jedes einzelnen, seine Lebenslage aus eigener Kraft zu verbessern, enthielt („vom Tellerwäscher zum Millionär"). Soziologische Untersuchungen deckten auf, daß in der sich als egalitär verstehenden amerikanischen Gesellschaft verfestigte Schichtstrukturen in erheblichem Ausmaß bestanden, deren Existenz bis dahin nicht ins allgemeine Bewußtsein gedrungen war. Das Bemühen, durch Mobilitätsstudien aufzuzeigen, wie häufig es zahlreichen Individuen gelang, die „Schichtbarrieren" zu überwinden, kann als entscheidender Impuls der Mobilitätsforschung in den Vereinigten Staaten der dreißiger Jahre gelten.

Ähnlich wie der erste Weltkrieg brachten auch der zweite Weltkrieg und seine Folgeerscheinungen neue Anstöße für die Mobilitätsforschung. In der Bundesrepublik Deutschland und anderen Ländern war man an der Beantwortung der Frage interessiert, in welchem Umfang Krieg, Flucht und Vertreibung, wie schließlich der erfolgreiche Wiederaufbau der „Wirtschaft" Auf- und Abstiegsbewegungen und damit Veränderungen des Schichtgefüges der Bevölkerung verursacht hatten (siehe u. a. *Karl M. Bolte* 1959).

Seit den sechziger Jahren wuchs das Interesse an der Erforschung vertikaler Mobilität im Zusammenhang mit der Frage nach dem Grad der Chancengleichheit in verschiedenen Ländern.

Beachtliche Impulse gingen auf die Mobilitätsforschung aber auch von forschungstechnischen und forschungsorganisatorischen Faktoren aus. So verstärkte erstens die Verwendung von Stichprobenerhebungen die Möglichkeiten der empirischen Mobilitätsforschung erheblich. Man konnte jetzt Studien durchführen, die sich über ein ganzes Land und das gesamte Berufspotential erstreckten. Zweitens förderten die intensiven Bemühungen des *„Committee on Social Stratification and Social Mobility"* der *„International Sociological Association"* (ISA) die Mobilitätsforschung in den fünfziger Jahren wesentlich. Insbesondere die internationale Vergleichbarkeit der Erhebungsmethoden und Ergebnisse wurde vorangetrieben. (Vgl. die bibliographische Übersicht bei *David V. Glass* und *René König* 1974 und die „Transactions" der Weltkongresse für Soziologie 1954 und 1956.)

Schließlich erscheint es wichtig, in diesem Zusammenhang darauf hinzuweisen, daß einzelne Veröffentlichungen charakteristische Impulse auf die Mobilitätsforschung ausgeübt haben und sicher weiter ausüben werden. Dabei handelt es sich um Studien ganz unterschiedlicher Art, wie z. B. um systematische Darstellungen (siehe insbesondere *P. A. Sorokin* 1927 und 1959), um Versuche, mit differenzierten empirischen Forschungsmethoden zahlreiche Mobilitätsaspekte für ein Land zu einem bestimmten Zeitpunkt zu untersuchen (u. a. *D. V. Glass* 1954 für Großbritannien; *G. Carlsson* 1958 für Schweden; *A. Girard* 1961 für Frankreich; *D. Kubat* 1963 für die Tschechoslowakei; *J. Lopreato*

1965 für Italien; *V. Milic* 1965 für Jugoslawien; *P. M. Blau* und *O. D. Duncan* 1967 für die USA; *H. Hofbauer* und *H. Kraft* 1972 für die BRD; *R. Girod* 1971 für die Schweiz) und um Studien, die sich auf bestimmte Teilaspekte konzentrierten, so u. a. im Hinblick auf internationale Vergleiche die Arbeiten von *S. M. Lipset* und *R. Bendix* (1959), *S. M. Miller* (1960) und *K. Svalastoga* (1961; 1966).

b) Die Zielrichtungen der Analyse vertikaler Mobilität

Angestoßen durch die oben erwähnten und durch weitere Impulse zielte die Untersuchung vertikaler Mobilitätsvorgänge zunächst einmal insbesondere in drei Richtungen. Außerordentlich viele Studien befaßten sich mit den Auf- und Abstiegsbewegungen, die zu erkennen sind, wenn man die Berufspositionen von Vätern und Söhnen hinsichtlich des ihnen zugeordneten „Prestiges" vergleicht. Es handelt sich hierbei um die sogenannte *Inter-Generationen-Berufsprestigemobilität.*

Etliche Untersuchungen beschäftigten sich mit den Änderungen des Berufsstatus, wie sie sich im Laufe des beruflichen Werdegangs bestimmter Personengruppen erkennen lassen. Zu diesem Zweck wurden zu fixierten Zeitpunkten, etwa zum 25., 45. und 65. Lebensjahr, die erreichten Berufspositionen miteinander verglichen oder z. B. die erste Berufsposition nach Abschluß der Schul- oder Berufsausbildung und die Berufsposition im 45. Lebensjahr einander gegenübergestellt, um Aufschluß über die Zahl der überschrittenen Karrierestufen zu erhalten. Man bezeichnet diese Vorgänge als *Intra-Generations-Berufsmobilität* oder auch als *Karrieremobilität.*

In verschiedenen Studien wurden die „funktionalen Eliten" (z. B. die politischen Führungsgruppen, die Wirtschaftsführer u. a. m.) daraufhin analysiert, woher jene stammen, die diesen Gruppen zugehören. Man wollte u. a. erkennen, ob nur Angehörige der Oberschicht eine Chance haben, in diese Gruppen zu kommen, oder auch Personen aus den mittleren und unteren „Schichten". Es handelt sich also um *Studien zur Herkunft der Eliten.*

Im einzelnen sind insbesondere folgende Fragestellungen untersucht worden: Die Richtung der Bewegungen (aufgestiegen, abgestiegen, gleichgeblieben); der Umfang bzw. die Häufigkeit der Bewegungen (wie viele waren überhaupt mobil und wie viele davon sind auf- bzw. abgestiegen); die Determinanten der Mobilitätsprozesse (Einfluß von Erziehung und Ausbildung, von Kriegs- und Krisenerscheinungen, von Veränderungen der Wirtschaftsstruktur usw.); die Folgen der Mobilität auf die psychische und soziale Situation der Mobilen (auf ihr Verhalten in vielerlei Hinsicht u. a. m.) und die über Mobilitätsvorgänge festzustellenden Vorstellungen (sowie deren Ursachen und Wirkungen).

Die Ergebnisse von Studien zu den oben genannten Fragestellungen wurden im allgemeinen nicht nur verwendet, um über die analysierten Mobilitätsvorgänge sowie über Ursachen und Wirkungen als solche Auskunft zu erhalten, sondern auch, um die festgestellte Mobilität unter bestimmten Vergleichsaspekten beurteilen zu können. Insbesondere drei Vergleichsaspekte wurden dabei berücksichtigt.

a) Beim *Zeitvergleich* ging es um die Frage, ob die Mobilität in bestimmten Perioden (z. B. heute) anders „gerichtet" bzw. höher oder geringer war als zu anderen Zeiten (also z. B. vor der Industrialisierung, vor der Schließung der „frontier" in Amerika, vor dem letzten Krieg usw.).

b) Beim *internationalen Vergleich* interessierte, wie und in welchem Umfang sich die Mobilitätsvorgänge in Staaten unterschiedlicher Wirtschafts- und Gesellschaftsordnung voneinander unterscheiden. Ausgangspunkt solcher Studien war häufig ein Vergleich der Mobilitätsraten der Vereinigten Staaten mit denen der Länder Westeuropas unter der Annahme, daß vertikale Mobilitätsprozesse in den USA wesentlich häufiger seien als in anderen Staaten.

c) Beim *Vergleich tatsächlich vorhandener Mobilität mit der Mobilität, die sich in einer Gesellschaft mit totaler Chancengleichheit ergeben würde,* ging es letztlich darum zu erkennen, in welchem Umfang sich die Häufigkeit der tatsächlich vorhandenen Bewegungen von jener unterschied, die sich in einer „Modellgesellschaft" ergeben würde, in der es keinerlei Faktoren gibt, die Richtung und Ausmaß von Mobilität besonders fördern oder in irgendeiner Weise behindern.

Unser Wissen zu den oben genannten Fragestellungen ist z. Zt. sehr unterschiedlich. Insgesamt fällt auf, daß vertikale Mobilität bisher weitgehend auf der Basis von Berufswechseln untersucht wurde. Selbst dort, wo sie nicht unmittelbar als Wechsel zwischen — aufgrund ihres Prestiges unterschiedlich bewerteter — Berufsgruppen oder Berufspositionen analysiert wurde, sondern als Wechsel zwischen „Schichten", wurde doch bei der Zuordnung der Personen im allgemeinen wieder sehr übergewichtig die Berufsposition berücksichtigt.

Dieses Vorgehen ist verständlich, wenn man bedenkt, daß der Beruf in den modernen Industriegesellschaften ein recht guter Indikator für den sozialen Status eines Menschen ist (*K. M. Bolte* 1959), aber es ist keineswegs zwingend und es wirft gewisse Probleme auf, wie später noch deutlich werden wird.

Die folgenden Abschnitte sollen mit den wichtigsten bisher vorliegenden Ergebnissen der Erforschung vertikaler Mobilität bekanntmachen. Insgesamt soll dieser Beitrag jedoch lediglich der allgemeinen Orientierung dienen und eine Einführung in die Fragestellungen und Ergebnisse der Mobilitätsforschung geben. Er kann und soll keinesfalls eine abgerundete Darstellung des heutigen Wissens über vertikale Mobilität sein. Wenn hier einzelne Aspekte der Erforschung der Mobilität isoliert herausgestellt werden, darf das nicht dahingehend mißverstanden werden, daß die Mobilitätsforschung zu einem eigenständigen und in sich abgeschlossenen Forschungsbereich erhoben werden soll. Wir sind uns voll der Tatsache bewußt, daß die Untersuchung von Mobilität nur im Zusammenhang mit übergreifenden Fragestellungen sinnvoll ist, in denen Mobilitätsprozesse als Ursache oder Folge anderer gesellschaftlicher Vorgänge analysiert werden.

III. Auf- und Abstiegsbewegungen im Generationenwechsel (Inter-Generationen-Mobilität)

Eine wichtige Kategorie von Mobilitätsstudien, aus denen Auskünfte über Auf- und Abstiege im Generationenwechsel zu erhalten sind, stellen die sogenannten *Herkunftsstudien* dar. Die Frage nach der sozialen Herkunft bestimmter Bevölkerungsgruppen (beurteilt nach den Berufen der Väter) gehört zu den ältesten Fragestellungen im Bereich der Mobilitätsforschung. Sie ist für wirtschaftliche und politische Eliten, für die Angestellten, die Arbeiter, die Beamten, die Studenten und andere Gruppen in verschiedenen Ländern untersucht worden. Soweit derartige Studien in gewissen Zeitabständen wiederholt worden sind, erlauben sie aufschlußreiche Einblicke in soziale Umschichtungen. Für Deutschland läßt sich aufgrund wiederholter Studien z. B. für die „Angestellten" verhältnismäßig gut verfolgen, woher sich diese Berufsgruppe seit etwa 1900 jeweils rekrutiert und wie sich ihre Herkunft im Zeitablauf verlagert hat. Vor dem ersten Weltkrieg kamen die Angestellten danach zu etwa 50 % aus den Schichten der Selbständigen (Landwirte, Handel- und Gewerbetreibende), zu etwa 25 % aus Beamten- und Angestelltengruppen und zu etwa 20 % aus der Arbeiterschaft. Die Herkunftsanteile variierten dabei aber im einzelnen stark nach der Art der Angestelltengruppen. Während der Herkunftsanteil aus der Arbeiterschaft bei den unteren Angestellten verhältnismäßig hoch lag, war er bei den mittleren und höheren vergleichsweise gering. Bis zur Zeit nach dem zweiten Weltkrieg ist dann der Anteil derer, die aus den Schichten der Selbständigen kommen, gesunken (auf ca. 20 v. H.), während der Anteil aus der Arbeiterschaft (ca. 35 v. H.) und der Selbstrekrutierungsanteil (ca. 45 v. H.) einschließlich der

Kinder von Beamten zugenommen hat. Auch diese Entwicklung ist aber eine Durchschnittsaussage, in der sich erhebliche Unterschiede für die verschiedenen Gruppen der Angestelltenschaft verbergen.

Die angedeuteten Verschiebungen dürfen nun aber keineswegs so gedeutet werden, daß z. B. etwa die Nachkommen der „Selbständigen" in neuerer Zeit aus irgendwelchen Gründen weniger an Angestelltenberufen interessiert gewesen wären als früher. Die Verlagerungen der Herkunftsanteile beruhen in erster Linie darauf, daß sich die Anteile der verschiedenen Berufsgruppen an der Erwerbsbevölkerung und damit die Anzahl der Personen, die aus diesen Gruppen stammen (d. h. deren Väter diesen Gruppen zugehörten), im Zeitablauf verschoben haben, die Gruppen der „Selbständigen" und der Kinder von „Selbständigen" also immer kleiner geworden sind.

Damit wird ein wichtiges methodisches Problem von Herkunftsstudien sichtbar. Wenn man die Entwicklung von Herkunftsanteilen verfolgt, so erfaßt man nämlich zwei – u. U. gegenläufige – Komponenten gleichzeitig, und man muß sich stets darüber im klaren sein, daß aus Herkunftsquoten allein niemals zu ersehen ist, ob die Nachkommen irgendeiner Gruppe bei der Berufswahl einen bestimmten Berufsbereich bevorzugt oder gemieden haben. Dies wird erst sichtbar, wenn man den Anteil der Personen in einer untersuchten Berufsgruppe, die aus einer bestimmten Vatergruppe stammen, zum Anteil der Personen in Beziehung setzt, die im gesamten Berufspotential aus dieser Vatergruppe stammen.

Man nehme einmal an, daß von allen Berufstätigen 20 v. H. Söhne von Landwirten sind. Bei einer rein zufälligen Verteilung der Personen auf Berufsgruppen wäre zu erwarten, daß dann 20 v. H. der Angehörigen jeder Berufsgruppe von Landwirten abstammen. Wenn jedoch in der Berufsgruppe „Landwirte" nicht 20 v. H., sondern z. B. 80 v. H. von Landwirten abstammen, so besagt dies, daß hier Landwirtkinder viermal so häufig zu finden sind wie bei einer zufälligen Verteilung zu erwarten gewesen wäre. Dieser Maßausdruck wird als *Assoziationsindex* bezeichnet; er gibt an, ob die Kinder aus bestimmten väterlichen Berufsgruppen einige Berufsgruppen besonders bevorzugt oder gemieden haben.

Assoziationsindizes lassen sich auch in Verbindung mit sogenannten Abstromquoten berechnen, die nicht wie Herkunftsquoten anzeigen, woher die Zugehörigen einer bestimmten Gruppe stammen, sondern angeben, wo die Angehörigen einer bestimmten Gruppe (z. B. die Söhne aller Landwirte) verblieben sind.

Der Assoziationsindex ist keinesfalls das einzige Maß, um die Anziehung und Abstoßung zwischen Gruppen zu messen, und er enthält eine Reihe problematischer Annahmen. So wird z. B. der „wahrscheinliche Anteil" u. U. selbst schon durch die „Beziehung" mitbestimmt, die der Index messen will, d. h. die zugrundeliegende „Null-Hypothese" ist nicht sinnvoll formuliert. (Um in unserem Beispiel zu bleiben, ist anzunehmen, daß der Anteil der Landwirte in der jetzigen Generation bereits selbst in seiner Höhe dadurch mitbestimmt ist, daß es eine besondere Bindung zwischen den Berufen von Vätern und Söhnen in dieser Berufsgruppe gibt.) Hinsichtlich anderer Maße und der Kritik an diesen Maßen siehe insbesondere *D. V. Glass* (1954), *G. Carlsson* (1958), *K. M. Bolte* (1959), *K. Svalastoga* (1959), *R. Stäglin* (1963) und *S. Yasuda* (1964).

Neben jenen Studien, bei denen man sich für spezifische einzelne Berufsgruppen interessierte und danach fragte, aus welchen Kreisen die Gruppenzugehörigen stammten oder in welche Gruppen deren Kinder gingen, traten im Lauf der Zeit – insbesondere seit Verwendung der Stichprobentechnik – immer häufiger Untersuchungen, die sich auf bestimmte Altersgruppen oder die gesamte Erwerbsbevölkerung eines Landes bezogen. *Tabelle 1* gibt die aufgrund der Ergebnisse einer dieser Studien für die Bundesrepublik Deutschland errechneten Herkunftsquoten, Abstromquoten und Assoziationsindizes an.

Mit den zuletzt erwähnten Studien rückten bestimmte methodische Probleme ins Blickfeld, die sich bei einer Untersuchung von Auf- und Abstiegsbewegungen ergeben. Zunächst einmal erschien es als zunehmend problematisch, daß die Forscher von sich aus einfach Berufsgruppen bildeten und diese dann aufgrund ihrer Alltagserfahrung als höher oder tiefer klassifizierten, um Bewegungen zwischen ihnen als Auf- oder Abstiege bezeichnen zu können. Man begann Studien über vertikale Mobilität auf Untersuchungen über das „Prestige" von Berufspositionen zu basieren und entwickelte verschiedene Verfahren, um von einer Skala von Berufspositionen, die nach dem Prestige rangiert waren, zu einer Staffelung von Berufsgruppen zu kommen, die sich für die Analyse von Auf- und Abstiegsbewegungen eigneten (über Probleme und verschiedene Möglichkeiten dieses Vorgehens siehe u. a. bei *K. M. Bolte* 1959).

Darüber hinaus wurde immer klarer erkannt, daß die Häufigkeit der festgestellten Auf- und Abstiegsbewegungen stark von der Zahl und der Abgrenzung der berücksichtigten Berufsgruppen abhängt. Mit der Zahl der Berufsgruppen nimmt typischerweise auch die Häufigkeit der Mobilität zu, und wenn man eine größere Berufsgruppe, deren Positionen im Verhältnis zueinander sehr

Tabelle 1 Inter-Generationen-Mobilität in der BRD (1955)

I Befragte nach Väterberufen	Befragte nach eigenen Berufen							insgesamt	
	I	II	III	IV	V	VI	VII	absolut	v. H.
I Abstromquote	50,6	27,1	9,4	4,7	2,4	–	5,8		
Assoziationsindizes	11,0	0,98	0,70	0,13	0,22	–	–	85	2,5
Herkunftsquote	27,7	2,4	1,8	03,	0,6	–	3,1		
II Abstromquote	8,3	55,6	12,0	17,6	2,0	0,9	3,6		
Assoziationsindizes	1,8	2,0	0,89	0,54	0,19	0,24	–	845	25,0
Herkunftsquote	45,1	50,0	22,0	12,6	4,7	5,6	18,9		
III Abstromquote	3,6	32,9	31,5	21,5	3,1	1,7	5,7		
Assoziationsindizes	0,78	1,18	2,33	0,62	0,29	0,46	–	420	12,3
Herkunftsquote	9,7	14,7	28,8	7,7	3,6	5,6	14,6		
IV Abstromquote	0,7	14,5	12,4	61,6	2,6	3,6	4,6		
Assoziationsindizes	0,15	0,52	0,92	1,77	0,24	0,97	–	1065	31,5
Herkunftsquote	5,2	16,3	28,8	55,4	7,8	30,4	29,9		
V Abstromquote	2,1	17,3	7 9	25,1	39,3	3,9	4,4		
Assoziationsindizes	0,46	0,62	0,59	0,72	3,67	1,05	–	747	22,1
Herkunftsquote	10,3	13,7	12,9	15,9	81,1	23,2	20,1		
VI Abstromquote	0,6	8,3	10,2	43,4	4,4	25,5	7,6		
Assoziationsindizes	0,13	0,30	0,76	1,24	0,41	6,90	–	158	4,7
Herkunftsquote	0,7	1,4	3,5	5,8	1,9	32,0	7,3		
VII Abstromquote	3,0	20,9	14,9	37,3	1,5	7,5	14,9		
Assoziationsindizes	–	–	–	–	–	–	–	65	1,9
Herkunftsquote	1,3	1,5	2,2	2,3	0,3	3,2	6,1		
Absolut	155	941	458	1181	361	125	164	3385	
v. H.	4,6	27,8	13,5	34,9	10,7	3,7	4,8		

I: Freie Berufe, leitende Angestellte, höhere Beamte und wohlhabende Geschäftsleute. II: Mittlere und untere Beamte und Angestellte, selbständige Gewerbetreibende und Handwerker. III: Gelernte Arbeiter und unselbständige Handwerker. IV: An- und ungelernte Arbeiter. V: Selbständige Landwirte. VI: Landarbeiter. VII: Unklassifizierbar.

Quelle: *K. M. Bolte* (1969), S. 11; errechnet nach *M. Janowitz* (1955).

unterschiedliches Prestige zugeordnet wird, wie z. B. die „Angestellten", weiter differenziert, dann zeigen sich mehr vertikale Bewegungen, als wenn man diese Untergliederung nicht vornimmt. Wegen dieser Problematik sind Aussagen über die Häufigkeit von Auf- und Abstiegsbewegungen in verschiedenen Studien nur schwer, wenn überhaupt, miteinander vergleichbar.

Ferner wurde man sich der Tatsache bewußt, daß bei der Untersuchung von Auf- und Abstiegsbewegungen zwischen den Generationen mit Hilfe eines Vergleichs der Berufspositionen von Vätern und Kindern zu beachten ist, daß man nicht die Position des Vaters am Ende seiner Berufskarriere mit der des Sohnes oder der Tochter zu irgendeinem beliebigen Zeitpunkt vergleichen kann. Aber auch wenn man die Positionen von Vätern und Kindern zu einem bestimmten Altersstichpunkt (z. B. im 40. Lebensjahr) erfaßt, bleiben Probleme ungelöst, denn Karrierehöhepunkte werden in verschiedenen Berufslaufbahnen sehr unterschiedlich schnell erreicht.

Schließlich tauchte im Zusammenhang mit der Untersuchung von vertikaler Mobilität mit Hilfe von Berufsvergleichen auf der Basis von Berufsprestigeskalen die Frage auf, ob es überhaupt sinnvoll und zulässig ist, väterliche Berufe nach der heute geltenden Auffassung über die Prestigerangordnung von Berufen zu bewerten. Wenn man bedenkt, wie sich das „Prestige" bestimmter Berufe (z. B. des Ingenieurs oder Offiziers) tatsächlich von Generation zu Generation deutlich verschieben kann, erscheint diese Frage durchaus berechtigt.

Trotz aller methodischen Bedenken, die sich im Zusammenhang mit der Analyse von vertikaler Mobilität im Generationswechsel ergeben, haben diesbezügliche Studien jedoch durchaus gewisse generelle Erkenntnisse gebracht.

Hinsichtlich der *Richtung* von Inter-Generationen-Berufswechseln wurden in zahlreichen Untersuchungen für die westlichen Industrieländer Ergebnisse gefunden, die im Prinzipiellen weitgehend übereinstimmen. Sie lassen sich wie folgt zusammenfassen:

Die wahrscheinlichste Form der Beziehung zwischen Vater- und Sohn-Position ist die Positionsvererbung. Bei einer Gegenüberstellung gleicher Berufsgruppen von Vater- und Sohngeneration liegen die Assoziationsindizes generell über 1.

Am stärksten ist die Positionsvererbung bei Berufsgruppen, die den oberen Statuslagen zuzurechnen sind, sowie bei Berufsgruppen mit besonderer Berufstradition (wie z. B. bei den Offizieren in einigen Ländern) und dort, wo die Vererbung von „Besitz" oder mit einer frühen Einführung der Kinder in den väterlichen

Beruf Hand in Hand geht, wie z. B. bei den Landwirten und den selbständigen Gewerbetreibenden.

Auch in den untersten Statuslagen ist die „Positionsvererbung" besonders ausgeprägt.

Sehr deutlich sind diese Zusammenhänge wieder aus den Ergebnissen der neuesten und bisher umfassendsten Studie über Inter-Generationen-Mobilität in der Bundesrepublik Deutschland zu erkennen (siehe *Tabelle 2*, letzte Spalte).

Während der enge Zusammenhang in den oberen Statuslagen jedoch darauf beruht, daß die Eltern bewußt danach streben, die erreichten Positionen und den Besitz auch für ihre Kinder zu erhalten, ist er in den unteren Gruppen darauf zurückzuführen, daß den Kindern dort nicht die für einen sozialen Aufstieg erforderliche „Unterstützung" (wie z. B. Vermittlung von Aufstiegsmotivationen und Sicherung entsprechender Schulbildung) gewährt werden kann.

Bewegungen, die aus der väterlichen Berufsgruppe hinausführen, gehen mit Schwergewicht – und das gilt für alle vertikalen Bewegungen, seien sie aufwärts oder abwärts gerichtet – in Nachbarbereiche. Extreme Auf- oder Abstiege kommen vor, sind aber insgesamt gesehen verschwindend gering. (Das gilt nicht nur für die europäischen Länder, sondern – entgegen einer weit verbreiteten Ansicht – auch für die Vereinigten Staaten; *S. M. Miller* 1960.)

Die Bewegungen entsprechen im Hinblick auf einen Wechsel der Tätigkeitsbereiche der Richtung nach jenen Veränderungstendenzen, die die Berufsstrukturen der Industrieländer typischerweise im Verlauf zunehmender Industrialisierung erkennen lassen (*C. G. Clark* 1940; *J. Fourastié* 1954), d. h. Fortgang aus der Landwirtschaft und zunächst Zustrom in den Bereich industriell-technischer Berufe und schließlich insbesondere starker Zustrom in administrative und Dienstleistungsberufe.

Hinsichtlich der Häufigkeit von Auf- und Abstiegen und deren Entwicklung im Zeitablauf sind die bisher vorliegenden Ergebnisse weit weniger eindeutig, ja z. T. sogar recht widersprüchlich.

In der Literatur wird zunächst immer darauf hingewiesen, daß die Häufigkeit von Inter-Generationen-Berufswechseln in den letzten zweihundert Jahren in allen europäischen Industrieländern in Verbindung mit den Liberalisierungsvorgängen des vorigen Jahrhunderts und den Veränderungen der Berufsstruktur infolge der Industrialisierung zugenommen habe. Das gilt allgemein, obwohl auch in der vorindustriellen Zeit Inter-Generationen-

Tabelle 2 Männliche Erwerbspersonen[1]) nach dem beruflichen Status des Befragten und nach dem beruflichen Status des Vaters

Beruflicher Status des Befragten	Beruflicher Status des Vaters								
	Selbständige insgesamt (einschl. Mith.)	davon: Selbständige Landwirte	Selbständige Handwerker	Selbständige Kaufleute und Fabrikanten	Selbständige in freien Berufen	Übrige Selbständige, (einschl. Mith.)	Beamte insgesamt	davon: Im einfachen und mittleren Dienst	Im gehobenen Dienst
Selbständige insgesamt	65,1	34,2	16,4	9,6	2,6	2,3	7,3	3,6	2,5
davon: Selbständige Landwirte	92,6	88,2	3,2	(0,5)	/	(0,5)	(0,7)	(0,4)	/
Selbständige Handwerker	56,3	9,9	42,4	2,3	(0,8)	(0,9)	6,4	4,6	(1,4)
Selbst. Kaufleute u. Fabrikant.	53,8	7,6	11,5	31,7	(1,6)	(1,4)	9,8	5,2	3,5
Selbständige in freien Berufen	41,9	8,0	7,1	10,0	15,3	(1,5)	21,3	5,7	8,7
Übrige Selbständige	51,4	13,5	9,4	7,1	(1,5)	19,9	8,1	(4,7)	(2,4)
Beamte insgesamt	21,2	8,1	6,9	3,8	1,6	(0,8)	28,5	16,3	8,7
davon: Im einfachen u. mittl. Dienst	21,1	9,8	7,2	2,5	(0,9)	(0,7)	22,3	19,2	2,7
Im gehobenen Dienst	20,5	6,5	7,0	4,4	(1,9)	(0,7)	30,8	14,0	14,3
Im höheren Dienst	22,7	(5,0)	5,5	7,6	(3,4)	(1,2)	46,1	10,4	19,5
Angestellte insgesamt	24,5	6,6	7,8	6,5	2,3	1,3	14,7	8,0	4,7
davon: In einfacher u. mittl. Stellung	23,6	7,1	7,3	5,9	2,0	1,3	13,2	8,4	3,6
In gehobener und leitender Stellung	26,5	5,2	7,2	9,4	3,4	1,3	19,4	7,8	7,6
Meister	24,5	7,9	11,6	2,7	(1,1)	(1,2)	9,0	6,7	(1,8)
Arbeiter insgesamt	23,4	13,6	6,4	1,6	0,7	1,1	5,1	4,2	0,8
davon: In un- u. angelernter Tätigkeit	26,6	17,6	5,6	1,6	0,6	1,2	4,2	3,5	0,6
Facharbeiter	20,4	10,0	7,1	1,5	0,7	1,1	6,1	5,0	1,0
Ohne Angabe	7,5	(3,8)	(1,5)	(1,5)	/	/	(2,7)	(1,5)	(1,0)
Insgesamt	29,6	14,3	8,2	4,3	1,5	1,3	9,8	6,1	2,7
Zahl der Fälle	21 659	10 496	6 009	3 115	1 065	974	7 192	4 455	1 968
Hochrechnung	4 331 800	2 099 200	1 201 800	623 000	213 000	194 800	1 438 400	891 000	393 600

Beruflicher Status des Vaters												
Im höheren Dienst	Angestellte insgesamt	davon: In einfacher u. mittlerer Stellung	In gehobener und leitender Stellung	Meister	Arbeiter insgesamt	davon: In un- u. angelernter Tätigkeit	Facharbeiter	Ohne Angabe	Insgesamt	Zahl der Fälle	Hochrechnung	Assoziationsindizes
1,2	8,1	3,2	2,9	2,0	15,7	5,1	10,6	3,8	100,0	11 091	2 218 200	2,2
/	(0,9)	(0,3)	(0,4)	/	4,7	2,0	2,7	(1,1)	100,0	3 518	703 600	6,2
(0,4)	7,5	3,3	1,8	2,4	25,3	8,4	16,9	4,5	100,0	2 940	588 000	5,2
(1,1)	13,2	5,1	4,3	3,8	17,5	5,3	12,2	5,7	100,0	2 474	494 800	7,4
6,9	16,7	5,4	9,5	(1,8)	15,9	4,4	11,5	4,2	100,0	1 368	273 600	10,6
/	12,0	6,5	(2,5)	(3,0)	22,8	7,6	15,2	(5,7)	100,0	791	158 200	15,0
3,5	16,8	9,2	4,8	2,8	28,3	9,4	18,9	5,2	100,0	6 088	1 217 600	2,9
(0,4)	12,3	8,1	1,6	2,6	37,9	13,2	24,7	6,4	100,0	3 382	676 400	3,2
(2,5)	22,7	11,9	7,7	3,1	21,4	6,2	15,2	4,6	100,0	1 728	345 600	5,6
16,2	22,1	8,6	10,8	(2,7)	7,1	(2,2)	(4,9)	(2,0)	100,0	978	195 600	15,4
2,0	22,7	10,2	7,5	5,0	30,3	9,6	20,7	7,8	100,0	18 829	3 765 800	1,9
1,2	21,8	11,3	6,1	4,4	32,8	10,9	21,9	8,6	100,0	10 847	2 169 400	1,9
4,0	26,3	9,3	12,0	5,0	21,5	5,5	16,0	6,3	100,0	5 772	1 154 400	3,6
/	17,5	7,4	2,8	7,3	41,2	13,7	27,5	7,8	100,0	2 210	442 000	2,6
(0,1)	7,5	4,3	1,1	2,1	54,5	23,6	30,9	9,5	100,0	36 056	7 211 200	1,4
(0,1)	5,8	3,4	0,8	1,6	53,0	26,6	26,4	10,4	100,0	17 321	3 464 200	1,7
(0,1)	9,0	5,2	1,4	2,4	55,8	20,9	34,9	8,7	100,0	18 735	3 747 000	1,5
/	4,6	(2,9)	(1,0)	/	12,0	4,5	7,5	73,2	100,0	1 169	233 800	
1,0	12,2	6,1	3,3	2,8	39,5	15,7	23,8	8,9	100,0	73 233	14 646 600	
769	8 933	4 430	2 435	2 068	28 964	11 528	17 436	6 485				
153 800	1 786 600	886 000	487 000	413 600	5 792 800	2 305 600	3 487 200	1 297 000		14 646 600		

[1]) Ohne Auszubildende und ohne Mithelfende im Familienbetrieb

Quelle: *H. Hofbauer* und *H. Kraft*, Materialien zur Statusmobilität männlicher Erwerbspersonen in der Bundesrepublik Deutschland, in: Mitteilungen zur Arbeitsmarkt- und Berufsforschung, hg. v. *K. M. Bolte* u. a.; 5 (1972), S. 214/215, Tabelle 11.

Bewegungen durchaus vorhanden waren (welch letzteres u. a. aus Hinweisen bei *B. Barber* 1957; *K. Bosl* 1960; 1966, *E. Peroy* 1962 und *W. Eberhard* 1962 zu ersehen ist).

Da insbesondere für vertikale Mobilität nur sehr schwer verläßliche Werte für weit zurückliegende Zeiten zu erarbeiten sind, beschränken sich die vorhandenen Untersuchungen entweder darauf, die Häufigkeit von Auf- und Abstiegen für die Gegenwart festzustellen, oder versuchen Vergleiche für die letzten drei Generationen oder zwischen verschiedenen Ländern zu erarbeiten.

Für Deutschland finden sich ältere Angaben über die Häufigkeit von Bewegungen bereits bei *J. Nothaas* (1930). In der Bundesrepublik befaßten sich insbesondere die Studien von *M. Janowitz* (1958), *R. Mayntz* (1958), *K. M. Bolte* (1959), *H. J. Daheim* (1964), *G. Kleining* (1970, 1975), *H. Hofbauer* (1972) und *D. W. Busch* (1973) mit der Häufigkeit von Inter-Generationen-Berufswechseln und den dazugehörigen Auf- und Abstiegen. *Tabelle 3* gibt an, welche Anteile Mobiler in einigen dieser Studien errechnet und welche Häufigkeit von Auf- und Abstiegen festgestellt wurden. Im Hinblick auf die oben erwähnten methodischen Probleme

Tabelle 3 Inter-Generationen-Mobilität in der Bundesrepublik (ausgewählte Untersuchungen)

Autoren	Mobil %	Aufstiege %	Abstiege %	Immobil %	Total %
Bolte (1955) Schleswig-Holstein	46,6	24,8	21,8	53,4	100,0
Janowitz (1958) Bundesrepublik Divo 1955	40,8	19,2	21,6	59,2	100,0
Daheim (1964) Köln	53,7	25,7	27,7	47,7	101,1
Divo (1959) Bundesrepublik	52,5	28,1	24,4	47,6	101,0
Kleining (1970) Bundesrepublik Divo/Marplan 1969/70	52,9	32,1	20,8	47,1	100,0

Quelle: Teilweise errechnet aus den angegebenen Studien und zusammengestellt von *H. Recker*, Mobilität in der „offenen" Gesellschaft, Köln 1974, Tabelle 15, S. 108.

Die Zahlen von K. M. Bolte berücksichtigen lediglich ausgewählte Altersgruppen. Alle Studien arbeiten mit verschiedenen Berufsgruppen und/oder unterschiedlich vielen Rangstufen.

sowie darauf, daß in jeder dieser Untersuchungen verschiedene Berufsgruppen und Rangstufungen verwendet sowie vor der Berechnung der Auf- und Abstiege evtl. sogar schwer einstufbare Berufsgruppen ausgeklammert wurden (z. B. die Landwirte), ist es im Grunde erstaunlich, daß die gefundenen Anteile Mobiler bzw. von Auf- und Absteigern nicht noch unterschiedlicher sind.

Mit allem Vorbehalt kann aus den Ergebnissen entnommen werden, daß etwa die Hälfte der Bevölkerung im Generationswechsel in vertikaler Hinsicht mobil war und daß sich Auf- und Abstiege hinsichtlich ihrer Häufigkeit etwa die Waage halten (abgesehen von den abweichenden Ergebnissen der *Kleining*-Studie von 1970; s. a. *Kleining* 1975).

Soweit in den Studien Zeitvergleiche vorgenommen wurden, läßt sich keine eindeutige Veränderung der vertikalen Mobilitätsrate seit Ende des vorigen Jahrhunderts erkennen. Feststellungen zur Veränderung der Häufigkeit von Auf- und Abstiegen liegen so nur sporadisch vor und erscheinen im Hinblick auf die erwähnten methodischen Schwierigkeiten der Feststellung so problematisch, daß hier bewußt darauf verzichtet werden soll, dazu vorliegende Aussagen zu referieren und evtl. den Anschein gesicherten Wissens darüber zu vermitteln (Angaben dazu siehe u. a. bei *G. Kleining* 1970 und kritische Stimmen dazu bei *K. U. Mayer* und *W. Müller* 1971; dagegen wieder *Kleining* 1975).

Wesentlich intensiver als in den europäischen Ländern wurde in den Vereinigten Staaten darüber diskutiert, wie sich die Inter-Generationen-Berufsmobilität und insbesondere die Auf- und Abstiegsbewegungen in den letzten 50 Jahren entwickelt haben. Die Diskussion ging von der – schon erwähnten – in den dreißiger Jahren aufkommenden Befürchtung aus, Amerika sei nicht mehr das Land der „unbegrenzten Möglichkeiten“, weil infolge der zu Ende gehenden räumlichen Expansion, abnehmender Einwanderungsströme und steigender Konzentrationsbewegungen in der Wirtschaft die Aufstiegsmöglichkeiten zurückgehen bzw. stagnieren müßten.

Natalie Rogoff (1953) verglich in einer oft zitierten Stadtstudie die Häufigkeit von Inter-Generationen-Mobilität um 1910 und 1940. Sie fand, daß die Bewegungsquote zugenommen hat, diese Zunahme aber lediglich auf die Veränderungen der Wirtschaftsstruktur, nicht aber – wie die Errechnung von Assoziationsindizes erkennen läßt – auf die Lockerung der Beziehungen zwischen Vater- und Sohn-Positionen zurückzuführen ist. Veränderungen von Auf- und Abstiegsquoten ließen ihre Ergebnisse nicht erkennen.

Gerhard Lenski (1958) konnte mit Hilfe einer Kohortenanalyse bei einer Aufgliederung der untersuchten Personen in nur drei Berufsbereiche – manuelle, nicht-manuelle Berufe und Landwirte – zu keinen eindeutigen Aussagen über Veränderungen der vertikalen Inter-Generationen-Mobilität seit der Jahrhundertwende kommen. Allerdings glaubte er, eine leichte Zunahme der Aufstiege in „White Collar"-Berufe belegen zu können, eine Tendenz, die er weitgehend den Veränderungen der Berufsstruktur zuschrieb.

Peter M. Blau und *Otis D. Duncan* (1967) stellten eine Zunahme der Aufstiegsmobilität für das Jahrzehnt von 1952 bis 1962 fest, zeigten aber gleichzeitig, daß dies vor allem darauf beruhte, daß in dieser Zeit besonders viele jüngere Leute in höhere Angestelltenpositionen aufrückten.

S. A. Thernstrom (1973) kam in einer sehr differenziert durchgeführten Trendberechnung der Inter-Generationen-Mobilität in Boston von 1880 bis 1970 zu dem Ergebnis, daß sowohl die Aufstiegsmobilität nicht erkennbar zunahm, als auch die Abstiegsbewegungen – ausgenommen zur Zeit der Weltwirtschaftskrise – in etwa gleich geblieben sind.

Alles in allem erbrachten also diese Studien, daß auch in den USA in den vergangenen siebzig Jahren keine deutliche Veränderung in der Häufigkeit der vertikalen Berufsmobilität zu erkennen war.

Neben der Frage nach den Veränderungen des Umfangs der Inter-Generationen-Mobilität im Zeitablauf hat immer wieder der Vergleich der Mobilitätsraten zwischen verschiedenen Ländern interessiert. Hierbei galt es zunächst, die technische Frage zu klären, auf welche Weise die mit verschiedenen Gliederungsschemata arbeitenden nationalen Einzelstudien auf einen gemeinsamen Nenner gebracht werden können. Als eng damit verwoben erwies sich die Problematik, daß die zur Messung von Auf- und Abstiegen meist verwendeten Berufsprestigeskalen in den einzelnen Ländern nicht genau übereinstimmen. Die für verschiedene Länder errechneten Mobilitätswerte konnten also nicht ohne weiteres verglichen werden, und so ist es nicht erstaunlich, daß in diesem Bereich der Mobilitätsforschung bisher nur mit sehr groben Gruppeneinteilungen gearbeitet wurde, wie z. B. „manual", „non-manual" und „farm" Berufe. Man ging dabei in der Regel von der (durch Untersuchungen von *Alex Inkeles* und *Peter H. Rossi* 1956 gestützten) Annahme aus, daß zwischen den Berufsprestigeskalen in industrialisierten Ländern eine verhältnismäßig hohe Übereinstimmung besteht und daß die manuelle Arbeit generell geringer bewertet wird als die nicht-manuellen Tätigkeiten.

Den landwirtschaftlichen Berufsbereich suchte man nach Möglichkeit gesondert zu erfassen, um die Gefahr von Verzerrungen zu verringern.

Im Hinblick auf dieses Vorgehen erscheint es verständlich, daß die bisher vorliegenden Studien stets den provisorischen und unvollkommenen Charakter ihrer Ergebnisse besonders hervorheben. (Hinweise auf die hier nur angedeutete methodische Problematik internationaler Vergleiche finden sich besonders bei *K. Svalastoga,* in: *D. V. Glass* und *R. König* 1974.)

Die Diskussion um die internationale Vergleichbarkeit entzündete sich in den Nachkriegsjahren an der Frage, ob vertikale Mobilität in den Vereinigten Staaten tatsächlich häufiger auftrete als in anderen Industrieländern. Im Hinblick auf die verschiedenen historischen, politischen und gesellschaftlichen Entwicklungen in diesen Ländern erschien diese Frage berechtigt und interessant.

Seymour M. Lipset und *Hans L. Zetterberg* (in: *S. M. Lipset* und *R. Bendix* 1959) werteten Daten für neun Länder aus, von denen die aus sechs Ländern vergleichbar waren. Als einzig greifbares Resultat hielten die beiden Verfasser die Übereinstimmung des „Gesamtumfangs der vertikalen Berufsmobilität" in den sechs Ländern fest. Es ergab sich, daß die vertikale Inter-Generationen-Mobilität in den USA nicht wesentlich von den Werten anderer Industriestaaten abwich, falls man lediglich mit den groben Berufskategorien „manuell" und „nicht-manuell" arbeitete, was wegen der sehr unterschiedlichen Berufsklassifikation der verfügbaren Länderstudien als allein sinnvoll erschien (siehe *Tabelle 4*).

Tabelle 4 Auf- und Abstiegsquoten für 6 Länder (ohne landwirtschaftliche Berufe)

	Aufstiege[a]	Abstiege[b]	Gesamtumfang der vertikalen Mobilität[c]
Vereinigte Staaten	33	26	30
Westdeutschland	29	32	31
Schweden	31	24	29
Japan	36	22	27
Frankreich	39	20	27
Schweiz	45	13	23

[a] Inter-Generationen-Mobilität von manueller zu nicht-manueller Tätigkeit (in v.H. aller Befragten in nicht-manueller Tätigkeit); [b] Inter-Generationen-Mobilität von nicht-manueller zu manueller Tätigkeit (in v.H. aller Befragten in manueller Tätigkeit); [c] Gesamtzahl aller Auf- und Abstiege in v.H. aller Befragten. Quelle: *S. M. Lipset* und *H. L. Zetterberg* (in: *S. M. Lipset* und *R. Bendix* 1959, S. 25).

Ihre Ergebnisse hinsichtlich der Häufigkeit von Auf- und Abstiegen, wobei Abstiege ja allein durch den Wechsel von nicht-manueller zu manueller Beschäftigung zustande kommen konnten, wurden später nicht selten dahingehend interpretiert, daß speziell die Aufstiegsmobilität ein grundsätzlicher Vorgang in allen Industriegesellschaften sei. Diese Interpretation ist später heftig kritisiert worden (siehe u. a. *J. Porter* 1968, *P. Amassari* 1970).

Mit internationalen Vergleichen und den bisher dazu vorliegenden Thesen befaßte sich ausführlich *S. M. Miller* (1960) in einer von der *„International Sociological Association"* angeregten Arbeit, die nationale Einzelstudien aus 13 Ländern einbezog. Er bestritt nicht die allgemeine Gültigkeit der Aussage von der fundamentalen Ähnlichkeit der Mobilitätsraten in Industrieländern, wenn das Zwei-Kategorien-Schema angewendet wird, wies aber auf die Notwendigkeit einer stärker differenzierenden Analyse hin. Er untersuchte deshalb zunächst Auf- und Abstiegsbewegungen in den einzelnen Ländern getrennt, und auf Grund einer direkten Gegenüberstellung der Prozentzahlen, die in *Tabelle 5* enthalten sind, kam er zu der Aussage, daß bei einer Errechnung

Tabelle 5 Auf- und Abstiegsquoten für 13 Länder (mit landwirtschaftlichen Berufen)

	Abstiege[a]		Aufstiege[b]	
	v. H.	Zahl[c]	v. H.	Zahl[c]
Dänemark	36,8	315	24,1	398
Finnland	24,0	213	11,0	413
Frankreich (erste Studie)	20,5	305	30,1	425
Frankreich (zweite Studie)	26,9	228	29,6	426
Großbritannien	42,1	547	24,8	544
Italien	34,4	77	8,5	217
Japan	29,7	139	23,7	324
Niederlande	43,2	305	19,6	326
Norwegen	28,6	35	23,2	67
Puerto Rico	42,7	214	14,3	443
Schweden	27,7	–	25,5	–
Ungarn	27,5	–	14,5	–
USA (erste Studie)	19,7	67	28,8	159
USA (zweite Studie)	22,6	43	28,7	132
Westdeutschland	29,0	249	20,0	258

[a] „manuelle" Söhne „nicht-manueller" Väter; [b] „nicht-manuelle" Söhne „manueller" Väter. [c] Von *K. M. Bolte* und *R. Kreckel* (1968) zusammengestellte Vergleichszahlen tatsächlich Mobiler aus den einzelnen Stichproben. Quelle: *S. M. Miller* (1960), S. 34 und S. 69–80.

von Abstromquoten, außer in den Vereinigten Staaten und in Frankreich, die Abstiegsquoten in der Regel höher sind als die Aufstiegsquoten.

Kritiker haben aber später darauf hingewiesen, daß durch diese Art der Betrachtung perspektivische Verzerrungen und Mißverständnisse entstehen, weil die (absoluten) Größenunterschiede zwischen den jeweils verglichenen Gruppen von auf- bzw. abgestiegenen Individuen nicht in die Überlegungen miteinbezogen werden. Die aus dieser Unterbewertung struktureller Gesichtspunkte resultierenden Widersprüchlichkeiten werden erkennbar, wenn man die in *Tabelle 5* zusammengestellten absoluten Zahlenwerte mit den von *S. M. Miller* berechneten dazugehörigen Prozentwerten konfrontiert. Es wird dann nämlich klar erkennbar, daß in allen Ländern (außer in Großbritannien) deutlich mehr Auf- als Abstiege registriert wurden.

Das Hauptverdienst der Millerschen Arbeit liegt aber in dem Versuch, innerhalb der üblichen Grundeinteilung in „manuelle" und „nicht-manuelle" Berufe weitere Differenzierungen vorgenommen zu haben. Dadurch wurde ein Weg eröffnet, auch die unterschiedliche Distanz vertikaler Bewegungen vergleichend zu erfassen. Aus der manuellen Beschäftigungsgruppe (die auch landwirtschaftliche Berufe umfaßt) hob S. M. Miller die Kategorie der nichtlandwirtschaftlichen Arbeiter („working class") besonders hervor; den nicht-manuellen Bereich untergliederte er in eine „Elite I" und eine „Elite II", die übereinandergeschichtet sind, sowie in eine Residualkategorie „Mittelklasse". Die Ergebnisse seiner Analysen faßte *S. M. Miller* dahingehend zusammen, daß erstens die Aufstiegsraten von manuellen zu nicht-manuellen Beschäftigungen im internationalen Vergleich recht ähnlich sind, zweitens die Variationsbreite der Abstiegsraten in manuelle Berufe etwas größer ist und drittens die Auf- und Abstiegsraten zwischen manuell Beschäftigten und Elitepositionen in den einzelnen Ländern höchst unterschiedlich sind. Für die USA stellte S. M. Miller z. B. eine deutlich größere Aufstiegsbewegung zwischen manuellen und Elitepositionen fest als für die anderen von ihm berücksichtigten Industrieländer. (Auch gegen diese Resultate gibt es im einzelnen Vorbehalte. Zur Kritik an S. M. Miller siehe u. a. *K. Svalastoga,* in *D. V. Glass* und *R. König* 1974, sowie *K. M. Bolte* und *R. Kreckel,* in: *U. Gruber* u. a. 1968.)

Im Prinzip weist das Vorgehen von S. M. Miller den Weg, wie internationale Vergleiche einzig sinnvoll durchgeführt werden können, nämlich durch eine differenziertere Analyse nationaler Mobilitätsstudien, als sie durch Berechnungen globaler Mobilitätsraten möglich ist. Eine solche differenzierte Analyse erinnert auch daran, daß gerade für internationale Vergleiche wichtiger als globale Mobilitätsraten Feststellungen darüber sind, welche Berufsgruppen in den verschiedenen Gesellschaften vorwiegend Zugang zu den privilegierten Positionen in der Gesellschaft haben. Es handelt sich hierbei um Fragen, die teilweise anhand der Ergebnisse der Intra-Generations-Mobilität bzw. der sog. Elitemobilität beantwortet werden können.

IV. Karrieremobilität (Intra-Generations-Mobilität)

Die Untersuchungen über Intra-Generations-Mobilität bzw. Karrieremobilität sind bisher nicht annähernd so zahlreich wie diejenigen zur Inter-Generationen-Mobilität. Gegenüber letzterer wurden sie zeitweilig geradezu vernachlässigt (*W. Slocum* 1966; *D. W. Busch* 1973). Sie sind in ihrer Anlage von Land zu Land noch differenzierter und nicht selten auf enge Teilgruppen beschränkt. Erst in Verbindung mit arbeitsmarkt- und bildungspolitischen Interessen verstärkte sich die Analyse von Intra-Generationsbewegungen seit der zweiten Hälfte der sechziger Jahre. An Hand von Beispielen sollen typische Fragestellungen verdeutlicht werden, die bisher im Bereich der Intra-Generations-Mobilität untersucht wurden.

Bereits bei *J. Nothaas* (1930) finden sich Hinweise auf einen Typ von Studien, in denen es darum geht festzustellen, was aus Menschen, die ihren Beruf aus bestimmten Gründen verlassen mußten (z. B. die Berufsoffiziere in Deutschland nach dem Ersten Weltkrieg), dann beruflich geworden ist, bzw. ob und inwieweit sie auf- oder abgestiegen sind. Zweifellos erfassen solche Studien einen bestimmten Aspekt von Intra-Generations-Mobilität.

Die Zusammenhänge zwischen der Zugehörigkeit zu einer bestimmten Gruppe (z. B. Mitglied der herrschenden Partei eines Landes, Rassenzugehörigkeit usw.) einerseits und Karriereentwicklungen andererseits wurden in den Studien von *A. Caserman* (1971) sowie *P. H. Rossi* und *M. D. Ornstein* (1971) analysiert. *A. Caserman* konnte für Jugoslawien zeigen, daß, unabhängig vom Ausbildungsniveau, Mitglieder der Kommunistischen Partei erheblich bessere Aufstiegschancen hatten. *P. H. Rossi* und *M. D. Ornstein* (1971) dokumentierten in einer umfangreichen Studie (*Hopkins Social Account Project*, USA) u. a., in welchem Maße die Rassenzugehörigkeit während des gesamten Berufslebens als selbständiger Einflußfaktor erhalten bleibt. Die Karrieren von schwarzen und weißen Berufstätigen entfernten sich im Zeitverlauf trotz gleicher Ausbildung immer stärker voneinander. Zu entsprechenden Ergebnissen kamen *P. M. Blau* und *O. D. Duncan* (1967).

Typen von Betriebskarrieren arbeiteten auf Grund der Analyse innerbetrieblicher Mobilitätsvorgänge die Studien von *W. H. Form* und *D. C. Miller* (1959) sowie von *E. D. Krönlein* (1961) heraus.

Eine Reihe von Intra-Generationsstudien analysierten, in welchen Berufen Menschen in das Berufsleben eintraten, welche Berufsentwicklung sie dann durchliefen und welche Arbeitsstellen und/ oder regionalen Wechsel sie vollzogen. Hierzu gehören u. a. die Arbeiten von *D. V. Glass* (1954) für Großbritannien, *S. M. Lipset* und *R. Bendix* (1959) für den Oakland Distrikt in Kalifornien (USA), *H. Klages* (1959) und *H. Hofbauer* und *H. Kraft* (1972) für die Bundesrepublik Deutschland.

Studien dieser Art lassen erkennen, daß es für bestimmte Berufsbereiche typische Formen von „Karrieren" und unterschiedliche Typen von Aufstiegsmöglichkeiten gibt. Man denke etwa an die geregelte Karriere der deutschen Beamten einerseits und die sich losgelöst von geregelten Zugangs- und Aufstiegsbestimmungen vollziehende Berufsentwicklung des Handelsvertreters andererseits. Sie lassen außerdem erkennen, daß für bestimmte Berufe (z. B. Offizier, Hochschullehrer) häufige Ortswechsel durch Versetzungen und für andere infolge spezieller Arbeitsmarktgewohnheiten zahlreiche Arbeitsplatzwechsel (so z. B. im Baugewerbe) typisch und charakteristische Begleiterscheinungen der beruflichen Entwicklung des Inhabers sind. Es waren Feststellungen dieser Art, auf denen die Unterscheidung von „orderly" und „disorderly careers" in der Systematik von Berufstypen bei *H. L. Wilensky* (1961) basiert. Es waren ebenfalls Untersuchungen dieser Art, die zu der Einsicht führten, daß viele Menschen offenbar lieber ihren Beruf als ihren Wohnort wechseln (so z. B. bei Lipset und Bendix 1959), eine Feststellung, die ja auch schon in der „klassischen" Studie von *Hans Zeisel* und *Marie Jahoda* „Die Arbeitslosen von Marienthal" (1933) getroffen wurde.

Im internationalen Vergleich eignen sich Studien dieser Art, um nationale Besonderheiten der Intra-Generations-Mobilität zu erkennen, so z. B. in den Vereinigten Staaten das ständige Streben abhängig Beschäftigter, „Selbstständiger" zu werden, da „self-employment" eine wesentliche Möglichkeit zum sozialen Aufstieg für die unteren Schichten darstellt *(S. M. Lipset* und *R. Bendix* 1959).

Die Entwicklung der Intra-Generations-Mobilität in Verbindung mit wirtschaftlichen und politischen Vorgängen untersuchte *K. M. Bolte* (1959) für das Bundesland Schleswig-Holstein und *D. W. Busch* (1973) für bestimmte Bevölkerungsgruppen der Bundesrepublik Deutschland auf der Basis des Materials einer von *H. J. Daheim* (1965) konzipierten DIVO-Erhebung. Die Ergebnisse von *K. M. Bolte* lassen erkennen, wie sich Kriegsereignisse und Kriegsfolgen auf Auf- und Abstiegsprozesse in verschiedenen Alters- und Bevölkerungsgruppen ausgewirkt haben (siehe *Tabelle 6*). Die Analysen von Busch bringen die Häufigkeit von Berufswechseln sowie die darin enthaltenen Auf- und Abstiege mit verschiedenen charakteristischen Perioden, zwischen 1900 und 1965, wie z. B. Weimarer Republik, Drittes Reich, Aufbauphase der Bundesrepublik, in Zusammenhang. *Tabelle 7* gibt über dabei gefundene Daten von Auf- und Abstiegsbewegungen Auskunft.

Tabelle 6 Aufstiege und Abstiege in der Vorkriegs- sowie in der Kriegs- und Nachkriegszeit (in v. H.) innerhalb ausgewählter Gruppen der 1952 in Schleswig-Holstein ansässigen Bevölkerung.

	Veränderungen von					
	1929 auf 1939		1939 auf 1953		1939 auf 1953	
	ältere Einheimische (562)	ältere Heimatvertriebene (301)	ältere Einheimische	ältere Heimatvertriebene	jüngere Einheimische (335)	jüngere Heimatvertriebene (234)
Aufstiege	18,2	16,5	6,3	3,1	20,2	16,2
Ohne Veränderung	76,4	77,4	65,7	36,3	60,8	43,0
Abstiege	3,8	2,9	6,5	14,7	6,3	20,4
Arbeitslos am Ende der Periode	0,2	0,7	11,6	31,9	7,7	15,0
Bewegungen aus der oder in die selbständige Landwirtschaft	0,8	1,1	9,7	12,2	3,2	1,8
Nicht feststellbar	0,6	1,4	0,2	1,7	1,8	3,6
	100	100	100	100	100	100

Ältere Befragte: Geburtsjahrgänge 1893–1901; jüngere Befragte: Geburtsjahrgänge 1913–1921. Quelle: *K. M. Bolte* (1959), S. 139.

Mit dem Zusammenhang von Bildungsart und -niveau einerseits und der späteren Berufsentwicklung andererseits befaßten sich u. a. die Arbeiten von *H. J. Daheim*, in *D. V. Glass* und *R. König* (1974), *R. Girod* (1962), *P. M. Blau* und *O. D. Duncan* (1967) sowie *H. Hofbauer* und *H. Kraft* (1972).

H. Hofbauer und *H. Kraft* analysierten im Rahmen der wohl bisher umfassendsten Studie über die Inter- und Intra-Generations-Mobilität in der Bundesrepublik Deutschland u. a. einerseits den Zusammenhang zwischen der väterlichen Berufsposition und der Ausbildung der Söhne, sowie andererseits den zwischen der Ausbildung der Söhne und deren Berufslaufbahn. Aus den *Tabel-*

Tabelle 7 Vertikale Karrieremobilität nach dem Berufsalter

Vertikale Mobilität[1])	Berufsalter			
	35 Jahre und länger im Beruf	zwischen 21 und 34 Jahren im Beruf	zwischen 11 und 20 Jahren im Beruf	maximal 10 Jahre im Beruf
Abstieg	10%	7%	10%	3%
Konstanz	70%	72%	76%	91%
Aufstieg	20%	21%	14%	6%
(N = 100%)	204	282	293	275

Chi[2]) = 43,639   p = .005

[1]) Berufstätige, die zwischen 1900 und 1965 (Befragungsjahr) ihre Berufslaufbahn begonnen haben.
Quelle: *D. Busch* (1973) S. 118.

len 8 und *9* sowie den (von uns) dazu formulierten Erläuterungen ist zu erkennen, daß eine sehr enge Verbindung zwischen väterlicher Berufsposition und Ausbildungsart und -niveau der Söhne sowie eine ebenfalls enge Beziehung zwischen Ausbildung und Berufsposition der Söhne besteht. Dies wird noch deutlicher, wenn man die von den Autoren errechneten (hier nicht wiedergegebenen) Assoziationsindizes berücksichtigt.

1. Männliche Erwerbstätige ohne formale abgeschlossene Berufsausbildung stammen überwiegend von selbständigen Landwirten (24,8 %) und Arbeitern (42,3 %) ab. Söhne von un- und angelernten Arbeitern (21,1 %) und von Facharbeitern (21,2 %) sind unter den Erwerbstätigen ohne Berufsausbildung etwa gleich stark vertreten;

2. Die Absolventen einer betrieblichen Ausbildung für einen Angestelltenberuf rekrutieren sich sowohl aus der Gruppe der Arbeiter, besonders der Facharbeiter (20,3 %), als auch der Angestellten (22,5 %) und der Selbständigen (26,7 %) zu etwa gleichen Teilen. 13,9 % hatten einen Beamten zum Vater;

3. Die Erwerbstätigen mit einer betrieblichen Ausbildung für den Arbeiterberuf kommen nahezu zur Hälfte aus der Arbeiterschaft (48,9 %), ein Viertel stammt aus Selbständigenfamilien (24,8 %) und nur ein geringerer Prozentsatz hat einen Angestellten (10,2 %) oder Beamten (7,9 %) zum Vater;

4. Die Ausbildung an einer Berufsfach- oder Fachschule absolvierten Söhne von Selbständigen (46,5 %), Söhne von Arbeitern (22,2 %) und Angestellten (14,8 %) und Beamten (10,8 %);

5. Die Absolventen der Hochschule rekrutierten sich nach wie vor weitgehend nicht aus Arbeiterfamilien, obgleich ihre Zahl in den letzten Jahren unter den Studienanfängern stärker zugenommen hat als der Anteil der Söhne von Selbständigen, Angestellten und Beamten.

Tabelle 8: Ausbildung und beruflicher Status des Vaters bei männlichen Erwerbspersonen[1]) (in %)

Ausbildung der Befragten	Beruflicher Status des Vaters: Selbständige insgesamt (einschl. Mith.)	davon: Selbständige Landwirte	Selbständige Handwerker	Übrige Selbständige (einschl. Mith.)	Beamte insgesamt	Angestellte insgesamt
Ausschl. betriebliche Berufsausbildung	25,1	8,8	9,9	6,4	9,1	12,6
davon: Für Angestelltenberuf	26,7	5,0	6,9	14,8	13,9	22,5
darunter: Mit Volksschulausbildung	25,5	5,9	7,1	12,5	10,9	20,1
Mit Mittlerer Reife oder Abitur	28,7	3,6	6,8	18,3	18,6	26,0
Für Arbeiterberuf	24,8	9,8	10,7	4,3	7,9	10,2
darunter: Mit Volksschulbildung	24,5	9,9	10,6	4,0	7,4	9,6
Mit Mittlerer Reife oder Abitur	32,6	6,0	14,6	12,0	19,3	21,7
Für nicht bekannten Beruf	18,7	(7,8)	(5,7)	(5,2)	(9,1)	14,3
Berufsfach- oder Fachschule (ohne Techniker- und Ing.-Schule)	46,5	25,5	11,6	9,4	10,8	14,8
Techniker- oder Ingenieurschule	22,7	4,3	8,6	9,8	19,1	27,5
Hochschule, Lehrerbildungsanstalt	31,1	5,7	5,7	19,7	34,6	23,5
Ohne abgeschlossene Berufsausbildung	33,8	24,8	4,0	5,0	5,2	6,2
darunter: Mit Volksschulausbildung	36,1	27,9	4,1	4,1	3,5	4,8
Mit Mittlerer Reife oder Abitur	28,2	5,4	5,8	17,0	26,4	23,0
Insgesamt	29,6	14,3	8,2	7,1	9,8	12,2
Zahl der Fälle	21 659	10 496	6 009	5 154	7 192	8 933
Hochrechnung	4 331 800	2 099 200	1 201 800	1 030 800	1 438 400	1 786 600

[1]) Ohne Auszubildende und ohne Mithelfende im Familienbetrieb.

Quelle: *H. Hofbauer, H. Kraft*, Materialien zur Staatsmobilität männlicher Erwerbspersonen in der Bundesrepublik Deutschland, in: Mitteilungen zur Arbeitsmarkt- und Berufsforschung in der Bundesrepublik Deutschland, hg. v. K. M. Bolte u. a., 5, (1972), S. 207, Tabelle 5.

1. Jeder fünfte „gelernte" Arbeiter war in un- oder angelernter Tätigkeit beschäftigt, d. h. hatte eigentlich eine Art beruflichen Abstieg vollzogen. Die Autoren weisen jedoch darauf hin, daß der Übergang von einer Facharbeiterausbildung zur Tätigkeit eines un- oder angelernten Arbeiters nicht in jedem Falle als sozialer Abstieg angesehen werden darf, da er möglicherweise als eine Art „institutionalisierter Berufswechsel" zu bezeichnen ist. In diesem Sinne hatte *H. Ebel* (1961) auf die Tatsache aufmerksam gemacht, daß bestimmte Berufe entsprechend den gesetzlichen Bestimmungen erst nach Erreichen eines bestimmten Alters ergriffen werden können (z. B. Kraftfahrer), in dem

Beruflicher Status des Vaters										
davon: In einfacher und mittlerer Stellung	In gehobener und leitender Stellung	Meister	Arbeiter insgesamt	davon: In un- und angelernter Tätigkeit	Facharbeiter	Ohne Angabe	Insgesamt	Zahl der Fälle	Hochrechnung	Prozent (vertikal)
6,6	2,8	3,2	45,1	16,4	28,7	8,1	100,0	40055	8011000	54,7
1,1	7,1	4,3	29,2	8,9	20,3	7,7	100,0	7741	1548200	10,6
0,5	5,1	4,5	35,4	11,5	23,9	8,1	100,0	4661	932200	6,4
1,7	10,3	4,0	19,6	4,8	14,8	7,1	100,0	3018	603600	4,1
5,6	1,6	3,0	48,9	18,2	30,7	8,2	100,0	31929	6385800	43,6
5,3	1,4	2,9	50,2	18,8	31,4	8,3	100,0	30496	6099200	41,6
0,2	7,3	4,2	19,3	(3,7)	15,6	7,1	100,0	1302	260400	1,8
8,1)	(3,9)	(2,3)	48,6	16,6	32,0	(9,3)	100,0	385	77000	0,5
6,6	4,6	3,6	22,2	7,1	15,1	5,7	100,0	6578	1315600	9,0
1,2	10,6	5,7	23,9	6,6	17,3	6,8	100,0	3202	640400	4,4
7,0	10,0	2,0	6,6	2,0	4,6	4,2	100,0	3456	691200	4,7
3,6	1,2	1,4	42,3	21,1	21,2	12,5	100,0	19942	3988400	27,2
3,0	0,6	1,2	46,3	23,5	22,8	9,3	100,0	17268	3453600	23,6
1,5	7,7	3,8	15,6	4,0	11,6	6,8	100,0	1301	260200	1,8
6,1	3,3	2,8	39,5	15,7	23,8	8,9	100,0	73233	14646600	100,0
4430	2435	2068	28964	11528	17436	6485				
6000	487000	413600	5792800	2305600	3487200	1297000		14646600		

normalerweise bereits eine Berufsausbildung absolviert wurde, und daß evtl. sogar Personen mit einer bestimmten Berufsausbildung in bestimmten Anlerntätigkeiten bevorzugt aufgenommen werden (z. B. Kraftfahrer);

2. Weitere Auf- und Abstiegsbewegungen werden daraus erkennbar, daß z. B. 16,3 % derjenigen, die Facharbeiterausbildungen durchliefen, später Angestellte, 10,6 % Selbständige oder 5,5 % Beamte waren, oder wenn von denjenigen, die eine betriebliche Ausbildung für Angestelltenberufe erhielten, später 3,6 % als un- oder angelernte Arbeiter tätig waren.

Tabelle 9 Männliche Erwerbspersonen[1] nach Ausbildung und beruflichen Status 1970

Ausbildung	Beruflicher Status					
	Selbständige insgesamt	davon: Selbständige Landwirte	Selbständige Handwerker	Übrige Selbständige	Beamte insgesamt	Angestellte insgesamt
Ausschl. betriebliche Berufsausbildung	12,4	1,2	5,4	5,8	5,8	27,3
davon: Für Angestelltenberuf	13,9	(0,3)	(0,5)	13,1	7,1	73,0
darunter: Mit Volksschulbildung	13,2	(0,4)	(0,4)	12,4	7,2	71,0
Mit Mittlerer Reife oder Abitur	15,1	/	(0,6)	14,3	7,2	75,6
Für Arbeiterberuf	12,0	1,4	6,6	4,0	5,5	16,3
darunter: Mit Volksschulbildung	11,5	1,4	6,4	3,7	5,4	15,2
Mit Mittlerer Reife oder Abitur	22,9	(1,1)	(10,6)	11,2	8,5	41,6
Für nicht bekannten Beruf	(10,9)	/	(4,7)	(5,7)	(6,2)	23,9
Berufsfach- oder Fachschule (ohne Techniker- und Ing.-Schule)	32,2	14,8	8,4	9,0	12,6	35,8
Techniker- oder Ingenieurschule	12,8	(0,4)	3,3	9,1	8,2	72,7
Hochschule, Lehrerbildungsanstalt	22,1	(0,3)	(0,6)	21,2	38,8	37,0
Ohne abgeschlossene Berufsausbildung	14,4	10,3	0,5	3,6	6,6	9,7
darunter: Mit Volksschulbildung	15,3	11,7	0,5	3,1	4,2	7,4
Mit Mittlerer Reife oder Abitur	15,1	(1,2)	/	13,2	36,0	38,7
Insgesamt	15,2	4,8	4,0	6,4	8,3	25,7
Zahl der Fälle	11 091	3 518	2 940	4 633	6 088	18 829
Hochrechnung	2 218 200	703 600	588 000	926 600	1 217 600	3 765 800

[1]) Ohne Auszubildende und ohne Mithelfende im Familienbetrieb.

Quelle: *H. Hofbauer, H. Kraft,* Materialien zur Statusmobilität bei männlichen Erwerbspersonen in der Bundesrepublik Deutschland, in: Mitteilungen aus der Arbeitsmarkt- und Berufsforschung, hg. v. K. M. Bolte u. a., 5. Jg., 1972, H. 3, S. 217, Tabelle 15.

Die Ergebnisse deuten daraufhin, daß trotz der Bemühungen, die Chancengleichheit beim Zugang zu Berufspositionen zu erhöhen, bisher noch keinesfalls eine Auflösung der Beziehung zwischen väterlicher Berufszugehörigkeit und Ausbildungsart- und -niveau der Kinder festzustellen ist.

Daß eine „Demokratisierung“ des Bildungssystems die Bindungen zwischen Vater- und Sohnberuf nur langsam und begrenzt lokkert, hatten schon *J. R. Hall* und *D. V. Glass* (1954) für Groß-

Beruflicher Status									
davon: In einfacher und mittlerer Stellung	In gehobener und leitender Stellung	Meister	Arbeiter insgesamt	davon: In un- und angelernter Tätigkeit	Facharbeiter	Ohne Angabe	Insgesamt	Zahl der Fälle	Hochrechnung
17,1	6,6	3,6	54,1	15,7	38,4	0,4	100,0	40 055	8 011 000
47,7	24,4	0,9	5,5	3,6	1,9	(0,5)	100,0	7 741	1 548 200
50,0	19,9	1,1	8,1	5,4	2,7	(0,5)	100,0	4 661	932 200
44,0	31,2	(0,4)	1,7	(1,0)	(0,7)	(0,4)	100,0	3 018	603 600
9,7	2,3	4,3	65,8	18,6	47,2	0,4	100,0	31 929	6 385 800
9,1	1,9	4,2	67,4	19,1	48,3	0,5	100,0	30 496	6 099 200
22,4	12,7	6,5	26,0	5,0	21,0	(1,0)	100,0	1 302	260 400
17,4	(4,2)	/	57,4	19,5	37,9	/	100,0	385	77 000
17,9	11,4	6,5	18,9	8,3	10,6	(0,5)	100,0	6 578	1 315 600
35,7	32,8	4,2	5,9	(1,1)	4,8	(0,4)	100,0	3 202	640 400
9,0	27,7	(0,3)	(1,3)	(0,7)	(0,6)	(0,8)	100,0	3 456	691 200
6,9	1,8	1,0	64,8	52,3	12,5	4,5	100,0	19 942	3 988 400
5,7	0,7	1,0	72,2	58,6	13,6	0,9	100,0	17 268	3 453 600
21,9	15,6	(1,2)	8,4	5,4	(3,0)	(1,8)	100,0	1 301	260 200
14,8	7,9	3,0	49,2	23,6	25,6	1,6	100,0	73 233	14 646 600
10 847	5 772	2 210	36 056	17 321	18 735	1 169	73 233		
2 169 400	1 154 400	442 000	7 211 200	3 464 200	3 747 000	233 800	14 646 600		

britannien in einer im Anschluß an den „Education Act" von 1954 durchgeführten Erhebung feststellen können.

Die von *H. Hofbauer* und *H. Kraft* erarbeiteten Feststellungen decken sich in gewissem Umfang auch mit den Ergebnissen einer von *R. Girod* (1962) im Schweizer Kanton Genf durchgeführten Panelstudie, die über mehrere Jahre hinweg den Werdegang eines gesamten Schuljahrgangs verfolgte. Darin wird die enge Verknüpfung zwischen der sozialen Herkunft, der Wahl des schulischen Ausbildungszweiges und den Berufschancen eindeutig aufgezeigt, und es wird dargelegt, wie sehr das Zusammenspiel dieser drei Faktoren im Rahmen des jeweils herrschenden wirtschaftlichen und gesellschaftlichen Gesamtsystems die Möglichkeiten eines massiven „Ausbrechens" aus angestammten Berufsschichten kanalisiert und begrenzt.

P. M. Blau und *O. D. Duncan* (1967) untersuchten die Zusammenhänge zwischen Herkunftsstatus, Ausbildung, Berufswahl (first job) und der späteren Karriere. Ganz allgemein hängt, nach Ansicht der Autoren, die Chance, über den Herkunftsstatus hinauszugelangen, außerordentlich eng mit dem Grad formaler Schulbildung zusammen. So konnten 35 % derjenigen, die mehr als fünf Jahre das College besucht hatten, über eine größere Distanz aufsteigen, während Personen mit geringer Schulbildung zu 44 % in ihrer Herkunftsschicht verblieben. Weiterhin konnten *P. M. Blau* und *O. D. Duncan* feststellen, daß die „Höhe" des Einstiegsberufs (first job), unabhängig vom Herkunftsstatus, im weiteren Karriereverlauf als selbständiger Einflußfaktor erhalten bleibt: Gelingt es dem Sohn eines „blue-collar-workers", seine Collegeausbildung abzuschließen, so lockert sich damit die Verbindung zum väterlichen Status, d. h. die erworbene Qualifikation hat mehr Einfluß auf die Karriere als die Herkunft.

Soweit der Versuch, an Beispielen deutlich zu machen, mit welcher Art von Fragestellungen sich bisher die Forschung im Bereich der Intra-Generations-Mobilität befaßt hat und welche Ergebnisse dabei gewonnen wurden. Da die Untersuchungen im einzelnen sehr nach Ländern und Berufsgruppen differenziert sind, erscheint es wenig sinnvoll, sie zu generellen Aussagen zusammenzufassen.

V. Die Herkunft der Eliten

Obwohl die Frage nach der Herkunft gesellschaftlicher Eliten die Sozialwissenschaft seit längerem interessiert hat und eine Reihe theoretischer Überlegungen dazu vorliegen (z. B. *V. Pareto* 1916), gibt es statistische Erhebungen darüber nur in begrenztem Umfang und in früherer Zeit ganz selten (siehe *P. A. Sorokin* 1927). Empirisch begann man diese Frage erst anzugehen, nachdem sich Zweifel an der Verwirklichung der proklamierten Chancengleichheit in den demokratisch strukturierten Industriegesellschaften auszubreiten begannen. Jetzt wollte man wissen, wem der Zugang zu den höchsten Positionen wirklich offen stand und ob tatsächlich individuelle Leistung der entscheidende Schlüssel dazu war, wie es die offizielle Ideologie vieler Gesellschaften behauptete und wie es die Literaturgattung der „From Rags to Riches

Stories", das sind Geschichten, die darstellen, wie Individuen aus eigener Kraft die Erfolgsleiter heraufkletterten, zu illustrieren versuchte (vgl. *H. H. Wohl* 1966).

Elitestudien sind eine besondere Art von Herkunftsstudien, die sich entweder dafür interessieren, aus welchen Bevölkerungsgruppen (meist beurteilt am Beruf des Vaters) die Inhaber von Elitepositionen stammen oder aus welchen Berufsgruppen und Schichten sich jene zusammensetzen, die die politische Elite stellen. Nachstehend soll auf Beispiele derartiger Studien hingewiesen werden.

F. W. Taussig und *C. S. Joslyn* veröffentlichten 1932 eine Studie über die Herkunft von Wirtschaftsführern in den USA. *W. L. Warner* und *J. C. Abegglen* griffen diese Frage (1955) erneut auf, und zwar so, daß aus dem Ergebnis beider Studien die inzwischen erfolgten Verschiebungen sichtbar wurden. So ergab sich z. B., daß der Anteil der Wirtschaftsführer, die aus Arbeitgeber- bzw. Angestelltenfamilien stammten, von 1900–1950 ständig gestiegen war und 1950 um 8 % bzw. 14 % höher lag als 1900. Andererseits war z. B. der Anteil der Wirtschaftsführer, die von Farmern abstammten, um 15 % gesunken (siehe *Tabelle 10*).

Tabelle 10 Soziale Herkunft amerikanischer „Wirtschaftsführer". Herkunftsquoten.

Berufsbereiche der Väter	Von den erfaßten „Wirtschaftsführern" stammen ...v.H. aus nebenstehend. Bereichen				
	1900	1920	1930	1950	Differenz zwischen 1950 u. 1900
Angestellte (ohne leitende)	5	7	12	19	+14
Arbeiter	7	10	11	15	+ 8
Freie Berufe	11	10	11	14	+ 3
Leitende Angestellte (major executive)	15	13	17	15	0
Selbständige Geschäftsleute und Gewerbetreibende (kleinere)	19	23	20	18	− 1
(größere)	17	16	14	8	− 9
Farmer	24	21	12	9	−15
Sonstiges	2	0	1	2	0
Insgesamt	100	100	100	100	–

Quelle: *J. A. Kahl* 1957, S. 270/271.

Berücksichtigt man jedoch, daß sich im Beobachtungszeitraum auch die Berufsstruktur verändert hat, berechnet man also Assoziationsindizes, so ist zu erkennen, daß Farmersöhne in den fünfziger Jahren relativ durchaus nicht weniger zur Rekrutierung der Wirtschaftsführer beitrugen als 25 Jahre vorher. Arbeiter- und Angestelltensöhne waren dagegen etwas häufiger in die Gruppe der Wirtschaftsprüfer aufgestiegen, und die Söhne von freiberuflich Tätigen sowie insbesondere von Geschäftsleuten waren deutlich weniger beteiligt als früher *(Tabelle 11).*

Tabelle 11 Soziale Herkunft amerikanischer Wirtschaftsführer. Assoziationsindizes

Berufsbereiche der Väter	Die Söhne aus nebenstehenden Vatergruppen haben ...mal stärker zur Rekrutierung der Wirtschaftsführer beigetragen, als es ihrem Anteil an der Erwerbsbevölkerung entsprochen hätte:	
	1928	1952
Arbeiter	0,24	0,32
Angestellte	0,71	0,80
Freie Berufe	4,33	3,50
Geschäftsleute (businessmen)	9,67	4,73
Farmer	0,32	0,33

Quelle: Nach *J. A. Kahl* 1957, S. 270/271.

Ähnliche Untersuchungen wurden in den USA in der Folgezeit von *C. W. Mills* (1956), *M. Newcomer* (1956) und von *F. C. Jaher* (1973) vorgelegt. In den fünfziger Jahren analysierte *A. Girard* (1961) in Frankreich die Herkunft der sog. „sozial Erfolgreichen", worunter er die Inhaber der gesellschaftlich am höchsten bewerteten Berufspositionen verstand. Er stellte fest, daß sich die „sozial Erfolgreichen" zu zwei Dritteln aus einer beruflichen Oberschicht rekrutierten, die selbst nur ein Zwanzigstel der Berufsbevölkerung darstellte. Häufige Berufsvererbung in der Mehrzahl der „Spitzenberufe" und eine starke Begünstigung der Erfolgsaussichten durch städtische Herkunft und ein hohes Ausbildungsniveau waren die wichtigsten sozialen Faktoren, die er dafür verantwortlich machte. Außerdem konnte Girard zeigen, daß die entscheidenden „Weichen" für die berufliche Entwicklung in der Regel bereits zwischen dem 11. und 21. Lebensjahr festgelegt wurden und daß eine spätere Korrektur des einmal eingeschlagenen Weges selten war.

Die Herkunft deutscher Führungseliten analysierte *W. Zapf*

(1965), indem er die Frage zu beantworten versuchte, welche Personen oder Gruppen die Spitzenpositionen der deutschen Gesellschaft in der Zeit von 1919 bis 1961 besetzt hielten und aus welchen Schichten die Inhaber der jeweiligen Führungspositionen stammten. Zapf unterschied drei Perioden – die Weimarer Republik, das Dritte Reich und die Bundesrepublik Deutschland –, um eine vergleichende Analyse der deutschen Elite unter den drei politischen Regimen durchzuführen.

Unter Eliten oder Führungsgruppen verstand Zapf alle Positionsinhaber mit gesamtgesellschaftlicher Entscheidungs- oder Einflußmöglichkeit, d. h. jene Personen innerhalb der Oberschicht, die nicht nur hohes Prestige besitzen, sondern auch über wirtschaftliche Macht verfügen oder sich in solchen Positionen befinden, von denen aus sie „Gesetze machen können" *(R. Dahrendorf)*. Zapf stellte innerhalb der deutschen Führungsgruppen in allen Perioden, trotz gewisser Umschichtungen, eine außerordentliche Kontinuität in der Besetzung der Führungspositionen fest. Sämtliche deutsche Führungsgruppen rekrutieren sich überproportional aus dem Bürgertum. Angehörige der Unterschichten hatten einen schmalen Zugang zu den politischen Führungspositionen über Partei- und Gewerkschaftspositionen, während die nicht-politischen Elitepositionen in allen Perioden weitgehend Domäne der Oberschicht waren.

Interessante Daten über die verschiedenen Führungsgruppen Deutschlands zwischen 1850–1914 trug der Historiker *H. Kaelble* (1973) zusammen. Er kam zu dem Schluß, daß Deutschland z. Zt. der Industrialisierung, trotz eines sehr raschen Wirtschaftswachstums, einer forcierten Rüstungspolitik, eines stark expandierenden Gesundheitswesens und dem Ausbau des Bildungssystems stets den Nachwuchs für die höheren Positionen primär aus den oberen Schichten rekrutierte [neue Materialien bei *Jürgen Kocka* (Hrsg.) 1975].

Untersuchungen von *H. Pross* und *K. Boetticher* (1971) sowie von *B. Biermann* (1970/71) über die Rekrutierungspraxis für Führungspositionen der Wirtschaft ließen erkennen, daß der Anteil derjenigen, die aus der Oberschicht stammen, mit der „Höhe" der Führungsposition zunimmt, daß aber mehr als zwei Drittel der Direktoren (ohne Vorstandsmitglieder) und der Prokuristen aus der unteren Mittelschicht kommen (siehe *Tabelle 12)*.

In gewisser Weise ließen sich auch die in verschiedenen Ländern durchgeführten Studien über die Herkunft der Akademiker den hier referierten Untersuchungen über die Herkunft der gesellschaftlichen Eliten zurechnen. Generell kommen diese Arbeiten zu dem Ergebnis, daß einerseits der Selbstrekrutierungsanteil der Akademiker sehr hoch ist und darüber hinaus die Kinder von Be-

Tabelle 12 Soziale Herkunft leitender Angestellter*)

	Vorstands-mitglieder	Direktoren u. ä.	Prokuristen
Oberschicht und Obere Mittelschicht	47,5%	26,3%	21,4%
Untere Mittelschicht	47,5%	68,4%	70,8%
Unterschicht	5,0%	5,3%	7,8%
	100%	100%	100%

*) Schichteinteilung nach *Janowitz*.

Quelle: *H. Pross* und *K. W. Boetticher*.

amten und Angestellten überproportional die Akademiker stellen, andererseits Arbeiterkinder weit unterproportional unter den Akademikern vertreten sind, wobei allerdings doch von Land zu Land deutliche Unterschiede bestehen (siehe *Tabelle 13*).

Differenziertere Analysen internationaler Vergleiche zeigen, daß auch hier gegenüber Vergleichen, wie sie in *Tabelle 13* enthalten sind, zunächst äußerste Vorsicht geboten ist. Der Begriff „Akademiker" oder „Hochschüler" erfaßt in den einzelnen Ländern infolge der unterschiedlichen Bildungssysteme z. T. recht verschiedene Gruppen (nämlich z. T. auch solche, die in der Bundesrepublik Deutschland als Fachschüler klassifiziert würden). Außerdem bestehen in einigen Ländern (z. B. in England) Bedingungen, die dazu führen, daß wiederum nur ein Teil der Hochschulabsolventen – nämlich jene aus bestimmten „Schulen" – echte Chancen haben, in die eigentlichen Elitepositionen einzurücken.

Aussagen über die „Herkunft von Eliten" stoßen deshalb im internationalen Bereich auf gewisse Schwierigkeiten.

Tabelle 13 Prozentuale Verteilung der Hochschulstudenten in fünf europäischen Ländern nach dem Bildungsniveau des Vaters

Bildungsniveau des Vaters	Österreich Winter 1959/60			Deutschland Winter 1959/60			Niederlande 1958/59			Schweiz 1959/60			Schweden 1959/60		
	m	w	t	m	w	t	m	w	t	m	w	t	m	w	t
Akademiker ...	27	14	41	24	10	34	18	7	25	29	6	35	13	9	22
Nicht-Akademiker ...	46	13	59	54	12	66	64	11	75	48	6	54	47	27	74
Unbekannt....	–	–	–	–	–	–	–	–	–	10	1	11	3	1	4
Total	73	27	100	78	22	100	82	18	100	87	13	100	63	37	100

Quelle: *H. P. Widmaier* 1966, S. 52.

VI. Kanäle, Bestimmungsgründe und Konsequenzen vertikaler Mobilität

Die Tatsache, daß vertikale Mobilität bisher typischerweise als Wechsel zwischen unterschiedlich bewerteten Berufspositionen analysiert wurde, macht u. U. blind dafür, daß sich Auf- und Abstiege keinesfalls ausschließlich über Berufswechsel vollziehen müssen. Wenn z. B. ein Arzt sein Einkommen im Verhältnis zu seinen Kollegen verzehnfacht, so wachsen ihm damit zweifellos neue Möglichkeiten und Privilegien zu, und er erlebt einen „Aufstieg", ohne seinen Beruf oder auch nur seine Berufsposition wechseln zu müssen. Wenn in Deutschland z. Zt. des Kaiserreichs einem Akademiker z. B. der rote Adlerorden vierter Klasse verliehen und ihm damit bestimmte, sonst nur dem Adel zustehende, Privilegien zuerkannt wurden, so erlebte auch er einen Aufstieg ohne Berufswechsel. Das gleiche galt früher und gilt heute für eine Frau aus Arbeiterkreisen, die einen Mann aus „höheren" Schichten heiratet, und Untersuchungen über sogenannte Heiratskreise (siehe u. a. *J. Pedell* 1955) zeigen, daß dieser Aufstiegskanal für Frauen keineswegs selten ist. Nicht nur über diese, sich außerhalb des Wechsels von Berufspositionen vollziehenden, Auf- und Abstiegsbewegungen liegen kaum mehr als sporadische Hinweise vor, sondern auch über die „Medien" des Berufswechsels. Wer und wie viele veränderten ihre Berufspositionen dadurch, daß sie im alten Beruf (z. B. als Handelsvertreter) „Geld machten" und sich dann eines Tages als Selbstständige niederließen, wer und wie viele erwarben zusätzliche Ausbildungen und bauten sich auf dieser Basis eine neue Position auf, und wer und wie viele stiegen innerhalb von Unternehmungen oder Organisationen auf oder um? Über Fragen dieser Art liegen bisher kaum Untersuchungen vor. Stärkere Aufmerksamkeit wurde dagegen seit den fünfziger Jahren in mehreren Ländern dem Bildungssystem als „Medium", Kanal oder Entscheidungsstelle für Auf- und Abstiege zugewandt. Mit der Verbreitung der Forderung nach Chancengleichheit für alle Staatsbürger wuchs nämlich den Bildungssystemen zunehmend die Funktion einer „zentralen sozialen Dirigierungsstelle" (*H. Schelsky* 1965) zu.

Während die Schule in verschiedenen europäischen Ländern ursprünglich lediglich eine Standesposition bestätigte, soll sie heute nicht nur „Begabten" und Leistungswilligen eine Chance zum sozialen Aufstieg geben, sondern auch durch Aufnahme- und Abschlußprüfungen „Unbegabten" und Leistungsunwilligen den Weg in privilegierte Positionen versperren (*H. Schelsky* 1957). Aus dem Interesse an der Frage, ob das Bildungssystem diese ihm zugedachte Funktion erfüllt und warum das – wie entsprechende Untersuchungen zeigten – z. T. in erheblichem Ausmaß nicht der Fall ist, entstand ein eigener Zweig der Bildungsforschung (zur Siebungsfunktion der Bildungssysteme siehe u. a. *D. V. Glass* 1954, *R. J. Havighurst* 1958 und 1962, *R. H. Turner* 1960, *O. D. Duncan* und *R. W. Hodge* 1963, *H. Peisert* 1967 und *K. M. Bolte, D. Kappe, F. Neidhardt* 1974).

Die Beschäftigung mit dem Bildungssystem als Zuteilungsstelle für soziale Positionen leitet direkt zur Frage nach den Bestimmungsfaktoren für Richtung und Häufigkeit sozialer Mobilität über.

Die bisher in diesem Zusammenhang herausgestellten Faktoren lassen sich in drei Gruppen teilen: gesellschaftlich strukturelle Bedingungen, bestimmte (objektiv gegebene) Einzelereignisse (wie Kriege, Veränderungen der Wirtschaftsstruktur usw.) und Bedingungen, die unmittelbar mit der Person des Auf- oder Absteigenden verbunden sind (subjektive Faktoren), wie besondere Aufstiegsmotivationen, Vorstellungen besonderer Art usw. Wenn im folgenden einige Beispiele genannt werden, so sei ausdrücklich darauf hingewiesen, daß es zwar möglich ist, solche Faktoren gedanklich und evtl. sogar gelegentlich „statistisch“ zu isolieren, daß sie sich aber tatsächlich stark überlappen und Untersuchungen nicht selten als Ursachen für Mobilität jene herausstellen, die letztlich den Anstoß gaben oder nachträglich als plausible Erklärung erschienen.

Eine gesellschaftlich strukturelle Bedingung ist z. B. der in einer Gesellschaft bestehende Grad „sozialer Schichtung“. So beeinflußt das Vorhandensein scharf abgegrenzter Schichten oder auch nur die Nachwirkung früherer Differenzierungen dieser Art Umfang und Richtung der Mobilität; denn ähnliche wirtschaftliche Vorgänge werden in einer Gesellschaft mit derartiger Struktur oder struktureller Vergangenheit anders wirken als in einer Gesellschaft, die seit Generationen „rechtlich“, wenn auch nicht faktisch, keine Standes-, Klassen- oder sonstige Schranken dieser Art kennt. Als weitere strukturelle Bedingung kann die Rechtsordnung eines Landes betrachtet werden: Schollenzwang, Freizügigkeit, Zunftzwang, Gewerbefreiheit und weitere derartige Regelungen beeinflussen selbstverständlich die ablaufenden Mobilitätsvorgänge ganz außerordentlich. Insbesondere bei internationalen Mobilitätsvergleichen wird man den strukturellen Bedingungen in den jeweils betrachteten Ländern noch viel größere Beachtung widmen müssen, als das bisher geschah.

Hinsichtlich der Frage nach bestimmten Einzelereignissen als Bestimmungsfaktoren für Auf- und Abstiege kann zunächst auf die oben schon erwähnten Versuche hingewiesen werden, Kriege, Wirtschaftskrisen, Vertreibungen u. a. m. in ihren Auswirkungen auf Mobilitätsvorgänge zu erfassen (siehe u. a. *K. M. Bolte* 1959, *E. Bohnsack* 1956).

Einen interessanten Ansatz zur Isolierung von Bestimmungsfaktoren konzipierte *J. A. Kahl* (1957). Er ging zunächst von der Überlegung aus, daß ein Teil der tatsächlich festgestellten Inter-Generationen-Mobilität in den USA darauf zurückgeführt werden kann, daß sich die Wirtschafts- und damit die Berufsstruktur verschoben hat. Wenn z. B. eine bestimmte Berufsgruppe in der Sohngeneration nur noch halb so groß ist wie in der Vätergeneration, dann konnte einfach ein Teil der Söhne von Vätern dieser Berufsgruppe hier keine Positionen mehr finden und mußte mobil werden. Er versuchte (zumindest näherungsweise) zu errechnen, welcher Anteil der tatsächlich vorhandenen Mobilität bereits hieraus erklärt werden konnte. (Im einzelnen siehe dazu *J. A. Kahl* 1957 oder zusammenfassend auch *K. M. Bolte* 1969.)

Als weitere Ursache für Berufswechsel untersuchte *J. A. Kahl* dann, einem ähnlichen Gedankengang folgend, die berufsspezifisch differenzierte Fruchtbarkeit. Wenn eine Berufsgruppe wesentlich weniger Kinder zur Verfügung stellt, als notwendig wären, um diese Gruppe in der folgenden Generation voll zu besetzen, in anderen Gruppen dagegen mehr Kinder zur Verfügung stehen, als in der eigenen Gruppe Plätze vorhanden sind, so müssen sich hieraus Inter-Generationen-Berufsbewegungen ergeben.

Als dritten Faktor berücksichtigte *J. A. Kahl* die Einwanderung. Da die nach den USA eingewanderten Personen sich beruflich anders zusammensetzten als die bereits in den USA anwesende Bevölkerung und infolgedessen in einige Berufsgruppen über- und in andere unterproportional einströmten, läßt sich leicht einsehen, daß auch die Einwanderung ein Faktor sein kann, der die Inter-Generationen-Berufsmobilität beeinflußt. *P. M. Blau* und *O. D. Duncan* 1967 analysierten in einer methodisch außerordentlich versiert aufgebauten Studie ähnliche Fragestellungen im Zusammenhang mit der Suche nach Faktoren, die die berufliche Mobilität beeinflussen.

Nach der Isolierung der drei genannten Faktoren und nach Abzug der ihnen zurechenbaren Anteile an der gesamten Inter-Generationen-Mobilität verblieb ein Rest. Hierbei handelte es sich u. a. um die hin- und herlaufenden Bewegungen, die keine Netto-Verschiebungen der Berufsgruppen bewirken, die nicht auf generell wirksame Faktoren zurückzuführen sind und die nur durch eine Betrachtung der subjektiven Mobilitätsmotive verstanden werden können. Von den einzelnen Wechseln her gesehen erfolgen diese ja z. B. nicht, weil sich die Wirtschaftsstruktur verlagert. Das ist vielleicht bei einem Teil der Wechsel primär wirksam und sichtbar, so z. B. wenn ein Bäcker- oder Fleischerlehrling keinen Arbeitsplatz als Geselle in seinem Beruf findet und in die Industrie „abgedrängt" wird. Häufig sind es jedoch andere primär sichtbare Gründe, die den Wechsel wünschenswert erscheinen lassen, eine bessere Verdienstmöglichkeit, eine Chance zum sozialen Aufstieg u. a. m. Infolge der in der Gesellschaft der Vereinigten Staaten gegebenen Bedingungen, wie Freizügigkeit und Gewerbefreiheit, spielen sich ja Bewegungen ab, die auch ohne wirtschaftliche Strukturverlagerungen und spezifisch differenzierte Fruchtbarkeit usw. als Mobilität sichtbar werden.

Zu den objektiven Bestimmungsfaktoren darf man nun aber keinesfalls nur solche rechnen, die Mobilität fördern, sondern auch jene, die sie behindern oder ausschließen. Faktoren dieser Art sind insbesondere im Zusammenhang mit der sich entfaltenden Bildungsforschung ins Blickfeld gerückt worden. Es gehören dazu finanzielle Gründe, die es Eltern unmöglich machen, ihren Kindern bestimmte Ausbildungen zukommen zu lassen, genau so, wie u. a. spezifische Formen von Lehrerverhalten, Sprachbarrieren und elterliche Einstellungen gegenüber der Schule (siehe u. a. dazu *S. Grimm* 1966, *W. Sprondel* 1968).

Zu den subjektiven Bestimmungsgründen wären zunächst einmal solche „sozialpsychologischen" Bedingungen zu zählen, wie sie, auf *Thorstein Veblen* und *Charles H. Cooley* aufbauend, z. B. von *S. M. Lipset* und *H. Zetterberg* (1956) hervorgehoben wurden. Diese wiesen darauf hin, daß die menschliche Selbsteinschätzung zu einem wesentlichen Teil auf der Einschätzung durch andere beruht und daß das menschliche Streben häufig auf eine Verbesserung der Selbsteinschätzung hin ausgerichtet ist. Diese Bedingungen müssen sich ihrer Ansicht nach über das Streben nach Aufstieg in Mobilität umsetzen, sobald diese institutionell möglich ist.

H. Kluth (1957) betonte als weiteren Faktor dieser Art das Streben nach Sicherheit. Er wies im Zusammenhang mit einer Untersuchung über Prestigeprobleme in der Bundesrepublik Deutschland darauf hin, daß der Mobilitätsgrad in unserer Gesellschaft unlösbar mit einem nachzuweisenden Verlust an Statusgewißheit verbunden ist, und vertrat die Ansicht, daß die Relativierung der Maßstäbe in unserer Gesellschaft (er führt das im einzelnen aus) „notwendigerweise" den „Aufstieg" zu einer zentralen Kategorie des gesellschaftlichen Selbstverständnisses machen muß, wenn sich der einzelne nicht in resignativer Bescheidung erschöpfen soll. Der Zweifel am „Wert der eigenen Position kann erst behoben werden, wenn man eine Leistungsstufe erreicht hat, die nicht mehr durch eine größere relativiert werden kann" (*H. Kluth* 1957, S. 81).

Ebenfalls als Faktor dieser Art sind die im Erziehungsprozeß vermittelten „Lebensziele" anzusprechen. Aus zahlreichen Untersuchungen geht hervor, daß diese Ziele schichtspezifisch differenziert sind. Danach wächst z. B. das Mittelschichtkind in einer Atmosphäre und unter Einflüssen auf, die ganz ausgesprochen mobilitätsfördernd sind (*B. Barber* 1957, *J. A. Kahl* 1957, *S. M. Lipset* und *R. Bendix* 1959, *S. Grimm* 1966, *K. M. Bolte, D. Kappe* und *F. Neidhardt* 1974).

Auch die in einer Gesellschaft herrschenden Ansichten über die Struktur sozialer Schichten und die Möglichkeit sozialen Auf- und Abstiegs wären in diesem Zusammenhang als wichtige Faktoren zu nennen. Vorstellungen dieser Art bleiben nicht ohne Einfluß auf die Bewegungen selbst; denn wer glaubt, daß es normal und selbstverständlich ist, seine soziale Position ändern zu können, wird sich in vielen Situationen anders verhalten als jener, dem Auf- und Abstiege als etwas Außergewöhnliches erscheinen.

Schließlich gehören hierher Bestrebungen der Menschen nach Macht, nach Einkommensvermehrung u. a. m., die sie zu Aufstiegsbewegungen veranlassen, sowie in der Person liegende Faktoren wie Unfähigkeit, beruflichen Anforderungen zu entsprechen, Faulheit u. a. m., die zu Abstiegen führen können.

Welche Faktoren jeweils eine Rolle spielen, ist regional und von Periode zu Periode verschieden. In diesem Zusammenhang sei aus der Reihe der Studien, welche die Bewegungsursachen in regional eng begrenzten Gebieten zum Gegenstand haben, auf eine Arbeit *F. van Heeks* (1954) besonders hingewiesen. Bei der Analyse der Ursachen sozialer Auf- und Abstiegsbewegungen in einer holländischen Stadt fand er dreizehn wirksame Faktoren, die er in „ökologische" (3), „sozialpsychologische und soziologische" (6) sowie „sozio-ökonomische" (4) untergliederte.

Neben der Frage nach den „Kanälen" und Bestimmungsgründen der Mobilität hat immer auch jene nach den Wirkungen (Konsequenzen) der Mobilität interessiert. Bereits *P. A. Sorokin* diskutierte im sechsten Teil seiner „Social and Cultural Mobility" (1959) u. a., welcher Einfluß auf die Substanz der politischen Elite durch den Zugang aus „unteren" Schichten ausgeübt wird, falls ein solcher Zugang bei fehlender Eigenrekrutierung der Eliten einsetzt. Sehr ausführlich beschäftigte er sich auch mit den Wirkungen der Mobilität auf die Psyche der Mobilen. Indem der Mobile andere Dinge und Werte kennenlerne, werde sein Blickfeld erweitert, wodurch wiederum „Engstirnigkeit" abgebaut werde. An Beispielen aus der Geschichte versuchte *P. A. Sorokin* zu zeigen, daß Perioden großer Mobilität häufig auch besonders schöpferische gewesen seien. Andererseits gehe dem Mobilen durch den Wechsel der sozialen Umwelt aber u. U. „soziale Sicherheit" verloren. Der „soziale Ort" werde zu einem vorübergehenden Aufenthalt, Kontakte zur sozialen Umwelt seien weniger eng und es entstehe leicht eine Tendenz zur psychischen Vereinsamung. Die Statusunsicherheit und das hieraus resultierende Unbehagen würden u. U. auch begleitet von einer gewissen Relativierung der Werte. Wer durch Kontakte mit anderen verschiedenste Anschauungen und Werte erfahre, werde eventuell „skeptisch" hinsichtlich der letzten Verbindlichkeit einiger bestimmter. Schließlich befaßt sich *P. A. Sorokin* mit den Wirkungen der Mobilität auf die Sozialordnung. Während einerseits die Möglichkeit von Bewegungen u. a. eine bessere Verteilung der Talente und damit eine gewisse Stabilisierung der Sozialordnung bedeuten könne, berge sie andererseits eventuell eine Tendenz zur sozialen Unzufriedenheit größerer Gruppen in sich. Wo die Möglichkeit zu Mobilität gesehen werde, würden auch bald soziale Aufstiege erwartet, und es könne sein, daß bei weitem mehr erwartet werde, als die Gegebenheiten zuließen. Wenn *P. A. Sorokin* seine Überlegungen auch durch vielfältiges Material stützen kann, so haben sie doch – was er selbst betont – vor allem Hypothesencharakter.

Seit den fünfziger Jahren dieses Jahrhunderts ist nun eine Vielzahl empirischer Studien durchgeführt worden, die den Zusammenhang zwischen Auf- und Abstiegen einerseits und verschiedenen anderen sozialen Phänomenen andererseits untersuchten. Während z. T. sehr enge Korrelationen zwischen Mobilität und diesen Erscheinungen nachgewiesen werden konnten, geht aus den Untersuchungen nicht immer klar hervor, ob die Mobilität Ursache oder Wirkung ist oder ob Wechselwirkungen bestimmter Art vorhanden sind.

So befaßte sich z. B. *Z. S. Blau* (1965) mit dem Zusammenhang zwischen der Mobilität von Frauen und den von ihnen geübten Erziehungspraktiken. *R. P. Stuckert* (1963) fand Verbindungen zwischen dem Grad der Mobilität und der Häufigkeit und Intensität von Kontakten zur Nachbarschaft und Herkunftsfamilie. Betrachtungen über Mobilität und Familiengröße sowie über die Korrelation zwischen dem Mobilitätsgrad von Vätern und Söhnen stellte *K. Svalastoga* (1958) an. Die Intelligenzgrade der Kinder bei aufwärts- und abwärts-mobilen Familien analysierten *R. A.* und *R. W. Schmuck* (1961).

W. A. Rushing (1964) beschäftigte sich mit der Frage, welches Herkunftsmilieu Aufstiegsbewegungen besonders fördert. Mobilitätshemmende und -fördernde Strukturelemente von Schulsystemen untersuchte *Roger Girod* (1962) in seiner oben erwähnten Studie. Die Verbindung von Mobilität und Fruchtbarkeit war Gegenstand der Studien von *H. Y. Tien* (1961 und 1965), *Judah Matras* (1961), *E. Szabady*

(1964) und anderen. *R. F. Curtis* (1960) wies Beziehungen zwischen Aufwärtsmobilität und dem Grad religiöser Aktivität nach. *G. Lüschen* (1963) stellte fest, daß Leistungssportler ein deutlicheres Aufstiegsstreben zeigen. Mit dem Zusammenhang von Mobilität und Alkoholismus befaßten sich u. a. *H. Dietrich* und *L. Herle* (1963), von Mobilität und Schizophrenie *M. H. Lystad* (1957) und von Mobilität und Selbstmord *W. Breed* (1963). Aus einer Untersuchung von *P. S. West* (1953) in den USA scheint hervorzugehen, daß die Parteipräferenz durch Mobilität verlagert wird. *S. M. Lipset* und *R. Bendix* (1959) wiesen darauf hin, daß in den USA Mobile die konservativen Parteien präferieren, während in einigen europäischen Ländern gerade eine umgekehrte Tendenz zu bestehen scheint (siehe dazu ebenfalls *M. Janowitz* 1958). Schließlich sei eine Arbeit von *H. J. Daheim* (1964) erwähnt, in der der Einfluß bestimmter Professionalisierungstendenzen in Industriegesellschaften auf die Inter-Generationen-Berufsmobilität untersucht wird.

Zur weiteren Information über Studien, die sich mit den Wirkungen und Ursachen von Mobilität befassen, sei u. a. auf die „Transactions" der Kongresse der *International Sociological Association* und auf das Werk von *S. M. Lipset* und *R. Bendix* (1959) verwiesen, in welchem diesen Fragen ein besonderes Kapitel gewidmet ist.

VII. Zum Stand der Erforschung vertikaler Mobilität

Das Anliegen dieses Beitrages war es, auf Fragestellungen hinzuweisen, die bisher im Rahmen der Erforschung vertikaler Mobilität aufgeworfen und durch empirische Studien zu beantworten versucht worden sind. Am Schluß erscheint es sinnvoll, auf einige ausgesprochene Lücken in diesem Forschungsbereich sowie auf neuere Entwicklungstendenzen aufmerksam zu machen.

Als eindeutig erkennbare Einengung der bisherigen Forschungsperspektive muß zunächst – wie anfangs schon kurz erwähnt – die Tatsache angesehen werden, daß Auf- und Abstiege bislang sehr stark in Verbindung mit Berufswechseln untersucht wurden. Berufswechsel sind zwar ein wichtiges Medium sozialer Auf- und Abstiege, aber keinesfalls das einzige. Auch die von *Th. Geiger* (1955) bereits diskutierte Erscheinung, daß ganze Berufsgruppen im Verlauf der Zeit auf- oder absteigen (in Deutschland z. B. die Ingenieure, Volksschullehrer und Offiziere), und was dies für die Betroffenen bedeutet, ist kaum analysiert worden. Schließlich haben sich Auf- und Abstiegsstudien bisher fast ausschließlich mit Männern beschäftigt, so daß wir über die entsprechenden Bewegungen von Frauen praktisch nichts wissen.

Ein erheblicher Mangel im Bereich der Erforschung vertikaler Mobilität ist auch, daß vorhandene Studien nur höchst selten systematisch auf früheren aufbauen und daß fast jede Studie andere Untersuchungskategorien und -methoden verwendet, was insbesondere im internationalen Vergleich gilt. Aus diesem Grund ist es – trotz einiger wichtiger Versuche, das vorhandene Wissen zu sichten – sehr schwer, zu wirklich systematischen Einsichten im Bereich vertikaler Mobilität zu kommen.

Abgesehen davon, daß man sich seit den sechziger Jahren häufiger mit den Bestimmungsgründen und Wirkungen vertikaler Mobilität sowie mit den methodischen Problemen ihrer Erfassung beschäftigt hat, deuten sich u. E. vor allem zwei neue Entwicklungstendenzen an.

Während Studien zur vertikalen Mobilität früher meist durch einzelne Forscher mit recht begrenzten Mitteln durchgeführt wurden, beginnen diese Vorgänge im Rahmen sich entfaltender Bildungs- und Arbeitskräftepolitik für staatliche Institutionen interessant zu werden. Damit zeichnet sich das Bestreben ab, systematischer und auf größeren Materialien als früher aufbauend, in diesen Bereich forschend vorzudringen. Als Beispiele dafür können für die Bundesrepublik Deutschland die von *H. Hofbauer* und Mitarbeitern (1972) im Rahmen des *Instituts für Arbeitsmarkt- und Berufsforschung* der Bundesanstalt für Arbeit durchgeführten Analysen über „Berufsverläufe“, die demnächst auch Materialien für Frauenmobilität liefern werden, sowie die Analysen des *Statistischen Bundesamtes* zur Berufsmobilität im Rahmen des Mikrozensus genannt werden.

Eine weitere neue Tendenz deutet sich darin an, daß nicht einfach Bewegungen festgestellt werden, sondern zunehmend versucht wird, diese in einen – auch theoretisch klar durchdachten – Zusammenhang zu anderen Aspekten der Sozialstruktur zu bringen. So hat man begonnen zu fragen, in welchem Ausmaß eine bestimmte Sozialstruktur überhaupt Auf- und Abstiegsmobilität zuläßt, welches die in ihr typischen Kanäle, Impulse und Hemmnisse dafür sind und was es eigentlich bedeutet – im Hinblick auf verfügbare Privilegien –, mobil zu werden oder nicht. Einen interessanten Versuch in dieser Richtung stellt eine Arbeit von *R. Kreckel* (1972) dar.

Es bleibt zu hoffen, daß diese neuen Impulse allmählich dazu führen werden, die gesamte Problematik vertikaler Mobilität auch theoretisch systematischer aufzuarbeiten, als das bisher geschehen ist, und daß dadurch die Einordnung von Teilvorgängen in das Gesamtproblem vertikaler Mobilität und diese wiederum in Mobilitätsprozesse überhaupt und in andere Aspekte der Sozialstruktur gefördert wird.

Anmerkung

Während eine Reihe spezieller Mobilitätsvorgänge unterschieden werden kann, die mehr oder weniger ausführlich untersucht wurden, ergibt sich die Frage, was eigentlich unter „der Mobilität" in einer Gesellschaft oder einem Land zu verstehen ist.

Diese Formulierung taucht in Veröffentlichungen immer wieder auf und zielt dabei entweder auf eine der speziellen Mobilitätsarten, indem der Autor etwa nur die Berufswechsel im Blickfeld hat, oder sie ist als eine Art Sammelbegriff für sämtliche Bewegungen gedacht. Wenn man in der zweiten Verwendungsform mehr sehen will als die oberflächliche Bezeichnung für einen im Grunde nicht eindeutig definierten Vorgang, so könnte als Mobilität in einer Bevölkerung – wir wollen sie hier als *„Totalmobilität"* bezeichnen – die Summe aller Positionswechsel in einer bestimmten Zeitspanne verstanden werden. Diese Definition mag in formaler Hinsicht befriedigend erscheinen, für die empirische Forschung ist es jedoch unmöglich, eine so definierte „Totalmobilität" jemals zu errechnen. Dazu müßten alle Bewegungen in allen Positionsgliederungen erfaßt werden, die überhaupt Positionsveränderungen in sich erlauben. Da derartige Gliederungen aber nicht als solche gegeben sind, sondern aus entsprechenden Ordnungsgesichtspunkten folgen, die an eine Gesellschaft herangetragen werden, würde jeder neue Ordnungsgesichtspunkt auch dem Begriff „Totalmobilität" einen neuen Inhalt geben.

Nun wäre es möglich, sich mit einer angenäherten empirischen Erfassung der „Totalmobilität" zu begnügen und für ihre Errechnung die Zahl der einzubeziehenden speziellen Mobilitätsvorgänge zu begrenzen, d. h. nur diejenigen zu berücksichtigen, die von einem im einzelnen zu begründenden Standpunkt aus besonders wichtig erscheinen. Dieser Weg ist bei anderen Maßen im Bereich der Sozialwissenschaften, z. B. beim Index der Lebenshaltungskosten, beschritten worden. Vor der Überlegung, wie man die „Mobilität in einer Bevölkerung" (Totalmobilität) messen kann, ist jedoch zu prüfen, ob wirklich ein Bedarf für einen „Index der Totalmobilität" besteht. Liegt nicht evtl. gerade ein entgegengesetztes Bedürfnis vor, nämlich darauf hinzuweisen, daß es viele spezielle Mobilitätsvorgänge gibt, die sich im Zeitablauf durchaus nicht gleichartig, zum Teil sogar gegenläufig, entwickeln und die von Gesellschaft zu Gesellschaft sowie von Periode zu Periode unter Umständen eine außerordentlich unterschiedliche Bedeutung haben können? Dem Gebrauch des Ausdrucks „Mobilität in einer Gesellschaft" steht u. W. bisher kein Bestreben im Rahmen der Mobilitätsforschung zur Seite, diesen Begriff irgendwie meßbar zu machen. Die empirische Forschung konzentrierte ihr Interesse stets auf einzelne spezielle Mobilitätsvorgänge.

Ausgewählte Literatur

Abbott, Joan, The Concept of Mobility. Students' Concept of Higher Social Status, in: Sociological Review, Bd. 14 (1966).

Adams, Stuart, Regional Differences in Vertical Mobility in High-Status Occupation, in: American Sociological Review, Bd. 15 (1950).

Adams, Stuart, Trends in the Occupational Origins of Business Leaders, in: American Sociological Review, Bd. 19 (1954).

Adams, Stuart, Origins of American Occupational Elites, 1900—1955, in: American Journal of Sociology, Bd. 62 (1957).

Alexander, C. Norman, Jr., Ordinal Position and Social Mobility, in: Sociometry, Bd. 31 (1968).

Ammassari, Paolo, Occupational Opportunity Structure in Advanced Societies. Excerpt of the First Italo-Hungarian Meeting of Sociology, Milan-Rome, November 1967.

Anderson, Charles A., Lifetime Inter-Occupational Mobility Patterns in Sweden, in: Acta Sociologica, Bd. 1 (1955).

Anderson, Charles A., A Sceptical Note on the Relation of Vertical Mobility to Education, in: American Journal of Sociology, Bd. 66 (1961).

Bahr, Howard M., Worklife Mobility Among Bowery Men, in: Social Science Quarterly, Bd. 49 (1968).

Balan, Jorge, Are Farmer's Sons Handicapped in the City? in: Rural Sociology, Bd. 33 (1968).

Barber, Bernard, Social Stratification. A Comparative Analysis of Structure and Process, New York 1957.

Barber, Bernard u. a., European Social Class: Stability and Change, New York 1965.

Baumann, Zygmut, Economic Growth, Social Structure, Elite Formation. The Case of Poland, in: Class, Status and Power. Social Stratification in Comparative Perspective, hg. v. *R. Bendix* und *S. M. Lipset,* 2. Aufl., New York 1966.

Baumert, Gerhard, Kritische Bemerkungen über empirische Ansätze zur Bestimmung der sozialen Schichtung, in: Sonderheft 5 der Kölner Zeitschrift für Soziologie und Sozialpsychologie, hg. v. *D. V. Glass* und *R. König,* 5. Aufl. Köln und Opladen 1974 (zuerst 1961).

Bell, Colin, Middle Class Families. Social and Geographical Mobility, London 1968.

Bendix, Reinhard, Higher Civil Servants in American Society, Boulder, Colo., 1949.

Bendix, Reinhard, und *Frank W. Howton,* Social Mobility and the American Business Elite, in: *R. Bendix* und *S. M. Lipset* (Hrsg.), Social Mobility in Industrial Society, Berkeley 1959.

Bendix, Reinhard, und *Seymour M. Lipset* (Hrsg.), Class, Status, and Power. A Reader in Social Stratification, 2. Aufl. Glencoe 1966 (zuerst 1953).

Bendix, Reinhard, und *Seymour M. Lipset* (Hrsg.), Class, Status, and Power. Social Stratification in Comparative Perspective, New York 1966.

Bennet, William, Jr., Class and Family Influences on Student Aspirations, in: Social Forces, Bd. 43 (1964).

Bennet, William, Jr., Educational Change and Economic Development, in: Sociology of Education, Bd. 40 (1967).

Berger, Peter, und *Thomas Luckmann,* Social Mobility and Personal Identity, in: Archives Européennes de Sociologie, Bd. 5 (1964).

Bergstein, B. F., Social Mobility and Economic Development: The Vital Parameters of the Bolivian Revolution, in: Journal of International Studies, Bd. 6 (1964).

Berteaux, Daniel, Sur l'analyse des tables de mobilité sociale, in: Revue française de Sociologie, Bd. 10 (1969).

Berteaux, Daniel, L'héredité sociale en France, in: Economie et Statistique, Bd. 9 (1970).

Bieri, James, Robin Lobeck, und *Harald L. Plotnick,* Psychosocial Factors in Differential Social Mobility, in: Journal of Social Psychology, Bd. 58 (1962).

Biermann, Benno, Die soziale Struktur der Unternehmerschaft, Stuttgart 1971.

Biermann, Benno, Wer wird Unternehmer? in: Soziale Welt, Bd. 21/22 (1970/71).

Bildungsbericht 1970, Die bildungspolitische Konzeption der Bundesregierung, Bonn 1970.

Billewics, W. Z., Some Remarks on the Measurement of Social Mobility, in: Population Studies, Bd. 9 (1955).

Blackburn, R. M., Rezension von *Neil Smelser* und *Seymour M. Lipset* (Hrsg.), Social Structure and Mobility in Economic Development, in: Economic Journal, Bd. 77 (1967).

Blacker, J. G. C., Social Ambition of the Bourgeoisie of 18th Century France and their Relation to Family Limitation, in: Population Studies, Bd. 11 (1957).

Blalock, Hubert M., Status Inconsistency, Social Mobility, Status Integration and Structural Effects, in: American Sociological Review, Bd. 32 (1967).

Blalock, Hubert M., Rezension von *Peter Blau* und *Otis D. Duncan,* The American Occupational Structure, in: American Sociological Review, Bd. 33 (1968).

Blau, Peter M., Social Mobility and Interpersonal Relations, in: American Sociological Review, Bd. 21 (1956).

Blau, Peter M., Occupational Bias and Mobility, in: American Sociological Review, Bd. 22 (1957).

Blau, Peter M., Inferring Mobility Trends from a Single Study, in: Population Studies, Bd. 16 (1962).

Blau, Peter M., The Flow of Occupational Supply and Recruitment, in: American Sociological Review, Bd. 30 (1965).

Blau, Peter M., und *Otis D. Duncan,* The American Occupational Structure, New York und London 1967.

Blau, Peter M., und *Otis D. Duncan,* Eine Untersuchung beruflicher Mobilität in den Vereinigten Staaten, in: Sonderheft 5 der KZSS, hg. v. *D.V. Glass* und *R. König,* 5. Aufl., Köln und Opladen 1974 (zuerst 1961).

Blau, Peter M., John W. Gustad, Richard Jessor, Herbert S. Parnes und *Richard C. Wilcock,* Occupational Choice: A Conceptual Framework, in: Industrial and Labor Relations Review, Bd. 9 (1956).

Blau, Zena S., Class Structure, Mobility and Change in Child Rearing, in: Sociometry, Bd. 28 (1965).

Bohnsack, Else, Flüchtlinge und Einheimische in Schleswig-Holstein, Kiel 1956.

Bolte, Karl Martin, Ein Beitrag zur Problematik der sozialen Mobilität, in: Kölner Zeitschrift für Soziologie und Sozialpsychologie, Bd. 8 (1956).

Bolte, Karl Martin, Some Aspects of Social Mobility in Western Germany, in: Transactions of the Third World Congress of Sociology, Bd. 3, London 1956.

Bolte, Karl Martin, Forced Migration as a Cause of Social Mobility. Bericht auf der Tagung des Committee on Social Stratification and Mobility der ISA in Genf, Dezember 1957.

Bolte, Karl Martin, Vom Umfang der Mobilität in unserer Gesellschaft, in: Kölner Zeitschrift für Soziologie und Sozialpsyclologie, Bd. 10 (1958).

Bolte, Karl Martin, Sozialer Aufstieg und Abstieg. Eine Untersuchung über Berufsprestige und Berufsmobilität, Stuttgart 1959.

Bolte, Karl Martin, Mobilität, in: *René König* (Hrsg.), Soziologie, Fischer Lexikon, Neuausgabe, Frankfurt/Main 1975, zuerst 1958.

Bolte, Karl Martin, Einige Anmerkungen zur Problematik der Analyse von „Schichtungen" in sozialen Systemen, in: Sonderheft 5 der Kölner Zeitschrift für Soziologie und Sozialpsychologie, hg. v. *D. V. Glass* und *R. König,* 5. Aufl., Köln und Opladen 1974.

Bolte, Karl Martin, Artikel „Vertikale Mobilität", in: *R. König* (Hrsg.), Handbuch der empirischen Sozialforschung, Bd. 2, Stuttgart 1969.

Bolte Karl Martin, Die soziale Struktur der Unternehmerschaft, Stuttgart 1971.

Bolte, Karl Martin, und *Reinhard Kreckel,* Internationale Mobilitätsvergleiche im Bereich der Soziologie: Versuch einer kritischen Bilanz, in: *Bolte, K. M., U. Gruber, F. Landwehrmann, R. Kreckel* (Hrsg.), Soziale Mobilität heute (Bochumer Schriften zur Arbeitswissenschaft), Herford und Bonn 1968.

Bolte, Karl Martin, Reinhard Krekkel, Karin Aschenbrenner und *Rainer Schultz-Wild,* Beruf und Gesellschaft in Deutschland. Berufsstruktur und Berufsprobleme, Opladen 1970.

Bolte, Karl Martin, Dieter Kappe und *Friedhelm Neidhardt,* Soziale Schichtung, in: *K. M. Bolte,* Deutsche Gesellschaft im Wandel, Opladen 1966.

Bolte, Karl Martin, Dieter Kappe und *Friedhelm Neidhardt,* Soziale Ungleichheit, in: Struktur und Wandel der Gesellschaft, Reihe B der Beiträge zur Sozialkunde, hg. v. *Bolte, K. M., H. D. Ortlieb, F. W. Dörge, H. J. Winkler,* 3. Aufl., Opladen 1974.

Bonjean, Charles M., C. D. Bruce und *Allen J. Williams Jr.,* Social Mobility and Job Satisfaction. A Replication and Extension, in: Social Forces, Bd. 45 (1967).

Borgardus, Emery S., Measuring Social Distance, in: Journal of Applied Sociology, Bd. 9 (1925).

Bosl, Karl, Über soziale Mobilität in der mittelalterlichen Gesellschaft, in: Vierteljahresschrift für Sozial- und Wirtschaftsgeschichte, Bd. 47 (1960).

Bosl, Karl, Soziale Mobilität in der mittelalterlichen Gesellschaft. Soziale Aufstiegsbewegungen im europäischen Mittelalter, in: *K. Bosl,* Die Gesellschaft in der Geschichte des Mittelalters, Göttingen 1966.

Bottomore, Thomas B., The Administrative Elite, in: *Horowitz, I. L.* (Hrsg.), The New Sociology. Essays in Social Science and Social Theory, New York 1964.

Bottomore, Thomas B., Elites and Society, London 1964.

Bottomore, Thomas B., Die sozialen Klassen in der modernen Gesellschaft, München 1967.

Bottomore, Thomas B., und *Hubert M. Blalock,* Review Symposion of the American Occupational Structure, in: American Sociological Review, Bd. 33 (1968).

Boudon, Raymond, Mathematical Structures of Social Mobility, Amsterdam 1973.

Bourdieu, Pierre, und *Jean-Claude Passeron,* Die Illusion der Chancengleichheit. Untersuchungen zur Soziologie des Bildungswesens am Beispiel Frankreichs, Stuttgart 1971.

Boyle, Richard P., Path Analysis and Ordinal Data, in: American Journal of Sociology, Bd. 75 (1970).

Brainerd, Carol P., W. M. Herman, Richard C. Wilcock, Gladys L. Palmer und *Herbert S. Parnes*, The Reluctant Job Changer: Studies in Work Attachments and Aspirations, University of Pennsylvania Press 1962.

Brams, Lucien, und *Torquato Di Tella*, Deux types de mentalité ouvrière: Le désire de mobilité, in: Sociologie du Travail, Bd. 3 (1961).

Breed, Warren, Occupational Mobility and Suicide amongst White Males, in: American Sociological Review, Bd. 28 (1963).

Bressler, Marvin, Charles F. Westoff und *Philip C. Sagi*, The Concept of Social Mobility: An Empirical Inquiry, in: American Sociological Review, Bd. 25 (1960).

Broom, Leonard, und *F. Lancaster Jones*, Father-To-Son Mobility: Australia in Comparative Perspective, in: American Journal of Sociology, Bd. 74 (1968).

Broom, Leonard, und *F. Lancaster Jones*, Career Mobility in Three Societies: Australia, Italy and the United States, in: American Sociological Review, Bd. 34 (1969).

Broom, Leonard, und *J. H. Smith*, Bridging Occupations, in: British Journal of Sociology, Bd. 14 (1963).

Brotz, Howard M., A Comparative Study of Social Mobility, in: Sociological Quarterly, Bd. 1 (1960).

Burschtyn, H., A Factor-Analytic Study of Occupational Prestige Ratings, in: The Canadian Review of Sociology and Anthropology, Bd. 5 (1968).

Burt, Cyril, Intelligence and Social Mobility, in: British Journal of Statistical Psychology, Bd. 14 (1961).

Busch, Dirk W., Berufliche Wertorientierung und berufliche Mobilität, Stuttgart 1973.

Capecchi, Vittorio, Problèmes méthodologiques dans la mesure de la mobilité sociale, in: Archives Européennes de Sociologie, Bd. 8 (1967).

Carlsson, Gösta, Social Mobility and Class Structure, Lund 1958.

Carlsson, Gösta, Sorokin's Theory of Social Mobility, in: *P. J. Allan* (Hrsg.), Pitirim A. Sorokin in Review, Durham 1963.

Carlsson, Gösta, Ökonomische Ungleichheit und Lebenschancen, in: Sonderheft 5 der KZSS, hg. v. *D. V. Glass* und *R. König*, 5. Aufl. Köln und Opladen 1974.

Carlsson, Gösta, und *B. Gesser*, Universities as Selecting and Socializing Agents: Some Recent Swedish Data, in: Acta Sociologica, Bd. 9 (1966).

Carlsson, Gösta, David V. Glass und *Kaare Svalastoga* (Hrsg.), Social Stratification and Mobility, in: Acta Sociologica, Bd. 9 (1965).

Caro, F. G., und *C. T. Pihlblad*, Social Class, Formal Education, and Social Mobility, in: Sociology and Social Research, Bd. 48 (1964).

Casermann, Andrej, Patterns of Career Mobility in Postrevolutionary Society, Paper Prepared for the International Workshop on Career Mobility, Konstanz 1971.

Cave, E. D., The Effects of the „Eleven-Plus" Result on the Subsequent Careers of Pupils, in: British Journal of Educational Psychology, Bd. 37 (1967).

Centers, Richard, Occupational Mobility of Urban Occupational Strata, in: American Sociological Review, Bd. 13 (1948).

Centers, Richard, Education and Occupational Mobility, in: American Sociological Review, Bd. 14 (1949).

Chapin, F. Stuart, The Measurement of Social Status by the Use of Social Status Scale, Minneapolis 1933.

Chinoy, Ely, The Tradition of Opportunity and the Aspirations of Automobile Workers, in: American Journal of Sociology, Bd. 57 (1952).

Chinoy, Ely, Social Mobility Trends in the United States, in: American Sociological Review, Bd. 20 (1955).

Chinoy, Ely, Automobile Workers and the American Dream, Garden City, New York 1955.

Chudacoff, H. P., Mobile Americans, New York 1972.

Clark, Burton R., The 'Cooling Out' Function in Higher Education, in: American Journal of Sociology, Bd. 65 (1960).

Clark, Colin G., The Conditions of Economic Progress, London 1940.

Clements, R. V., Managers. A Study of their Careers in Industry, London 1958

Coleman, J. S., Academic Achievement and the Structure of Competition, in: Harvard Educational Review, Bd. 29 (1959).

Coleman, J. S., Equality of Educational Opportunity, Washington 1966.

Coleman, J. S., Equality of Educational Opportunity: Reply to Bowles and Levin, in: Journal of Human Resources, Bd. 3 (1968).

Conant, James B., Education and Liberty, Cambridge, Mass., 1953.

Copeman, George H., Leaders of British Industry, London 1955.

Counts, George S., The Social Status of Occupations: A Problem in Vocational Guidance, in: School Review, Bd. 33 (1925).

Crockett, Harry J., Jr., Social Class, Education and Motive to Achieve in Differential Occupational Mobility, in: Sociological Quarterly, Bd. 5 (1964).

Crockett, Harry J., Jr., The Achievement Motive and Differential Occupational Mobility in the United States, in: American Sociological Review, Bd. 27 (1962).

Crockett, Harry J., Jr., und *Elton F. Jackson*, Occupational Mobility in the United States. A Point Estimate and Trend Comparison, in: American Sociological Review, Bd. 29 (1964).

Curtis, Richard F., Occupational Mobility and Church Participation, in: Social Forces, Bd. 38 (1960).

Curtis, Richard F., Income and Occupational Mobility, Bd. 25 (1960).

Curtis, Richard F., Conceptual Problems in Social Mobility Research, in: Sociology and Social Research, Bd. 45 (1961).

Cutright, Phillips, Studying Cross National Mobility Rates, in: Acta Sociologica, Bd. 11 (1968).

Cutright, Phillips, Occupational Inheritance: A Cross-National Analysis, in: American Journal of Sociology, Bd. 73 (1968).

Daheim, Hansjürgen, Soziale Herkunft, Schule und Rekrutierung der Berufe, in: Sonderheft 5 der Kölner Zeitschrift für Soziologie und Sozialpsychologie, hg. v. *D. V. Glass* und *R. König*, 5. Aufl., Köln und Opladen 1974.

Dahrendorf, Ralf, Deutsche Richter. Ein Beitrag zur Soziologie der Oberschicht, in: *Ralf Dahrendorf*, Gesellschaft und Freiheit, München 1965.

Davies, A. F., Prestige of Occupations, in: British Journal of Sociology, Bd. 3 (1952).

Davis, James A., Higher Education: Selection and Opportunity, in: School Review, Bd. 71 (1963).

Davis, Kingsley, The Role of Class Mobility in Economic Development, in: Population Review, Bd. 6 (1962).

Delruelle, N., La mobilité sociale en Belgique, Editions de l'Institut de Sociologie, Brüssel 1972.

Dietrich, H., und *L. Herle*, Über Alter, Sozialschicht, Mobilität und Wohnort chronischer Alkoholiker, in: Kölner Zeitschrift für Soziologie und Sozialpsychologie, Bd. 15 (1963).

DIVO-Institut, Mittelstandsstudie, Frankfurt am Main 1959.

Douvan, Elizabeth, und *Joseph Adelson*, The Psychodynamics of Social Mobility of Adolescent Boys, in: The Journal of Abnormal and Social Psychology, Bd. 56 (1958).

D'Souza, Victor S., Restriction on Admission to Higher Education: The Criterion of Selection, in: Sociological Bulletin, Bd. 10 (1961).

Duncan, Beverly, Education and Social Background, in: American Journal of Sociology, Bd. 72 (1967).

Duncan, Otis Dudley, A Socioeconomic Index for all Occupations in: Occupations and Social Status, hg. v. *A. J. Reiss, Jr.*, New York 1961.

Duncan, Otis Dudley, The Trend of Occupational Mobility in The United States, in: American Sociological Review, Bd. 30 (1965).

Duncan, Otis Dudley, Social Origins of Salaried and Self-Employed Professional Workers, in: Social Forces, Bd. 44 (1965).

Duncan, Otis Dudley, Methodological Issues in the Analysis of Social Mobility, in: *N. J. Smelser* und *S. M. Lipset* (Hrsg.), Social Structure and Mobility in Economic Development, Chicago 1966.

Duncan, Otis Dudley, Social Stratification and Mobility, in: Indicators of Social Change, Hrsg. *E. B. Sheldon* und *W. E. Moore*, New York 1968.

Duncan, Otis Dudley, D. L. Featherman und *Beverly Duncan*, Socioeconomic Background and Achievement, New York 1972.

Duncan, Otis Dudley, und *Robert W. Hodge*, Education and Occupational Mobility. A Regression Analysis, in: American Journal of Sociology, Bd. 68 (1963).

Eberhard, Wolfram, Social Mobility in Traditional China, Leiden 1962.

Edinger, Lewis J., Continuity and Change in the Background of German Decision-Makers, in: Western Political Quarterly, Bd. 14 (1961).

Edinger, Lewis J., und *D. D. Searing*, Social Background in Elite Analysis: A Methodological Inquiry, in: American Political Science Review, Bd. 61 (1967).

Eisendraht, Ernst, Soziale Über- und Unterordnung, in: Handbuch der Sozialwissenschaften, Bd. 9, Tübingen 1956.

Eisenstadt, Shmuel N., Social Mobility and the Evaluation of Intergroup Leadership, in: Transactions of the Second World Congress of Sociology, Bd. 2 (1954).

Eisenstadt, Shmuel N., The Need for Achievement, in: Economic Development and Cultural Change, Bd. 11 (1963).

Elder, Glen H., Jr., Family Structure and Educational Attainment: A Cross-National Analysis, in: American Sociological Review, Bd. 30 (1965).

Elder, Glen H., Jr., Achievement Motivation and Intelligence in Occupational Mobility: A Longitudinal Analysis, in: Sociometry, Bd. 31 (1968).

Ellis, Evelyn, Social Psychological Correlates of Upward Social Mobility Among Unmarried Career Women, in: American Sociological Review, Bd. 18 (1952).

Ellis, Robert A., und *W. Clayton Lane*, Structural Supports for Upward Mobility, in: American Sociological Review, Bd. 28 (1963).

Ellis, Robert A., und *W. Clayton Lane*, Social Mobility and Career Orientation, in: Sociology and Social Research, Bd. 50 (1966).

Ellis, Robert A., und *W. Clayton Lane*, Social Mobility and Social Isolation: A Test of Sorokin's Dissosiative Hypothesis, in: American Sociological Review, Bd. 32 (1967).

Eulau, Heinz, und *D. Koff*, Occupational Mobility and Political Career, in: Western Political Quarterly, Bd. 15 (1962).

Farber, Bernhard, Social Class and Intelligence, in: Social Forces, Bd. 44 (1965).

Feldmann, Arnold H., Economic Development and Social Mobility, in: Economic Development and Cultural Change, Bd. 8 (1960).

Feldmesser, Robert A., The Persistence of Status Advantages in Soviet Russia, in: American Journal of Sociology, Bd. 59 (1953).

Floud, Jean, Educational Opportunity and Social Mobility, in: Yearbook of Education, London 1950.

Floud, Jean (Hrsg.), Social Class and Educational Opportunity, Melbourne-London-Toronto 1957.

Foote, Nelson H., und *Paul K. Hatt*, Social Mobility and Economic Advancement, in: American Economic Review, Bd. 43 (1953).

Form, William H., und *Delbert C. Miller*, Occupational Career Pattern as a Sociological Instrument, in: American Journal of Sociology, Bd. 54 (1948).

Fourastié, Jean, Le grand espoir du XXème siècle, Paris 1949 (Deutsch 1954).

Fox, Thomas G., und *S. M. Miller*, Economic Political and Social Determinants of Mobility. An International Cross-Sectional Analysis, in: Acta Sociologica, Bd. 9 (1965).

Fox, Thomas G., und *S. M. Miller*, Intra-Country Variations: Occupational Stratification and Mobility, in: *R. Bendix* und *S. M. Lipset* (Hrsg.), Class, Status and Power, rev. ed., New York 1966.

Freedman, Ronald, und *Amos H. Hawley*, Migration and Occupational Mobility in the Depression, in: American Journal of Sociology, Bd. 55 (1949).

Fröhlich, Karl-Heinz, Die sozialen Schichtungen und Umschichtungen in Deutschland in der Zeit der Hochindustrialisierung, Dissertation, Köln 1959.

Fürstenberg, Friedrich, Das Aufstiegsproblem in der modernen Gesellschaft, Stuttgart 1962.

Gadda, Conti G., Mobilità et stratificazione sociale, Torino 1959.

Geiger, Theodor, Über dynamische Analyse sozialer Umschichtungen, in: *Karl G. Specht* (Hrsg.), Soziologische Forschung in unserer Zeit; Leopold v. Wiese zum 75. Geburtstag dargebracht, Köln und Opladen 1951.

Geiger, Theodor, Soziale Umschichtungen in einer dänischen Mittelstadt, Kopenhagen 1951.

Geiger, Theodor, Recruitment of University Students, in: Acta Sociologica, Bd. 1 (1955).

Geiger, Theodor, Eine dynamische Analyse sozialer Mobilität, in: *T. Geiger*, Arbeiten zur Soziologie, Neuwied 1962.

Geiger, Theodor, Typologie und Mechanik der gesellschaftlichen Fluktuation, in *T. Geiger*, Arbeiten zur Soziologie, Neuwied 1962.

Germani, Gino, Les effets de la mobilité sociale sur la société in: Sociologie du travail, Bd. 7 (1965).

Germani, Gino, Social and Political Consequences of Mobility, in: *N. Smelser* und *S. M. Lipset* (Hrsg.),

Social Structure and Mobility in Economic Development, Chicago, 1966.

Gerstl, Joel E., Social Origins of Engineers, in: New Society, Bd. 36 (1963).

Gerstl, Joel E., und *Robert Perucci*, Educational Channels and Elite Mobility. A Comparative Analysis, in: Sociology of Education, Bd. 38 (1965).

Geschwender, James A., Theory and Measurement of Occupational Mobility. A Reexamination, in: American Sociological Review, Bd. 26 (1961).

Ginsberg, Morris, Interchange between Social Classes, in: *Morris Ginsberg*, Studies in Sociology, London 1932.

Girard, Alain, La réussite sociale en France, ses charactères, ses lois, ses effets, Paris 1961.

Girod, Roger, Ecole, université et sélection des membres des couches dirigeantes. Le cas de Genève. Beitrag für die 4. Arbeitstagung des Committee on Social Stratification and Mobility der ISA in Genf 1957.

Girod, Roger, Système scolaire et mobilité sociale, in: Revue française de sociologie, Bd. 3 (1962).

Girod, Roger, Milieu social et orientation de la carrière des adolescents, Genf 1962.

Girod, Roger, Family Background and Income, School Career and Social Mobility of Young Males of Working-Class Origin. A Geneva Survey, in: Acta Sociologica, Bd. 9 (1966).

Girod, Roger, Mobilité sociale, Genf-Paris 1971.

Glass, David V. (Hrsg.), Social Mobility in Britain, London 1954.

Glass, David V., Social Stratification and Social Mobility: Introduction and Report on the Discussions, in: Transactions of the Second World Congress of Sociology, Bd. 2, London 1954.

Glass, David V., und *René König* (Hrsg.), Soziale Schichtung und soziale Mobilität. Sonderheft 5 der Kölner Zeitschrift für Soziologie und Sozialpsychologie, 5. Aufl., Köln und Opladen 1974 (zuerst 1961).

Goldhamer, Herbert, Artikel "Social Mobility", in: International Encyclopedia of the Social Sciences, Bd. 14, New York 1968.

Goldner, Fred H., und *R. R. Ritti*, Professionalization as Career Immobility, in: American Journal of Sociology, Bd. 72 (1967).

Goldthorpe, John H., Rezension von *N. Smelser* und *S. M. Lipset* (Hrsg.), Social Structure and Mobility in Economic Development, in: British Journal of Sociology, Bd. 18 (1967).

Goldthorpe, John H., und *Keith Hope*, Occupational Grading and Occupational Prestige, in: *K. Hope*, The Analysis of Social Mobility. Methods and Approaches, Oxford 1972.

Goode, William J., Mobilität und Revolution, in: Kölner Zeitschrift für Soziologie und Sozialpsychologie, Bd. 18 (1966).

Goode, William J., Family and Mobility, in: *R. Bendix* und *S. M. Lipset* (Hrsg.), Class, Status, and Power, rev. ed., New York 1966.

Goodman, Leo A., On the Statistical Analysis of Mobility Tables, in: American Journal of Sociology, Bd. 70 (1965).

Goodman, Leo A., How to Ransack Social Mobility Tables and Other Kinds of Cross-Classification Tables, in: American Journal of Sociology, Bd. 75 (1969).

Goodman, Leo A., On the Measurement of Social Mobility. An Index of Status Persistence, in: American Sociological Review, Bd. 34 (1969).

Goodman, Leo A., Causal Analysis of Data from Panel Studies and other Kinds of Surveys, in: American Journal of Sociology, Bd. 78 (1973).

Gregory, F. W., und *J. D. Neu*, The American Industrial Elite in the 1870's. Their Social Origins, in: *William Miller* (Hrsg.), Men in Business, Cambridge, Mass., 1952.

Grimm, Susanne, Die Bildungsabstinenz der Arbeiter, München 1966.

Gross, Edward, On Controlling Marginals in Social Mobility Measurement, in: American Sociological Review, Bd. 29 (1964).

Gruber, Utta, Friedrich Landwehrmann, Karl Martin Bolte und *Reinhard Kreckel*, Soziale Mobilität heute, Herford 1968.

Guest, Robert H., Managerial Succession, in: American Journal of Sociology, Bd. 68 (1962).

Gusfield, Joseph R., Occupational Roles and Forms of Enterprise, in: American Journal of Sociology, Bd. 66 (1961).

Gusfield, Joseph R., und *Michael Schwartz*, The Meaning of Occupational Prestige: Reconsideration of the NORC Scale, in: American Sociological Review, Bd. 28 (1963).

Hall, Richard H., Occupations and Social Structure, Englewood Cliffs 1969.

Halsey, Arthur H., Social Mobility in Britain. A Review, in: Sociological Review, Bd. 2 (1954).

Hamilton, Richard F., Einkommen und Klassenstruktur. Der Fall der Bundesrepublik, in: Kölner Zeitschrift für Soziologie und Sozialpsychologie, Bd. 20 (1968).

Hargens, L. L., und *Warren O. Hagstrom*, Sponsored and Contest Mobility of American Academic Scientists, in: Sociology of Education, Bd. 40 (1967).

Harloff, Hans-Joachim, Der Einfluß psychischer Faktoren auf die Mobilität der Arbeit, Berlin 1970.

Harris, I., The Promised Seed: A Comparative Study of Eminent First and Later Sons, New York 1964.

Havighurst, Robert J., Education, Social Mobility, and Social Change in Four Societies: Great Britain, USA, Brazil, Australia, in: International Review of Education, Bd. 4 (1948).

Havighurst, Robert J., und *B. J. Neugarten*, Society and Education, Boston 1967.

Hazelrigg, Lawrence E., und *Joseph Lopreato*, Heterogamy, Inter-Class Mobility, and Socio-Political Attitudes in Italy, in: American Sociological Review, Bd. 37 (1972).

Heek, Frederik van, The Method of Extreme Types as a Tool for the Study of the Causes of Vertical Mobility, in: Transactions of the 2. World Congress of Sociology, Bd. 2 (1954).

Heek, Frederik van, Some Introductory Remarks on Social Mobility and Class Structure, in: Transactions of the Third World Congress of Sociology, Bd. 3, London 1956.

Herzog, Dietrich, Klassengesellschaft ohne Klassenkonflikt. Eine Studie über William Lloyd Warner und die Entwicklung der neuen amerikanischen Stratifikationsforschung, Berlin 1965.

Hetzler, Stanley A., Social Mobility and Radicalism-Conservatism, in: Social Forces, Bd. 33 (1954).

Himmelweit, Hilde T., Social Status and Secondary Education since the 1944 Act: Some Data from London, in: Social Mobility in Britain, hg. v. *D. V. Glass*, London 1954.

Ho, Ping-ti, The Ladder of Success in Imperial China. Aspects of Social Mobility 1368—1911, New York 1962.

Hodge, Robert W., Occupational

Mobility as a Probability Process, in: Demography, Bd. 3 (1966).

Hodge, Robert W., Pane M. Siegel und *Peter H. Rossi,* Occupational Prestige in the United States, 1925–1963, in: American Journal of Sociology, Bd. 70 (1964).

Hodge, Robert W., und *Donald J. Treiman,* Occupational Mobility and Attitudes Toward Negroes, in: American Sociological Review, Bd. 31 (1966).

Hodge, Robert W., und *Donald J. Treimann,* Social Participation and Social Status, in: American Sociological Review, Bd. 33 (1968).

Hodge, Robert W., und *Donald J. Treimann,* Class Identification in the United States, in: American Journal of Sociology, Bd. 73 (1968).

Hodge, R. W., D. J. Treimann und *P. H. Rossi,* A Comparative Study of Occupational Prestige, in: Class, Status, and Power. Social Stratification in Comparative Perspective, hg. v. *R. Bendix* und *S. M. Lipset,* 2. Aufl., New York 1966.

Hofbauer, Hans, und *Hermine Kraft,* Materialien zur Statusmobilität bei männlichen Erwerbstätigen in der Bundesrepublik Deutschland, in: Mitteilungen aus der Arbeitsmarkt- und Berufsforschung, Bd. 5 (1972).

Hollingshead, August B., Robert Ellis und *E. Kirby,* Social Mobility and Mental Illness, in: American Sociological Review, Bd. 19 (1954).

Hollingshead, August B., und *Frederic C. Redlich,* Social Class and Mental Illness, New York 1958.

Hope, Keith, The Complete Analysis of a Data Matrix: Application and Interpretation, in: British Journal of Psychiatry, Bd. 116 (1970).

Hope, Keith (Hrsg.), The Analysis of Social Mobility. Methods and Approaches, Oxford 1972.

Hsu, Francis L. K., Social Mobility in China, in: American Sociological Review, Bd. 14 (1949).

Hunter, Lawrence C., und *Graham L. Reid,* Urban Worker Mobility, Paris 1968.

Hyman, Herbert H., The Value System of Different Classes, in: Class, Status, and Power. Social Stratification in Comparative Perspective, hg. v. *R. Bendix* und *S. M. Lipset,* 2. Aufl., New York 1966.

Inkeles, Alex, Social Stratification and Mobility in the Soviet Union: 1940–1950, in: American Sociological Review, Bd. 15 (1950).

Inkeles, Alex, und *Peter H. Rossi,* National Comparison of Occupational Prestige, in: American Journal of Sociology, Bd. 61 (1956).

International Sociological Association, Transactions of the 2. World Congress of Sociology, London 1954.

International Sociological Association, Transactions of the Third World Congress of Sociology, London 1956.

Jackson, Elton F., und *Richard F. Curtis,* Effects of Vertical Mobility and Status Inconsistency: A Body of Negative Evidence, in: American Sociological Review, Bd. 37 (1972).

Jaffe, Abraham L., und *Robert O. Carleton,* Occupational Mobility in the United States: 1930–1950, New York 1954.

Janowitz, Morris, Some Consequences of Social Mobility in the United States, in: Transactions of the Third World Congress of Sociology, Bd. 3, London 1956.

Janowitz, Morris, Social Stratification and Mobility in West Germany, in: American Journal of Sociology, Bd. 64 (1958).

Janowitz, Morris, Soziale Schichtung und Mobilität in Westdeutschland, in: Kölner Zeitschrift für Soziologie und Sozialpsychologie, Bd. 10 (1958).

Jencks, Christopher, Inequality. A Reassessment of the Effect of Family and Schooling in America, New York 1972.

Kaelble, Hartmut, Sozialer Aufstieg in Deutschland 1850—1914, in: Vierteljahresschrift für Sozial- und Wirtschaftsgeschichte, Bd. 60 (1973).

Kahl, Joseph A., Educational and Occupational Aspirations of Common Man Boys, in: Harvard Educational Review, Bd. 23 (1953).

Kahl, Joseph A., The American Class Structure, New York 1957.

Kahl, Joseph A., Some Measurement of Achievement Orientations, in: American Journal of Sociology, Bd. 70 (1965).

Kahl, Joseph A., und *James A. Davis,* A Comparison of Indexes of Socioeconomic Status, in: American Sociological Review, Bd. 20 (1955).

Katz, F. M., The Meaning of Success. Some Differences in Value-Systems of Social Classes, in: Journal of Psychology, Bd. 62 (1964).

Katz, E., William L. Libby, Jr., und *Fred L. Strodtbeck,* Status Mobility and Reactions to Deviance and Subsequent Conformity, in: Sociometry, Bd. 27 (1964).

Keller, Suzanne, und *Marisa Zavalloni,* Ambition and Social Class: A Respecification, in: Social Forces, Bd. 43 (1964).

Kemper, Theodore D., Reference Groups, Socialization, and Achievement, in: American Sociological Review, Bd. 33 (1968).

Keyfitz, N., Rezension von *N. Smelser* und *S. M. Lipset* (Hrsg.), Social Structure and Mobility in Economic Development in: American Sociological Review, Bd. 32 (1967).

Klages, Helmut, Berufswahl und Berufsschicksal. Empirische Untersuchungen zur Frage der Berufsumschichtung, Köln und Opladen 1959.

Klahr, D., A Monte-Carlo Investigation of the Significance of Kruskal's Nonmetric Scaling Procedure, in: Psychometrika, Bd. 34 (1969).

Kleiner, Robert J., und *Seymour Parker,* Goal-Striving, Social Status and Mental Disorder: A Research Review, in: American Sociological Review, Bd. 28 (1963).

Kleining, Gerhard, Struktur- und Prestigemobilität in der Bundesrepublik Deutschland, in: Kölner Zeitschrift für Soziologie und Sozialpsychologie, Bd. 23 (1971).

Kleining, Gerhard, Die Veränderung der Mobilitätschancen in der Bundesrepublik, in: Kölner Zeitschrift für Soziologie und Sozialpsychologie, Bd. 23 (1971).

Kleining, Gerhard, Soziale Mobilität in der Bundesrepublik Deutschland, in: Kölner Zeitschrift für Soziologie und Sozialpsychologie, Bd. 27 (1975).

Kleining, Gerhard, und *Harriett Moore,* Soziale Selbsteinstufung. Ein Instrument zur Messung sozialer Schichten, in: Kölner Zeitschrift für Soziologie und Sozialpsychologie, Bd. 20 (1968).

Kluth, Heinz, Sozialprestige und sozialer Status, Stuttgart 1957.

Knoke, David, Intergenerational Occupational Mobility and the Political Party Preferences of American Men, in: American Journal of Sociology, Bd. 78 (1973).

Kocka, Jürgen (Hrsg.), Soziale Schichtung und Mobilität in Deutschland im 19. und 20. Jahrhundert, Heft 1 (1975) der Zeitschrift „Geschichte und Gesellschaft".

Kohn, Melvin L., On the Social Epidemiology of Schizophrenia, in: Acta Sociologica, Bd. 9 (1966).

Kohn, Melvin L., und *Carmi Schooler,* Class, Occupation, and Orientation, in: American Sociological Review, Bd. 34 (1969).

Kolabinska, Marie, La circulation des élites en France, Lausanne 1912.

Kolko, Gabriel, Economic Mobility and Social Stratification, in: American Journal of Sociology, Bd. 63 (1957).

Krahn, Karl, Mobilitätsorientierung und Fluktuationsbereitschaft, Berlin 1971.

Krauss, Irving, Sources of Educational Aspirations among Working Class Youth, in: American Sociological Review, Bd. 29 (1964).

Kreckel, Reinhard, Ungleichheit und „offene Gesellschaft". Vorüberlegungen zu einer theoretischen Neuorientierung der Soziologie der vertikalen Mobilität, in: Soziale Welt, Bd. 23 (1972).

Kreckel, Reinhard, D. Brock und *H. Thode,* Vertikale Mobilität und Immobilität in der Bundesrepublik Deutschland. Bericht einer Untersuchung im Auftrag des Bundesministers des Innern, Bonn-Bad Godesberg 1972.

Krönlein, Eckhard D., Vertikale und horizontale Mobilität im Industriebetrieb, in: Kölner Zeitschrift für Soziologie und Sozialpsychologie, Bd. 13 (1961).

Kruskal, J. B., Nonmetric Multidimensional Scaling: A Numerical Method, in: Psychometrika, Bd. 29 (1964).

Kubat, Daniel, Social Mobility in Czechoslovakia, in: American Sociological Review, Bd. 28 (1963).

Kuvlesky, William P., und *R. C. Bealer,* The Relevance of Adolescent's Occupational Aspirations for Subsequent Job Attainments, in: Rural Sociology, Bd. 32 (1967).

Ladinsky, J., Higher Education and Work Achievement among Lawyers, in: Sociological Quarterly, Bd. 8 (1967).

Lane, Angela, Occupational Mobility in Six Cities, in: American Sociological Review, Bd. 33 (1968).

Lane, David, The End of Inequality? Stratification under State Socialism, Harmondsworth 1971.

Lehmann, Edward W., Opportunity, Mobility, and Satisfaction within an Industrial Organization, in: Social Forces, Bd. 46 (1968).

Lenski, Gerhard, Status Crystallization: A Non-Vertical Dimension of Social Status, in: American Sociological Review, Bd. 19 (1954).

Lenski, Gerhard, Trends in Inter-Generational Occupational Mobility in the United States, in: American Sociological Review, Bd. 23 (1958).

Lipset, Seymour M., und *Reinhard Bendix,* Ideological Equalitarianism and Social Mobility in the United States, in: Transactions of the Second World Congress of Sociology, Bd. 2, London 1954.

Lipset, Seymour M., und *Reinhard Bendix,* Social Mobility and Occupational Career Patterns. I: Stability of Jobholding; II: Social Mobility, in: American Journal of Sociology, Bd. 57 (1952).

Lipset, Seymour M., und *Reinhard Bendix,* Social Mobility in Industrial Society, Berkeley and Los Angeles 1959.

Lipset, Seymour M., und *Reinhard Bendix,* Social Status and Social Structure. A Re-examination of Data and Interpretations: I, II, in: British Journal of Sociology, Bd. 2 (1951).

Lipset, S. M., und *Joan Gordon,* Mobility and Trade Union Membership, in: *Reinhard Bendix* und *Seymour M. Lipset* (Hrsg.), Class, Status, and Power. A Reader in Social Stratification, Glencoe, Ill., 1953.

Lipset, S. M., und *F. Th. Malm,* First Jobs and Career Patterns, in: American Journal of Economics and Sociology, Bd. 14 (1955).

Lipset, S. M., und *Natalie Rogoff,* Class and Opportunity in Europe and America, in: Commentary, Bd. 18 (1954).

Lipset, S. M., und *Natalie Rogoff,* Occupational Mobility in Europe and the United States, in: *S. Nosow* and *W. H. Form* (Hrsg.), Man, Work, and Society, New York 1962.

Lipset, S. M., und *Hans L. Zetterberg,* Class and Mobility. Definitions and Measurements for a Comparative Survey, Bureau of Applied Social Research, Columbia University, hektographiert, 1955.

Lipset, S. M., und *Hans L. Zetterberg,* Memorandum on the Relevance of Business Elite Studies for a Comparative Analysis of Class and Mobility, Bureau of Applied Social Research, Columbia University, hektographiert, 1955.

Lipset, S. M., und *Hans L. Zetterberg,* Proposal for a Comparative Study of Social Mobility, Bureau of Applied Social Research, Columbia University, hektographiert, 1955.

Lipset, S. M., und *Hans L. Zetterberg,* Eine Theorie der sozialen Mobilität, in: *H. Hartmann* (Hrsg.), Moderne Amerikanische Soziologie, Stuttgart 1967.

Lipset, S. M., Research Problems in Comparative Analysis of Mobility and Development, in: International Social Science Journal, Bd. 16 (1964).

Littig, L. W., und *C. A. Yeracaris,* Achievement Motivation and Intergenerational Occupational Mobility, in: Journal of Personality and Social Psychology, Bd. 1 (1965).

Litwak, Eugene, Occupational Mobility and Extended Family Cohesion, in: American Sociological Review, Bd. 28 (1963).

Livi, Livio, Sur la mésure de la mobilité sociale, in: Population, Bd. 5 (1950).

Lockwood, David, Social Mobility, in: *A. Welford* u. a. (Hrsg.), Society, Problems and Methods of Study, New York 1962.

Lopreato, Joseph, Social Mobility in Italy, in: American Journal of Sociology, Bd. 71 (1965).

Lopreato, Joseph, Upward Social Mobility and Political Orientation, in: American Sociological Review, Bd. 32 (1967).

Lopreato, Joseph, und *L. E. Hazelrigg,* Class, Conflict and Mobility. Theory and Studies of Class Structure, San Francisco 1972.

Lopreato, Joseph, und *J. Saltzman Chafetz,* The Political Orientation of Skidders: A Middle Range Theory, in: American Sociological Review, Bd. 35 (1970).

Luckmann, Thomas, und *Peter Berger,* Social Mobility and Personal Identity, in: European Journal of Sociology, Bd. 5 (1964).

Lueptow, Lloyd, Need for Achievement and Occupational Preferences, in: Sociometry, Bd. 31 (1968).

Lüschen, Günther, Soziale Schichtung und soziale Mobilität bei jungen Sportlern, in: Kölner Zeitschrift für Soziologie und Sozialpsychologie, Bd. 15 (1963).

Lystad, Mary H., Social Mobility among Selected Groups of Schizophrenic Patients, in: American Sociological Review, Bd. 22 (1957).

MacDonald, K. I., und *J. M. Ridge,* Social Mobility, in: Trends in British Society since 1900, hg. v. *A. H. Halsey,* London 1971.

Mack, Raymond, Linton Freedman und *Seymour Yellin,* Social Mobility. Thirty Years of Research and Theory, Syracuse 1957.

Malewski, Andrzej, The Degree of Status Incongruence and its Effects, in: Class, Status, and Power. Social Stratification in Comparative Perspective, hg. v. *R. Bendix* und *S. M. Lipset,* 2. Aufl., New York 1966.

Marsh, Robert, The Mandarins: The Circulation of Elites in China, New York 1961.

Marsh, Robert, Values, Demand and Social Mobility, in: American Sociological Review, Bd. 28 (1963).

Martin, Norman H., und *Anselm Strauss,* Patterns of Mobility within Industrial Organizations, in: *Warner, W. L.,* und *N. H. Martin* (Hrsg.), Industrial Man, New York 1959.

Matras, Judah, Differential Fertility, Intergenerational Occupational Mobility, and Change in the Occupational Distribution. Some Elementary Interrelationships, in: Population Studies, Bd. 15 (1961).

Matras, Judah, Some Data of Intergenerational Occupational Mobility in Israel, in: Population Studies, Bd. 17 (1963).

Matthews, Donald, The Social Background of Political Decision Makers, Garden City, N. Y. 1954.

Mayer, Kurt B., Social Mobility: America versus Europe, in: Commentary, Bd. 19 (1955).

Mayer, Karl Ulrich, und *Walter Müller,* Trendanalyse in der Mobilitätsforschung, in: Kölner Zeitschrift für Soziologie und Sozialpsychologie, Bd. 23 (1971).

Mayer, Karl Ulrich, und *Walter Müller,* Die Analyse von Mobilitätstrends, in: Kölner Zeitschrift für Soziologie und Sozialpsychologie, Bd. 24 (1972).

Mayntz, Renate, Begriff und empirische Erfassung des sozialen Status in der heutigen Soziologie, in: Kölner Zeitschrift für Soziologie und Sozialpsychologie, Bd. 10 (1958).

Mayntz, Renate, Die soziologische Problematik umfassender Mobilitätsuntersuchungen, in: Kölner Zeitschrift für Soziologie und Sozialpsychologie, Bd. 10 (1958).

Mayntz, Renate, Soziale Schichtung und sozialer Wandel einer Industriegemeinde, Stuttgart 1958.

McFarland, David D., Intragenerational Social Mobility as a Markov Process: Including a Time-Stationary Markovian Model that Explains Observed Declines in Mobility Rates over Time, in: American Sociological Review, Bd. 35 (1970).

McFarland, David D., Measuring the Permeability of Occupational Structures: An Information-Theoretic Approach, in: American Journal of Sociology, Bd. 75 (1969).

McGinnis, Robert, A Stochastic Model of Social Mobility, in: American Sociological Review, Bd. 33 (1968).

McGuire, Carson, Social Stratification and Mobility Patterns, in: American Sociological Review, Bd. 15 (1950).

Merritt, Richard L., und *Stein Rokkan,* Comparing Nations. The Use of Quantitative Data in Cross-National Research, New Haven and London 1966.

Merton, Robert K., und *A. Kitt Rossi,* Reference Group Theory and Social Mobility in: Class, Status, and Power. Social Stratification in Comparative Perspective, hg. v. *R. Bendix* und *S. M. Lipset,* 2. Aufl., New York 1966.

Meyers, J. K., und *B. H. Robert,* Family and Class Dynamics in Mental Illness, New York 1959.

Michels, Robert, Umschichtungen in den herrschenden Klassen nach dem Kriege, Stuttgart 1934.

Milic, Vajin, General Trends of Mobility in Yugoslavia, in: Acta Sociologica, Bd. 9 (1965).

Miller, Delbert C., und *William H. Form*, Measuring Patterns of Occupational Security, in: Sociometry, Bd. 10 (1947).

Miller, S. M., The Concept of Mobility, in: Social Problems, Bd. 3 (1955).

Miller, S. M., The Concept and Measurement of Mobility, in: Transactions of the Third World Congress of Sociology, Bd. 3 (London 1956).

Miller, S. M., Comparative Social Mobility, in: Current Sociology, Bd. 9 (1960).

Miller, S. M., A Methodological Inquiry into Social Mobility, in: American Sociological Review, Bd. 29 (1964).

Miller, S. M., The Future of Social Mobility Studies, in: American Journal of Sociology, Bd. 77 (1971).

Miller, S. M., und *Herrington Brice*, Soziale Mobilität, wirtschaftliches Wachstum und Struktur, in: Sonderheft 5 der Kölner Zeitschrift für Soziologie und Sozialpsychologie, hg. v. *D. V. Glass* und *R. König*, 5. Aufl., Köln und Opladen 1974.

Miller, William, The Recruitment of the American Business Elite, in: Quarterly Journal of Economics, Bd. 64 (1950).

Miller, William, The Business Elite in Business Bureaucracies, in: *W. Miller*, Men in Business, Cambridge, Mass. 1952.

Mills, C. Wright, The New Men of Power. America's Labor Leaders, New York 1948.

Mills, C. Wright, The Power Elite, New York 1956.

Mitgau, Hermann, Familienschicksal und soziale Rangordnung. Untersuchungen über den sozialen Auf- und Abstieg, hg. v. der Zentralstelle für deutsche Personen- und Familiengeschichte e. V., Leipzig 1928.

Mitgau, Hermann, Berufsvererbung und Berufswechsel im Handwerk. Untersuchungen über das Generationsschicksal im Gesellschaftsaufbau, in: Friedewälder Beiträge zur Sozialen Frage, Berlin-Spandau 1952.

Mizruchi, Ephraim, Success and Opportunity: A Study of Anomie, New York 1964.

Moore, Harriett, und *Gerhard Kleining*, Das soziale Selbstbild der Gesellschaftsschichten in Deutschland, in: Kölner Zeitschrift für Soziologie und Sozialpsychologie, Bd. 12 (1960).

Morris, Richard, Where Success Begins: Rags to Riches — Myth and Reality, in: Saturday Review, Nov. 1953.

Moser, Claus A., und *John Hall*, The Social Grading of Occupations, in: *D. V. Glass* (Hrsg.), Social Mobility in Britain, London 1954.

Müller, Walter, Soziale Mobilität: Strukturen und Prozesse der Statuszuweisung, Diss., Konstanz 1973.

Mulligan, Raymond A., Social Mobility and Higher Education, in: Journal of Educational Sociology, Bd. 25 (1952).

Musgrave, P. W., Continuities in the Sociological Theory of Occupational Choice, in: Sociological Review, Bd. 16 (1968).

Noel, Edward, Sponsored and Contest Mobility in America and England, in: Comparative Education Review, Bd. 6 (1962).

Nothaas, J., Sozialer Aufstieg und Abstieg im deutschen Volk, in: Heft 17 der Beiträge zur Statistik Bayerns, hg. v. Bayrischen Statistischen Landesamt, München 1930.

Oldman, David, und *Raymond Illsley*, Measuring the Status of Occupations, in: Sociological Review, Bd. 14 (1966).

Ortmann, Hedwig, Arbeiterfamilie und sozialer Aufstieg, Kritik einer bildungspolitischen Leitvorstellung, München 1971.

Ossipov, G. V., The Class Character of the Theory of Social Mobility, in: American and Soviet Society, hg. v. *P. Hollander,* New Jersey 1969.

Ossowski, Stanislaw, Social Mobility Brought about by Social Revolution. Beiträge zur 4. Arbeits-Konferenz des Committee on Social Stratification and Social Mobility der ISA in Genf 1957.

Packard, Vance, Die unsichtbaren Schranken. Theorie und Praxis des Aufstiegs in der klassenlosen Gesellschaft, Düsseldorf 1959.

Packard, Vance, Die Pyramidenkletterer, Düsseldorf 1963.

Parnes, Herbert S., u. a., Career Thresholds, Vol. I, Ohio State University 1969.

Patterson, Samuel C., Inter-Generational Occupational Mobility and Legislative Voting Behavior, in: Social Forces Bd. 43 (1964).

Pearl, Arthur, und *Frank Riessman,* No Careers for the Poor, New York 1965.

Pearlin, Leonard I., Maria Radke Yarrow und *Harry A. Scarr,* Unintended Effects of Parental Aspirations: The Class of Children Cheeting, in: American Journal of Sociology, Bd. 73 (1967).

Pedell, Irmela, Die sozialen Heiratskreise und ihre Veränderungen seit dem 19. Jahrhundert, Diss., Kiel 1955.

Peisert, Hansgert, Soziale Lage und Bildungschancen in Deutschland, München 1967.

Peroy, Eduard, Social Mobility among the French Noblesse in the Later Middle Ages, in: Past and Present, Bd. 21 (1962).

Perucci, Carolyn Cummings, Social Origins, Mobility Patterns, and Fertility, in: American Sociological Review, Bd. 32 (1967).

Perucci, Robert, Education, Stratification and Mobility, in: *D. Hansen* und *J. Gerstl* (Hrsg.), On Education: Sociological Perspectives, New York 1967.

Petersen, William, Is America still the Land of Opportunity? in: Commentary, Bd. 16 (1953).

Popitz, Heinrich, Die Ungleichheit der Chancen im Zugang zur höheren Schulbildung, in: *L. v. Friedeburg* (Hrsg.), Jugend in der modernen Gesellschaft, Köln 1965.

Porter, John, The Vertical Mosaic, Toronto 1965.

Porter, John, The Future of Upward Mobility, in: American Sociological Review, Bd. 33 (1968).

Prais, S. J., Measuring Social Mobility, in: Journal of the Royal Statistical Society, Series A 118 (1955).

Preradovich, Nikolaus von, Die Führungsschichten in Österreich und Preußen (1804—1918), Wiesbaden 1955.

Prosenc, Miklarz, Eliteprobleme und soziale Mobilität in Osteuropa, in: Gegenwartskunde, Bd. 16 (1967).

Pross, Helge, und *Karl W. Boetticher,* Manager im Kapitalismus. Untersuchung über leitende Angestellte in Großunternehmen, Frankfurt 1971.

Recker, Helga, Mobilität in der „offenen" Gesellschaft, Köln 1974.

Recum, Hasso von, Volksschullehrerberuf und soziale Mobilität, in: *Peter Heintz* (Hrsg.), Soziologie der Schule, Sonderheft 4 der Kölner Zeitschrift für Soziologie und Sozialpsychologie, 9. Aufl., Köln und Opladen 1971 (zuerst 1959).

Recum, Hasso von, Changes in the Social Structure of the Teaching Profession. Social Mobility and the Shortage of Elementary School Teachers, in: International Journal of Comparative Sociology, Bd. 2 (1961).

Reigrotzki, Erich, Soziale Verflechtungen in der Bundesrepublik, Tübingen 1956.

Reiss, Albert J. (Hrsg.), Occupations and Social Status, New York 1961.

Rinde, Erich, und *Stein Rokkan* (Hrsg.), First International Working Conference on Social Mobility, International Sociological Association, Oslo 1951.

Rogoff, Natalie, Recent Trends in Urban Mobility, in: *P. K. Hatt* und *A. Reiss* (Hrsg.), Reader in Urban Sociology, Glencoe 1951.

Rogoff, Natalie, Recent Trends in Occupational Mobility, Glencoe 1953.

Rogoff, Natalie, Recent Trends in Occupational Mobility, in: *Paul K. Hatt* u. a. (Hrsg.), Cities and Society, Glencoe 1957.

Rogoff, Natalie, American Public Schools and Equality of Opportunity, in: *A. H. Halsey, J. Floud,* und *C. A. Anderson* (Hrsg.), Education, Economy and Society, New York 1961.

Rogoff-Ramsoy, Natalie, On the Flow of Talent in Society, in: Acta Sociologica, Bd. 9 (1965).

Rogoff-Ramsoy, Natalie, Changes in Rates and Forms of Mobility, in: *N. Smelser* und *S. M. Lipset* (Hrsg.), Social Structure and Mobility in Economic Development, Chicago 1966.

Rose, Arnold M., Social Mobility and Social Values, in: Archives Européennes de Sociologie, Bd. 5 (1964).

Rosen, Bernard C., Family Structure and Achievement Motivation, in: American Sociological Review, Bd. 26 (1961).

Rossi, Peter H., und *Michael D. Ornstein,* Quantitative Studies in Intra-Generational Mobility, John Hopkins University 1971, unveröffentl. Manuskript.

Rossi, Peter H., und *Michael D. Ornstein,* The Impact of Labor Market Entry Factors: Illustrations from the Hopkins Social Account Project, in: *W. Müller* und *K. U. Mayer* (Hrsg.), Social Stratification and Career Mobility, in: Social Science Information, Bd. 11 (1972).

Rushing, William A., Adolescent-Parent Relationships and Mobility Aspirations, in: Social Forces, Bd. 43 (1964).

Scheuch, Erwin K., und *Hansjürgen Daheim,* Sozialprestige und soziale Schichtung, in: Sonderheft 5 der Kölner Zeitschrift für Soziologie und Sozialpsychologie, hg. v. *D. V. Glass* und *R. König,* 5. Aufl., Köln und Opladen 1974.

Schmuck, Richard A., und *Robert W. Schmuck,* Upward Mobility and I. Q. Performance, in: Journal of Educational Research, Bd. 55 (1961).

Scudder, Richard, und *Charles A. Anderson,* Migration and Vertical Occupational Mobility, in: American Sociological Review, Bd. 19 (1954).

Segal, David R., Mady W. Segal und *David Knoke,* Status Inconsistency and Self-Evaluation, in: Sociometry, Bd. 33 (1970).

Sewell, William H., und *V. P. Shah,* Socioeconomic Status, Intelligence and the Attainment of Higher Education, in: Sociology of Education, Bd. 40 (1967).

Shils, Edward A., Charisma, Order and Status, in: American Sociological Review, Bd. 30 (1965).

Silberstein, Fred B., und *Melvin Seeman,* Social Mobility and Prejudice, in: American Journal of Sociology, Bd. 65 (1959).

Simey, Thomas S., Soziale Mobilität und Klassenkonflikt in England, in: Kölner Zeitschrift für Soziologie und Sozialpsychologie, Bd. 9 (1957).

Simpson, George, Ethnic Groups, Social Mobility and Power in Latin America. Seminar on Social Structure, Stratification and Mobility, with Special Reference to Latin America, Washington, D. C., 1966.

Slocum, Walter L., Occupational Careers. A Sociological Perspective, Chicago 1966.

Smelser, Neil J., und *Seymour M. Lipset (Hrsg.),* Social Structure and Mobility in Economic Development, Chicago 1966.

Smelser, William, Adolescent and Adult Occupational Choice as a Function of Family Socioeconomic History, in: Sociometry, Bd. 26 (1963).

Smith, Thomas C., Japan's Aristocratic Revolution, in: Class, Status, and Power. Social Stratification in Comparative Perspective, hg. v. *R. Bendix* und *S. M. Lipset,* 2. Aufl., New York 1966.

Sorokin, Pitirim A., Social Mobility, New York 1927.

Sorokin, Pitirim A., Soziale Bewegungsvorgänge, in: Kölner Vierteljahreshefte für Soziologie, Bd. 6 (1926/27).

Sorokin, Pitirim A., Social Mobility, in: Encyclopaedia of the Social Sciences, Bd. 11, New York 1930.

Sorokin, Pitirim A., Social and Cultural Mobility, New York, Ill. 1959.

Spady, William G., Educational Mobility and Access: Growth and Paradoxes, in: American Journal of Sociology, Bd. 73 (1967/68).

Sprondel, Walter M., Elemente des Zuweisungsprozesses sozialer Positionen. Die Professionalisierung der Lehrer an höheren Schulen, Dissertation, München 1968.

Stacey, Barrie, Some Psychological Aspects of Inter-Generational Occupational Mobility, in: British Journal of Social and Clinical Psychology, Bd. 4 (1965).

Stacey, Barrie, Intergenerational Mobility and Voting, in: Public Opinion Quarterly, Bd. 30 (1966).

Stäglin, Reiner, Verfahren zur statistischen Erfassung des sozialen Auf- und Abstiegs, in: Soziale Welt, Bd. 14 (1963).

Stoebe, Axel, Die berufliche Mobilität der Abiturienten eines Abendgymnasiums, in: Kölner Zeitschrift für Soziologie und Sozialpsychologie, Bd. 20 (1968).

Strauss, Anselm L., The Contexts of Social Mobility. Ideology and Theory, Chicago 1971.

Stückmann, Günther, Der Berufserfolg als Motivationsphänomen, Berlin 1968.

Stuckert, Robert P., Occupational Mobility and Family. Relationships, in: Social Forces, Bd. 41 (1963).

Svalastoga, Kaare, Note on the Analysis of Social Mobility Determinants, in: Transactions of the Third World Congress of Sociology, Bd. 3 (1956).

Svalastoga, Kaare, The Family in the Mobility Process, In: *Nels Anderson* (Hrsg.), Recherches sur la Famillie III, Göttingen 1958.

Svalastoga, Kaare, Prestige, Class, and Mobility, Kopenhagen 1959.

Svalastoga, Kaare, Social Differentiation, New York 1965.

Svalastoga, Kaare, Social Mobility: The Western European Model, in: Acta Sociologica, Bd. 9 (1966).

Svalastoga, Kaare, Gedanken zu internationalen Vergleichen sozialer Mobilität, in: Sonderheft 5 der Kölner Zeitschrift für Soziologie und Sozialpsychologie, hg. v. *D. V. Glass* und *R. König,* 5. Aufl., Köln und Opladen 1974.

Svalastoga, Kaare, und *Gösta Carlsson,* Social Stratification and Social Mobility in Scandinavia, in: Sociological Inquiry, Bd. 31 (1961).

Svalastoga, Kaare, und *T. Rishoj,* Western European Mobility, in: American Journal of Sociology, Bd. 76 (1970).

Szabady, Egon, Studies of Fertility and Social Mobility, Budapest 1964.

Tausky, Curt, und *Robert Dubin,* Career Anchorage. Managerial Mobility Motivations, in: American Sociological Review, Bd. 30 (1965).

Taussig, Frank W., und *Carl S. Josylin,* American Business Leaders: A Study in Social Origin and Social Stratification, New York 1932.

Taylor, Lee, Occupational Sociology, New York 1968.

Thernstrom, Stephan, Poverty and Progress. Social Mobility in a Nineteenth Century City, Cambridge, Mass. 1964.

Thernstrom, Stephan, Class and Mobility in a Nineteenth-Century City: A Study of Unskilled Laborers, in: *R. Bendix* und *S. M. Lipset* (Hrsg.), Class, Status, and Power, rev. ed. New York 1966.

Thompson, Kenneth, H., Upward Social Mobility and Political Orientation: A Re-Evaluation of the Evidence, in: American Sociological Review, Bd. 36 (1971).

Tien, H. Yuang, Social Mobility and Controlled Fertility, New Haven, Conn., 1965.

Timasheff, Nikolas S., Vertical Mobility in Communist Society, in: American Journal of Sociology, Bd. 50 (1944).

Tulder, J. J. M. van, Occupational Mobility in the Netherlands from 1919 to 1954, in: Transactions of the Third World Congress of Sociology, Bd. 3 (1956).

Tumin, Melvin M., Schichtung und Mobilität, München 1968.

Tumin, Melvin M., und *Arnold S. Feldmann,* Theory and Measurement of Occupational Mobility, in: American Sociological Review, Bd. 29 (1964).

Turner, Ralph H., Modes of Social Ascent Through Education. Sponsored and Contest Mobility, in: American Sociological Review, Bd. 25 (1960).

Turner, Ralph H., Upward Mobility and Class Values, in: Social Problems, Bd. 11 (1964).

Turner, Ralph H., Acceptance of Irregular Mobility in Britain and the United States, in: Sociometry, Bd. 29 (1966).

Turner, Ralph H., und *M. O. Wagenfeld,* Occupational Mobility and Schizophrenia An Assessment of the Social Causation and Social Selection Hypotheses, in: American Sociological Review, Bd. 32 (1967).

Utechin, S. V., Social Stratification and Social Mobility in the UdSSR, in: Transactions of the Second World Congress of Sociology, Bd. 2 (1954).

Vorwaller, Darrell J., Social Mobility and Membership in Voluntary Associations, in: American Journal of Sociology, Bd. 75 (1970).

Warner, William Lloyd, Opportunity in America, in: Journal of Business, Bd. 23 (1950).

Warner, William Lloyd, American Life. Dream and Reality. Rev. Form of "Structure of American Life", Second Impression, Chicago 1957.

Warner, William Lloyd, The Careers of American Business and Government Executives: A Comparative Analysis, in: Social Science Approaches to Business Behavior, Homewood, Ill. 1962.

Warner, William Lloyd, und *James C. Abegglen,* Big Business Leaders in America, New York 1955.

Warner, William Lloyd, und *James C. Abegglen,* Occupational Mobility in American Business and Industry, 1928—1952, St. Paul Minns 1955.

Weichselberger, Kurt, Zur Messung der Sozialschichtung, in: Akten des 18. Internationalen Soziologenkongresses, Nürnberg 1958, Bd. 4, Meisenheim/Glan 1963.

WEMA-Institut für empirische Sozialforschung, Soziale Voraussetzungen beruflicher Mobilität, Köln 1968.

Werth, M., Analyse mobilitätshemmender Motivationen, Saarbrücken 1967.

Werts, Charles E., Career Changes in College, in: Sociology of Education, Bd. 40 (1967).

West, Patricia, Social Mobility among College Graduates, in: *R. Bendix* und *S. M. Lipset* (Hrsg.) 1966 (1953).

Westoff, C. F., M. Bressler und *P. C. Sagi,* Social Class in America: A Manual for Procedure for the Measurement of Social Status, Chicago 1949.

Westoff, C. F., M. Bressler und P. C. Sagi, The Concept of Social Mobility. An Empirical Inquiry, in: American Sociological Review, Bd. 25 (1960).

White, H. C., Cause and Effects in Social Mobility Tables, in: Behavioral Science, Bd. 7 (1963).

White, H. C., Chains of Opportunity. System Models of Mobility in Organizations, Cambridge 1970.

Wiehn, Erhard R., Theorie der sozialen Schichtung, 2. Aufl. München 1974 (zuerst 1968).

Wien, Erhard R., und *Karl Ulrich Mayer,* Sozialschichtung und Mobilität. Eine kritische Einführung, München 1975.

Wiese, Leopold von, Soziale Sicherheit und sozialer Aufstieg als Probleme unserer Zeit, in: Soziale Welt, Bd. 1 (1950).

Wilensky, Harold L., Types of Social Mobility and their Measurement, in: Conference in Social Structure and Social Mobility in Economic Development, Berkeley 1964.

Wilensky, Harold L., Work, Careers, and Social Integration, in: International Social Science Journal, Bd. 12 (1960).

Wilensky, Harold L., Measures and Effects of Social Mobility, in: *N. J. Smelser* und *S. M. Lipset* (Hrsg.), Social Structure and Mobility in Economic Development, Chicago 1966.

Wilensky, Harold L., Orderly Careers and Social Participation, in: American Sociological Review, Bd. 26 (1961).

Wilensky, Harold L., und *H. Edwards,* The Skidder: Ideological Adjustments of Downward Mobile Workers, in: American Sociological Review, Bd. 24 (1959).

Wirth, Louis, Social Stratification and Social Mobility in the United States, in: Current Sociology, Bd. 2 (1953/54).

Wohl, R. Richard, The Rags to Riches Story. An Episode of Secular Idealism, in: Class, Status, and Power. Social Stratification in Comparative Perspective, hg. v. *R. Bendix* und *S. M. Lipset,* 2. Aufl., New York 1966.

Yasuda, Saburo, A Methodological Inquiry into Social Mobility, in: American Sociological Review, Bd. 29 (1964).

Zapf, Wolfgang (Hrsg.), Beiträge zur Analyse der deutschen Oberschicht, München 1964.

Zapf, Wolfgang, Wandlungen der deutschen Elite. Ein Zirkulationsmodell deutscher Führungsgruppen 1919 bis 1961, 2. Aufl., München 1966.

Zur Soziologie der Wanderungen

Von Kurt Horstmann*)

I. Einführung

Der Beitrag in der ersten Auflage des Handbuchs der empirischen Sozialforschung (Band II, Seite 44 ff.), der dem vorliegenden entspricht, war mit „Horizontaler Mobilität" überschrieben worden. Nur mit Zögern war damals das vorgegebene Ausdruckspaar „Horizontale Mobilität" akzeptiert worden. Mobilität als Fachausdruck ist aus dem Amerikanischen entlehnt (UNESCO 1956 a), wo „mobility" vor allem durch *Pitirim A. Sorokin* in seiner „Social mobility" (1927) in die Fachsprache fest eingeführt worden ist. Bei ihm werden auch „vertikale" und „horizontale" Mobilität als Hauptformen der sozialen Mobilität besprochen. Während aber vertikale Mobilität stets in der gleichen Weise als Aufsteigen oder Absteigen Einzelner oder ganzer Gruppen innerhalb eines Systems von sozialen Gruppen verstanden wird und mit sozialer Mobilität im engeren Sinne gleichgesetzt werden kann, wird horizontale Mobilität nicht immer und allein als eine Mobilität im geographischen Raum aufgefaßt. Horizontale Mobilität bedeutet bei Sorokin einen Wechsel in der sozialen Lage, die keine Änderung des Rangs in sich schließt. Eine Ortsveränderung (Ort im topographischen Sinne) braucht damit nicht einherzugehen. Sorokin betrachtet die geographische Mobilität als einen Sonderfall der horizontalen Mobilität. Es dürfte sich demgegenüber empfehlen, mit *Rudolf Heberle* (1955) die soziale horizontale Mobilität und die ortswechselnde räumliche Mobilität sorgsam voneinander zu trennen. Die Ortsveränderung aber ist es, auf die es in dem vorliegenden Beitrag ankommt. Diese Art von Mobilität ist als solche leicht von der sozialen Mobilität in dem oben definierten Sinne zu unterscheiden. Da häufig die erläuternden Zusätze weggelassen werden, ist es geradezu bedauerlich, daß für beide Vorgänge das gleiche Hauptwort Eingang gefunden hat. Im übrigen läßt die Verwendung des Beiworts „sozial" für die vertikale Mobilität leicht darüber hinwegsehen, daß Mobilität als Ortswechsel auch schon an sich eine soziale Erscheinung von großer Wichtigkeit und mit bedeutenden Folgen ist, auch wenn sie oft nicht mit sozialer Mobilität im engeren Sinne verbunden ist.

Es könnte versucht werden, terminologische Mißverständnisse zu vermeiden, indem dem Ausdruck „Mobilität", wenn er Bewegung

---

*) *Karl Schwarz*, Wiesbaden, hat freundlicherweise den Hauptteil des Abschnittes „Wanderungsmodelle und -prognosen" beigesteuert.

von Ort zu Ort bezeichnen soll, die einschränkenden Adjektive regional, räumlich oder geographisch zugeordnet werden. Warum aber nicht ganz auf den Ausdruck Mobilität verzichten und schlicht von Wanderungen sprechen? Allerdings muß dann bei der definitorischen Umgrenzung des Untersuchungsgegenstandes von dem weitesten Begriff der Wanderung ausgegangen werden, der zum Beispiel auch innerstädtische Wanderungen, die üblicherweise nur als Orts-Umzüge bezeichnet werden, einschließt. Zwar werden Reisen (Dienstreisen, Erholungsreisen, Studienreisen usw.) von vornherein auszuschließen sein, aber der Ausdruck Wanderung darf zunächst nicht durch die Bedingung, daß der Wohnsitz oder die Wohnung gewechselt werden, eingeschränkt werden. Es sind auch die Vorgänge miteinzubeziehen, die von den täglichen Pendelwanderungen über die mehrmonatigen Saisonwanderungen zu den Arbeiterwanderungen mit mehrjährigen Kontrakten (unter Beibehaltung des ursprünglichen Wohnsitzes, an dem vielleicht die Familie zurückbleibt) reichen. Diese Erscheinungen, bei denen abgesehen von den Tagespendlern am Arbeits- oder Ausbildungsort eine zweite Wohnung (Unterkunft) vorhanden ist, sind ein Substrat für die Wanderung der am häufigsten verwendeten, enger gezogenen Definition, die die dauernde Verlegung des Wohnsitzes als Bedingung stellt. Wanderungen dieser Art reichen von der Übersiedlung eines Landarbeiters in den Nachbarort ohne jegliche Veränderung der sozialen Lage oder der sozio-ökonomischen oder kulturellen Umweltbedingungen bis zu der Auswanderung mit Wechsel des Berufs und der sozialen Stellung in einen anderen Kontinent mit einer Bevölkerung anderen Volkstums, Sprache, Religion, Sitten usw.

Wegen der Bedeutung des Kriteriums Wohnortwechsel bei der Definition von Wanderungen soll noch hervorgehoben werden, daß es auch wanderungsähnliche Vorgänge gibt, ohne daß überhaupt eine feste Wohnung vorliegt: bei vagabundierenden Einzelpersonen oder Gruppen oder bei den Nomaden. Auf diese Erscheinungen mit ihren besonderen Problemen kann im folgenden nicht weiter eingegangen werden, da sie für Deutschland weniger wichtig und auch kaum bearbeitet worden sind. Eine Einführung in die Soziologie des Vagabundentums hat *Alexandre Vexliard* (1956) gegeben. Über die Psychotherapie der Landstreicher hat *Karl Wilmans* (1906) geschrieben, über die heimatlosen Wanderarbeiter in den USA, die Hobo, *Nels Anderson* (1923), über die Bettler Englands *Ronald Fuller* (1936) und über die Zigeuner heute *Wouter van Wijk* (1948), *Lukrezia Jochimsen* (1963) und *Hermann Arnold* (1965). Mit dem Nomadentum haben sich *J. Blache* (1934), *Paul G. Merner* (1937), *J. Frödin* (1944), *George B. Kavadias* (1965) und *J. Brenez* (1971) beschäftigt.

Bei der großen Vielgestaltigkeit der Wanderungsvorgänge und den beträchtlichen historischen und regionalen Unterschieden, ist es in einer relativ kurzen Ausarbeitung unmöglich, eine vollständige Darstellung zu geben. Die folgenden Ausführungen sind daher im wesentlichen auf Aspekte der Binnenwanderung in der Bundesrepublik Deutschland eingeschränkt. Es sind daher unter anderem ausgeklammert: die internationale Wanderung (Ein- und Auswanderung) trotz des zur Zeit sehr wichtigen Problems der ausländischen Arbeitnehmer; die innergemeindlichen Umzüge, bei denen die Motivation durch das starke Vorherrschen von Statuserwägungen und von Wohnungsgründen weniger komplex ist als bei der Binnenwanderung, die aber stark zur städtischen Morphologie (Soziale Entflechtung/„Ghetto"-Bildung) beitragen (*Peter H. Rossi* 1956; *Rudolf Gunzert* 1959); auf die Wanderungsvorgänge in den Entwicklungsländern. Fortgelassen ist auch eine Besprechung der vielbeachteten Erscheinung des Brain Drain, über die *Hans P. Schipulle* (1973) unter dem Titel „Ausverkauf der Intelligenz aus den Entwicklungsländern?" einen ausführlichen Bericht mit wertvoller Bibliographie geliefert hat, wenn auch seine Folgerung, daß der Abzug von Talenten aus den Entwicklungsländern die diesen gewährte Entwicklungshilfe wettmacht, nicht schlüssig bewiesen ist und zudem das Nachlassen der internationalen Nachfrage nach Spezialisten im Vergleich zu der Zeit, als die der USA und damit die Diskussion über den Brain Drain auf dem Höhepunkt standen, zur Folge haben mag, daß die Klagen über den Brain Drain abgelöst werden durch Klagen über die Arbeitslosigkeit von Akademikern, die infolge übermäßiger Ausbildung keine angemessene Beschäftigung in ihren Heimatländern finden können. Ein besonderer Abschnitt wird jedoch der Pendelwanderung gewidmet, weil sie in ihrem Umfang eine Alternative zum Wohnsitzwechsel darstellt, die man in der Betrachtung der Binnenwanderungsvorgänge nicht mehr unbesprochen lassen kann. Auch können nicht alle Arten der Binnenwanderung eingehender dargestellt werden. Lediglich der Wanderung zwischen Land und Stadt wird wegen ihrer außerordentlich starken Bedeutung ein eigener Abschnitt gewidmet. Durch die besondere Behandlung der Pendelwanderung und der Land-Stadtwanderung sind allerdings einige Wiederholungen in den übrigen Abschnitten nicht zu umgehen.

II. Die Erforschung der Wanderungsvorgänge

Die Wichtigkeit der Wanderung im Leben der Personen, der Familien und für die Völker zu beweisen, erscheint überflüssig. Zwar ist der Mensch, nachdem er das Stadium des Sammlers und Jägers überstanden hatte und zum Ackerbauer, insbesondere zum Pflugbauer, geworden war, im wesentlichen ein seßhaftes Wesen geworden, doch sind die Kriegs- und Wanderzüge (*Eugene*

M. Kulischer 1932) ein ständiger Bestandteil der politischen, wirtschaftlichen und sozialen Geschichte gewesen. Im großen Rahmen denke man an die über Jahrhunderte gehende Ostwanderung der Inder, die in der Frühzeit nach Südostasien hinduistisch-buddhistische Elemente und in der Neuzeit Arbeitskräfte brachte; an die Südwanderung der Chinesen (Nan yang), deren Kolonien die Städte Südost-Asiens charakterisieren; an die wirtschaftliche Erschließung und kulturelle Förderung (Stadtwesen) Zentral- und Osteuropas durch deutsche Siedler; an die Besiedlung von Nordamerika, Australien und Neuseeland durch die Europäer; an die sogenannte Landflucht des 19. und 20. Jahrhunderts und an den Aufbau der Großstadtbevölkerung Europas und ähnliche Erscheinungen der Urbanisierung in den Entwicklungsländern der dritten Welt; an die Ost-West-Wanderung in Deutschland im Zeitalter der Industrialisierung, als im westfälischen Ruhrgebiet aus westfälischen Eingesessenen und ostdeutschen Zuwanderern das Ruhrvolk aufgebaut wurde (*Wilhelm Brepohl* 1948 faßt die viel differenzierteren Vorgänge bewußt vereinfachend als „biologische Verostdeutschung"-„kulturelle Verwestdeutschung" zusammen); an die in den 1960er Jahren zunehmende und bis auf viele Millionen ansteigende Zahl von Arbeitnehmern, die aus den weniger entwickelten Teilen Südost- und Südeuropas, der Türkei und Nordafrikas kommend den Arbeitskräftebedarf der industrialisierten Gebiete Mittel- und Nordwesteuropas befriedigen, usw. Die meisten dieser Wanderungen waren durch Mangel an Siedlungsland oder Betätigungsmöglichkeiten in Landwirtschaft und Gewerbe ausgelöst. Sie trugen ihren Teil dazu bei, Übervölkerung abzubauen und Untervölkerung zu beheben und so ein besseres Verhältnis zwischen Bevölkerungszahl und Tragfähigkeit herzustellen. Sie erfolgten, wenn man die wirtschaftlichen Schwierigkeiten nicht als Zwang bezeichnen will, fast durchweg aus eigenem Entschluß. Daneben standen in der Geschichte immer wieder Zwangswanderungen, die nach dem ersten und vor allem nach dem zweiten Weltkrieg durch Umsiedlung und Vertreibung über 100 Millionen Menschen betrafen.

Die Wanderungen bieten für eine ganze Reihe von Wissenschaftsdisziplinen eine dankbare Forschungsaufgabe: für die Demographie, die Geographie, die Wirtschaftsgeschichte, für Raumforschung und Landesplanung, für Großstadtforschung usw. Für die Soziologie sind die räumlichen Bewegungen der Bevölkerung schon deshalb eine wichtige Erscheinung, weil sie häufig mit sozialer Mobilität und mit Anpassungsprozessen verbunden sind. Aber nicht nur diese, sondern auch die Wanderungsmotivationen und das Zustandekommen der Wanderungsentschlüsse sowie die mit den Wanderungsprozessen verbundenen Siebungs- und Auslesevorgänge und ihre Folgen für die Bevölkerung des Abwanderungsgebietes und für die Bevölkerung des Zuwanderungsgebietes beanspruchen ihr Interesse.

Trotz der großen Bedeutung der Wanderungen ist ihre Erforschung lange Zeit ein Nebenprodukt der Beschäftigung mit anderen Problemen, z. B. mit Landflucht und Verstädterung, gewesen und erst in den 1960er Jahren in größerem Umfang und systematisch in Angriff genommen worden. Wie wenig ihre Rolle bis dahin gewürdigt wurde, mag daraus ersehen werden, daß *Gerhard Mackenroth* (1953) in seiner Bevölkerungslehre (Theorie, Soziologie und Statistik) die Wanderungsvorgänge zwar in den darstellenden Abschnitten häufig erwähnt, aber in der Theorie nicht behandelt. In dem Entwurf des *Dictionnaire démographique multilingue* (*United Nations* 1954), der von der *Union internationale pour l'étude scientifique de la population* entwickelt worden war, war ein besonderes Kapitel über die Wanderung nicht vorgesehen.

Dennoch ist das Phänomen Wanderung nicht völlig unbeachtet und unbearbeitet geblieben. Bereits 1784 veranstaltete die Akademie von Chalons ein Preisausschreiben („Quelles sont les causes les plus ordinaires de l'émigration des gens de la campagne vers les villes et quels seraient les moyens d'y remédier?") mit dem Ziel, Aufschlüsse über die Motive der Abwanderung vom Lande zu gewinnen. In seinem Buch über die Ackerverfassung beschreibt *Friedrich List* (1842) den Zusammenhang zwischen Zwergwirtschaft und Auswanderung. 1885 versuchte sich *E. G. Ravenstein* an „Laws on Migration" und gab einen bis heute nachwirkenden Anstoß, die Wanderungsströme in einem mathematischen Modell zu beschreiben. Das Hauptinteresse galt jedoch weiterhin der Abwanderung vom Lande. Dazu trat die Beschreibung des Wachstums der Großstädte mit Studien über deren Einzugsbereiche; angefangen mit *Helmut Bleichers* „Bericht über die Bewegung der Bevölkerung von Frankfurt am Main 1891, insbesondere Studien über die Wanderungen" (1893) und *Rauchberg* (1895) bis zu deren Zusammenfassung durch *A. Allendorf* (1901). In der seit ca. 1900 durch *Karl Hassert* (1907) und *Hugo Hassinger* (1910) aufgebauten Stadtgeographie wurden manche Erkenntnisse über die Wanderung beigesteuert. Die überseeische Auswanderung fand demgegenüber, so stark sie im 19. Jahrhundert gewesen war und so bedeutend sie weiterhin blieb, nur geringes Interesse in dem Auswanderungskontinent Europa.

Die wissenschaftsgeschichtlich bedeutende Erforschung der überseeischen Wanderung hat ihren Ursprung in den Vereinigten Staaten, für dessen nationale Tradition die Wanderung geradezu als ein zentrales Element angesehen werden kann. Dabei war diese Forschung im Kern soziologisch ausgerichtet. *Frank Thistlethwaite* (1960) stellt dazu pointiert fest: „Es ist kein Zufall, daß die um ihre Existenz kämpfende Wissenschaft der Soziologie schließlich ihre Heimat in den Vereinigten Staaten fand und ihre wesentlichen Impulse aus der Wanderungsproblematik erhielt." Auch der Franzose *René Duchac* (1974), der zum Studium der amerikanischen Soziologie nach den USA gegangen war, fand, daß dort „die Wanderungsprobleme schon seit fast einem halben Jahrhundert einen wichtigen Platz in der Entwicklung der soziologischen Forschung einnehmen". Allerdings schoben sich nach der mit der Wirtschaftskrise um 1930 begonnenen massiven Wanderung der Farbigen vom Land in die Stadt und vom Süden nach dem Norden die Probleme der Binnenwanderung und des Städtewachstums sowie die der damit verbundenen Rassentrennung und -vermischung u. dgl. (gefördert durch reichliches statistisches Material seit der Volkszählung 1930) vor die Einwanderungsprobleme.

Obgleich schon in der Beschreibung der Landflucht und in der Erforschung der Städte neben demographischen auch soziologische Probleme angeschnitten worden waren, und das Werk von *William I. Thomas* und *Florian Znaniecki* (1918–20) über polnische Bauern in Europa und Amerika sehr fortschrittlich auf diesem Gebiet war, standen nach dem Ersten Weltkrieg zunächst die wirtschaftlichen Aspekte der Wanderungen im Vordergrund. *Harry Jerome* (1926) untersuchte den Zusammenhang zwischen Wanderungen und Konjunkturzyklen. *Brinley Thomas* und *Dorothy Thomas* (1941, 1954, 1958, 1959), *Julius Isaac* (1954), *Everett S. Lee* (1957) und andere setzten das Studium der wirtschaftlichen Aspekte des Wanderungsgeschehens fort.

1932 erschien das Buch von *Eugene M.* und *Alexander Kulischer* über Kriegs- und Wanderzüge – Weltgeschichte als Bevölkerungsbewegung. Einen großen Schritt vorwärts im Verständnis der Wanderungen auch aus soziologischer Sicht bedeuteten die Arbeiten von *Rudolf Heberle*, der 1936 über die Bedeutung der Wanderungen im sozialen Leben der Völker schrieb und 1955 zu den ersten gehörte, die sich an einer über die beschreibenden Modelle hinausgehenden, erklärenden Theorie der Wanderungen versuchten. In der Betrachtung der Städte im Strome der Binnenwanderung gingen *Heberle* und *Friedrich Meyer* (1937) über die bis dahin auf Grund der meist nicht anders verfügbaren statistischen Angaben übliche Analyse der Wanderungssalden hinaus; sie setzten die Wanderungsgewinne und -verluste in Beziehung zu den Zuzügen und Fortzügen, so daß man sieht, daß sie der Effekt sehr viel umfangreicherer Bevölkerungsbewegungen wechselnder Stärke und Zusammensetzung sind, die sich in ihrer Saldierung auf Größe und Struktur der Großstadtbevölkerung verschiedenartig auswirken. In Amerika gab etwa gleichzeitig das Research Memorandum on Migration Differentials (*D. S. Thomas* 1938) der Wanderungsforschung neue Impulse.

Nach dem Zweiten Weltkrieg stand für die Bundesrepublik Deutschland die Aufnahme von 12 Millionen Vertriebenen und Flüchtlingen im Vordergrund des Interesses. Die bundesweit aufgebaute neue Wanderungsstatistik erlaubte es, die Eingliederungswanderungen der in die Bundesrepublik Deutschland aufgenommenen Vertriebenen und Flüchtlinge und der weiter aus Ostdeutschland einströmenden Personen zahlenmäßig zu verfolgen. Eine statistisch-soziologische Arbeitsgruppe der Landesflüchtlingsverwaltungen (durch *Martin Kornrumpf* initiiert) bemühte sich, über die rein zahlenmäßige Betrachtung hinauszukommen. Sie entwickelte sich zu einer europäischen Forschungsgruppe für Flüchtlingsfragen und schließlich zur *Association mondiale pour l'étude des problèmes des refugiés* (AWR). Wenn auch bei der Eingliederung der Flüchtlinge die wirtschaftlichen Fragen und die wohnungsmäßige Unterbringung zunächst im Vordergrund des Interesses standen, so wurden doch Themen, die die Sozialforschung angingen, aufgegriffen. Nur die Arbeit von *Else Bohnsack* (1953) soll hier gesondert erwähnt werden, weil sie in vorbildlicher Weise neben den Vertriebenen und Wandernden eine Kontrollgruppe von Einheimischen und Seßhaften untersucht hat; ein Verfahren, das sonst in der Wanderungsforschung häufig vernachlässigt wird. Im übrigen kann unter Hinweis auf das Sammelwerk von *Eugen Lemberg* (1959) darauf verzichtet werden, Einzelveröffentlichungen aufzuzählen. Der Beitrag der Flüchtlingsforschung auch zur Soziologie der Wanderungen ist hoch einzuschätzen. Doch ist er dadurch in seinem Wert gemindert, daß verständlicherweise die Phase der Integration (so hieß auch die Zeitschrift der AWR) im Vordergrund steht, und daß die Bedingungen, unter denen die Eingliederung der Flüchtlinge und Zuwanderer aus Ostdeutschland vor sich ging, sich von der übrigen Wanderung doch erheblich unterscheiden. Auch die Bewegungen der heimatlosen Ausländer, der displaced persons u. dgl., die nicht in ihre Heimat zurückkehren konnten oder wollten, wies besondere Züge auf. *Gabriele Wülker* (1953) und *H. B. M. Murphy* (1955) sind auf sie eingegangen; *Paul A. Ladame* (1958) hat sie in einen größeren geschichtlichen und politischen Zusammenhang gestellt. Die „kulturelle Assimilierung" – in etwa als gesellschaftliche Eingliederung im Rahmen der Einwanderung zu verstehen – stand auf der Tagesordnung einer Versammlung der *Union internationale pour l'étude scientifique de la population* (1950) und ihr Studium wurde dann von der *UNESCO* (1955, 1956 b) gefördert. Zu verweisen wäre auch noch auf die Arbeiten und Veröffentlichungen der *Research Group of European Migration Problems* (REMP), z. B. *E. W. Hofstee* (1952), *H. Verwey-Jonker* und *P. O. M. Brackel* (1957), *Jacques Ex* (1966), *Ruth Jonston* (1969), *Brigitte Neumann* (1973).

Während in den USA in zahlreichen Einzelstudien Wanderungsfragen direkt angegangen wurden und 1959 ein erster zusammenfassender Beitrag über Binnenwanderung von *Donald J. Bogue* (1959) in dem Sammelwerk „The Study of Population" erschien (der Beitrag von *B. Thomas* über internationale Wanderungen im gleichen Sammelwerk ist in unserem Rahmen von geringerer Bedeutung, weil er bewußt fast ausschließlich auf wirtschaftliche Fragen eingeht); während die Veröffentlichung der Vereinten Nationen (1953) über Ursachen und Folgen des Bevölkerungstrends ein Kapitel über die Wanderungen mit zahlreichen Literaturhinweisen enthält (Neubearbeitung im Erscheinen) und ein für die Weltbevölkerungskonferenz (1965) durch *Bogue* und *Philip M. Hauser* (1965) verfaßter Informationsbericht über „Population Distribution, Urbanisation and Internal Migration" die wichtigsten Grundbegriffe und Aspekte der Wanderungsforschung mit Angabe zahlreicher schwer zu findender ausländischer Literatur brachte; während man sich in Frankreich mit der historischen Wanderungsforschung (*Guy Pourcher* 1967; *Annales* 1970; *Louis Chevalier*

1970; *Louis Henry* 1971) mit dem Exode rural und der Stadtwanderung (*Alain Girard* 1964; *Pierre Merlin* 1970) und mit Grundsatzfragen beschäftigte (*D. Courgeau* 1970; *Yves Tugault* 1973); während in Skandinavien Wanderungsfelder und Wanderungsmodelle untersucht wurden (*Gunnar Kulldorf* 1955; *Torsten Haegerstrand* 1957; *Esse Loevgren* 1957), blieb die Erforschung der normalen Binnenwanderung in der Bundesrepublik Deutschland rudimentär, weil sie durch den Einstrom der Heimatvertriebenen und Flüchtlinge und durch deren Eingliederungswanderungen überschattet war.

So war es berechtigt, 1966 bei der Abfassung des Beitrags über „Horizontale Mobilität" für die erste Auflage des Handbuchs der empirischen Sozialforschung den Stand der Wanderungsforschung in der Bundesrepublik Deutschland als unterentwickelt zu bezeichnen. Bald danach hat sich die Lage aber erheblich geändert. Man geht wohl nicht fehl in der Annahme, daß hier die Verwaltung einen Anstoß gegeben hat, begonnene Arbeiten zu vollenden und vorzulegen, bzw. neue Untersuchungen (oft durch öffentliche Mittel finanziert) in Angriff zu nehmen. Es war insbesondere die Notwendigkeit, im Rahmen der Raumordnungsberichte der Bundesregierung begründete Annahmen über die regionale Bevölkerungsentwicklung zu machen, die dazu führte, daß eine große Zahl von Fallstudien mit individualisiertem Ansatz insbesondere zur Erforschung der Wanderungsmotive durchgeführt, die Aussagekraft von Wanderungsmodellen überprüft und schließlich ganz allgemein Grundsatzfragen der Wanderungsforschung und die Theorie der Wanderung angeschnitten wurden. So wurde die *Prognos AG* beauftragt, Struktur und Motive der Wanderungsbewegungen in der Bundesrepublik Deutschland unter besonderer Berücksichtigung der kleinräumlichen Mobilität zu untersuchen (1969), *INFAS* (1972) beauftragt, die räumlichen Präferenzen, Motive und Tendenzen in der räumlichen Mobilität darzustellen, und beim *Batelle-Institut* (1969) Untersuchungen über die Abwanderungsmotivation im hessischen Zonenrandgebiet zwecks Erörterung der Verhinderung der Abwanderung in Auftrag gegeben (1969) und von der Staatskanzlei Rheinland-Pfalz ein Gutachten über die Pendelwanderung bestellt (*Karl Ganser* 1969). Bei der Akademie für Raumforschung und Landesplanung wendete sich der Arbeitskreis Raum und Bevölkerung der Analyse zu (*Karl Schwarz* 1969). Die Städtestatistiker begannen, sich intensiver mit der räumlichen Bevölkerungsbewegung im Zusammenhang mit Zuzügen und Fortzügen zu befassen (*Erhard Hruschka* 1970; Franz Küpper 1971). Das soziologische Seminar 2 der Technischen Universität Berlin unter *Rainer Mackensen* installierte eine Arbeitsgruppe „Wanderungsforschung", die sich mit einer Forschungsdokumentation zur regionalen Mobilität (*H. Weber* 1972), mit einer kritischen Analyse der Wanderungsforschung in der Bundesrepublik Deutschland (*Monika Vanberg* 1971), mit der Entwicklung eines Modells der Wanderungsentscheidung (*M. Vanberg* und *Gisela Kottwitz* 1972) und mit den Verwendungsmöglichkeiten der vom Statistischen Bundesamt neuerdings gelieferten Tabelle W 13 über die Wanderungsströme zwischen den einzelnen Kreisen (*Bernd Liedtke* und *A. Pröger* 1973) beschäftigte. Die durch das Einströmen von Millionen von ausländischen Arbeitsnehmern in die Industriegebiete Europas ausgelösten sozialen Spannungen haben auffallenderweise außer bei *Hans-Joachim Hoffmann-Novotny* (1971, 1973), *Ursula Mehrländer* (1974) und *Helmut Schrettenbrunner* (1974) in der deutschen Wanderungsforschung noch nicht die Beachtung gefunden, die sie verdienen. Für Frankreich ist die Literatur, ausgelöst vor allem durch die Zuwanderung von Nordafrikanern, bereits relativ umfangreich. Die Befragungen des *Institut National d'Etudes Démographiques* (*Alain Girard* 1974) seien besonders hervorgehoben. In zunehmendem Maße beschäftigen sich jetzt OECD und Europarat auch mit den sozialen Aspekten der Ausländerbeschäftigung.

1973 machte *Rainer Mackensen* zusammen mit *K. Krämer* und *M. Vanberg* im Auftrage des Bundesministeriums für Arbeit den „Versuch", die veröffentlichten Ergebnisse aus Statistik und Forschung zu einer Darstellung der Situation der regionalen Mobilität zusammenzufassen. Eine andere groß angelegte Zusammenfassung der Ergebnisse der bisherigen Wanderungsforschung (allerdings unter weitgehender Ausklammerung statistischer Daten) und gleichzeitig ein Beitrag zur Soziologie des sozialen Wandels ist das Buch von *Günther Albrecht* über die Soziologie der geographischen Mobilität (1972). Der Verfasser hat das Verdienst, eine fast unübersehbare Literatur aufbereitet und dargestellt zu haben. Dabei wurden allerdings wohl stärker, als dem international unterschiedlichen Stand der Wanderungsforschung entspricht, weit überwiegend US-amerikanische Veröffentlichungen berücksichtigt; von rund 1150 Titeln in der ausgewählten Bibliographie sind rund 850 in englischer Sprache, 250 in deutscher und nur 23 in französischer Sprache. Die Frage ist jedoch durchaus offen, wieweit für die deutschen Verhältnisse der Jetztzeit oder der Zukunft das gültig ist, was in den USA beobachtet worden ist. Man denke nur an die Folgen der Tatsache, daß es in den USA stets einige Prozent mehr Arbeitslose als in der BRD gegeben hat. Man denke auch an das Problem der Schwarzen. Das Buch von *Albrecht* zeichnet sich aber durch die Tugend aus, daß immer wieder an die Heterogenität der Wanderungsvorgänge erinnert und vermieden wird, dort eine Antwort mit Ausschließlichkeitsanspruch zu geben, wo es eben allenfalls mehrere Antworten geben kann. Umgekehrt sind die nach den ersten Ansätzen, eine

Theorie der Wanderungen zu entwickeln (*Shmuel N. Eisenstadt* 1954; *Rudolf Heberle* 1955), in jüngster Zeit z.B. von *Werner Langenheder* (1968) und *Hoffmann-Novotny* (1970) formulierten Entwürfe als entweder zu einseitig oder zu allgemein anzusehen.

Albrecht (1972, S. 154) hebt hervor, daß sein Buch nur ein Zwischenbericht ist, zu einer Zeit, wo vieles gedacht und gearbeitet wird. Auch *Mackensen* und seine Mitarbeiter stellen in ihrer Bestandsaufnahme heraus, daß die Forschung im vollen Fluß ist. Zu der Frage, wie es weiter gehen soll, hier nur die folgenden Hinweise: Einmal scheint es notwendig, die inzwischen gewonnenen theoretischen Erkenntnisse dazu zu benutzen, in einer verstärkten empirischen Forschung (einschließlich der amtlichen Statistik) die Fragestellungen zu erweitern und zu systematisieren. Dann ist es notwendig, die bisher schon gewonnenen und zukünftig anfallenden Daten vollständig aufzubereiten und zu einem möglichst umfassenden, integrierten Bild der Vorgänge zu verarbeiten. Dabei stellt sich die schwierige Aufgabe einer Synthese zwischen den aus der Statistik gewonnen Daten, die doch nur in einem geringen Umfange zu desaggregieren sind, und jenen in gezielten Befragungen oder auf andere Weise gewonnenen Daten, die qualitative Erkenntnisse geben, aber meist schwer zu verallgemeinern sind. Zu der Beschreibung muß eine Erklärung treten, bei der alle Faktoren in einen größeren Erklärungszusammenhang gestellt werden. Auf eine derartig empirisch abgesicherte Grundlage lassen sich vielleicht Theorien der Wanderungsarten entwickeln (es wird hier bewußt ein Plural gebraucht), die den bisherigen, meist sehr abstrakten und zu allgemeinen Theorien der Wanderung überlegen sind. Die bessere empirische Durchleuchtung und das tiefere theoretische Verständnis der Wanderungsvorgänge nach Ursachen, Entscheidungsvorgängen und Konsequenzen wird dann vielleicht erlauben, über die heuristischen Modelle für die Wanderungsprognosen hinauszukommen zu sozialwissenschaftlich sicher begründeten Voraussagen.

III. Merkmale und Arten der Wanderungen

Bereits in den einleitenden Ausführungen ist angeklungen, daß es sich bei dem, was leichthin als Wanderung angesprochen wird, um einen Vorgang handelt, der sich in sehr unterschiedlichen Erscheinungsformen manifestiert. Wenn nun etwa das Verfahren geübt wird, nur von einem bestimmten, engen Wanderungsbegriff auszugehen, der dem vorgefaßten Konzept entspricht und Wanderungsvorgänge anderer Art einfach nicht sehen will, indem man etwa wie *Marios Nikolinakos* (1973) nur wirtschaftlich motivierte Wanderungen zur Kenntnis nimmt, so hat das wohl den

Vorteil, daß es leichter ist, eine passende Erklärung oder Theorie zu entwickeln. Man sollte sich aber dann eingestehen und bei der Veröffentlichung ganz klar zum Ausdruck bringen, daß es sich nur um einen Ausschnitt des Wanderungsgeschehens handelt und um welchen Ausschnitt es sich handelt.

Die Wanderungen (und die Wandernden sowie die Nicht-Wandernden) können viele Merkmale aufweisen. Die Schwierigkeit, ja sogar die Unmöglichkeit, die Wanderungen systematisch nach Arten aufzugliedern, besteht vor allem darin, daß die Merkmale in unterschiedlicher Auswahl, Ausprägung und Stärke miteinander verknüpft sein können. Nimmt man als Beispiel eine Reihe von möglichen Motiven: Wirtschaftliche Erwägungen, Überlegungen über Wohnverhältnisse, Rücksichten auf die Ausbildung der Kinder (Angebot an Schulen), Einschätzungen der Infrastruktur (Verkehrsbedingungen, Freizeitwert der Wohnungsumwelt und anderes), so kann zwar gelegentlich das eine oder das andere Motiv ausschließlich entscheidend sein. Normalerweise wirken aber bei der Wanderungsentscheidung mehrere Motive mit, und zwar in verschiedener Kombination als bestimmend, mitbestimmend oder hindernd. Sie lösen Wanderungsströme verschiedener Zusammensetzung, Richtung und Reichweite aus. Diese Komplexität des Wanderungsgeschehens ist auch der Grund, warum alle bekanntgegebenen oder aus einschlägigen Veröffentlichungen zu konstruierenden Wanderungstypologien voneinander abweichen. Man wird aber nicht sagen dürfen, daß eine brauchbare und akzeptable Typologie der Wanderung *noch nicht* vorliegt, sondern man wird mit der Erkenntnis leben müssen, daß die Wanderungstypologie je nach der Interessenlage verschieden sein muß und daß jeweils die Wanderungsmerkmale hierarchisch unterschiedlich angeordnet, sowie verschieden miteinander zu verknüpfen sein müssen. Jedoch kann keinerlei Typologie als ausreichend angesehen werden, die nicht auch die Wanderungsgründe mit einbezieht.

Die folgende Auswahl aus den Einteilungskriterien der Wanderungen kann die Schwierigkeiten ermessen lassen, die Wanderungsvorgänge in einem geschlossenen und vollständigen Kategorierungssystem unterzubringen, das immer nur ein vieldimensionaler Rahmen sein kann. Die üblichen Merkmale sind:

1. Reichweite (z. B. Umzüge im Gemeindegebiet – Nahwanderung – Fernwanderung; Binnenwanderung – Außenwanderung; Einwanderung – Auswanderung);
2. räumlicher Verlauf (z. B. Direktwanderung – Etappenwanderung);
3. Art des Wohnsitzes (z. B. von Landgemeinde nach Landge-

meinde – von Landgemeinde nach Stadtgemeinde; vom Dorf in die Großstadt; von Stadtzentrum an Stadtrand);

4. Periodizität bei Saison- und Pendelwanderung; bei schrittweiser Wanderung: Dauer des Aufenthalts;
5. Art der „Organisation" (z. B. freiwillige – organisierte – erzwungene);
6. Art des Verbandes (z. B. Einzelwanderung – Familienwanderung – Gruppenwanderung);
7. Gründe (z. B. wirtschaftliche Gründe – Ausbildung – Eheschließung – Wohnungswechsel – politische Gründe);
8. Merkmale der Wandernden (z. B. Geschlecht – Alter – Familienstand – Religion – Rasse – Volkstum – Intelligenz – Beruf).

Dabei ist diese Aufstellung noch unvollständig; so wäre ein wichtiges Merkmal, das hinzuzufügen wäre, der Tatbestand, ob es sich bei den Wandernden um einen „aktiven" Wanderer, etwa einen Haushaltungsvorstand handelt, oder um einen „passiven" Wanderer, etwa mitziehende oder nachziehende Familienangehörige.

Zum soziologischen Verständnis der Wanderungsvorgänge mögen andere als die obengenannten Einteilungskriterien wichtiger sein, obgleich sie fast durchweg nicht dazu ausreichen, eine vollständige Typologie in der praktisch notwendigen Tiefengliederung zu entwerfen. Eine der wichtigsten Gliederungen ist die von *Edgar Kant* (1953) herausgestellte nach umweltständiger und umweltwechselnder Wanderung. Zwar hat *Leopold von Wiese* (1955) darauf hingewiesen, daß mit jedem Ortswechsel ein Wechsel der Umwelt verbunden ist; aber die Umwelt setzt sich doch aus vielen Komponenten zusammen, und es ist durchaus möglich, daß die meisten sich gar nicht und die übrigen sich nur geringfügig unterscheiden. Tritt ein Knecht von dem Bauern eines Dorfes zu dem eines Nachbardorfes über, so wechselt wohl der Arbeitgeber und die Familie, mit der er in einem Haushalt lebt, er muß sich umgewöhnen. Aber die soziale Stellung und die sozialen Beziehungen sind geblieben. Die Umwelt ist weder in Volkstum, Sprache, Religion u. dgl. noch in Landschaft und Klima geändert. Wenn der Wandernde hier auch nicht genau die gleiche Umwelt wieder gefunden hat, so ist sie doch in höchstem Grade gleichartig. Bei der umweltwechselnden Mobilität können sich im extremsten Falle alle geistigen und natürlichen Komponenten der Umwelt verändern. Die Problematik der Entwurzelung und der Integration hängen stark davon ab, ob, wie und in welchem Ausmaß bei dem Ortswechsel die Umwelt verändert wird.

Eine besonders einschneidende Art der Umweltänderung stellte *Rudolf Heberle* (1955, 1956) heraus, wenn er die Unterschiede in den sozio-kulturellen Systemen, innerhalb deren der Wandernde vorher gelebt und nachher zu leben hat, heranzieht, um die Wanderung zu charakterisieren. Für die meisten Erscheinungen der umweltwechselnden Wanderungen ist die aus „gemeinschaftlichen" Gemeinwesen nach „gesellschaftlichen" Gemeinwesen mit den stärksten sozialen Veränderungen und den größten Anpassungsschwierigkeiten verbunden. Die Unterscheidung zwischen Gemeinschaft und Gesellschaft ist von *Ferdinand Tönnies* zuerst 1887 herausgestellt worden. Sie stellt einen wichtigen Denkansatz dar, wenngleich sie stark kritisiert worden ist (*René König* 1955) und wenn auch nicht postuliert werden kann, daß Wanderungen stets von gemeinschaftlich feststrukturierten Gruppen zu gesellschaftlich strukturierten Gruppen gehen: Ja, die Gemeinschaft muß schon beginnen, Verfallserscheinungen zu zeigen, damit Individuen sich von ihr lösen können. Aber die soziologisch überaus relevante Frage der Entwurzelung aus einer Gemeinschaft und der Eingliederung in eine Gesellschaft stellt sich bei dieser Wanderungsrichtung am stärksten. Sie fiel früher fast durchweg und fällt heute noch weitgehend mit der Wanderung vom Land in die Stadt, von technisch wenig entwickelten nach technisch hochentwickelten, aus zivilisatorisch rückständigen nach zivilisatorisch fortgeschrittenen Räumen, von traditionellen in moderne Systeme zusammen.

Von weiteren Gliederungsmerkmalen der Wanderung sei noch die nach solchen mit innovierendem Ziel, die erfolgen, um etwas Neues, Besseres zu erlangen, und die konservativen Charakters erwähnt, die erfolgen, um einen alten Zustand wieder herzustellen (z. B. bei den Integrationswanderungen der Flüchtlingen aus der Diaspora in Gebiete, in denen ihre Religion vorherrscht und/oder in denen sie mit Verwandten oder Landsleuten wieder zusammenkommen).

Ein weiterer Grund dafür, daß eine Klassifizierung oder Typisierung der Wanderungen durch die Vielzahl der Merkmale und Motive behindert wird, liegt in der Tatsache, daß es unter den Wandernden viele mehrfach wandernde Personen gibt, die im Laufe des Lebens aus verschiedenen Gründen mehrfach den Wohnort ändern; etwa zunächst zur Ausbildung an der Universität, dann zum Beginn der beruflichen Karriere, dann zur Fortsetzung der beruflichen Karriere, dann zur Verbesserung der Wohnverhältnisse nach Eheschließung oder nach Vergrößerung der Kinderzahl usw., und die schließlich nach dem Rückzug aus dem Erwerbsleben und Verwitwung an den Ort, wo die Kinder leben, oder an einen von Pensionären bevorzugten Ort ziehen.

Zwischen den einzelnen Umzügen mögen Jahre liegen. Es gibt aber auch hochmobile Personen, die im Zusammenhang mit Ausbildung und Beruf innerhalb eines Jahres mehrfach den Wohnort wechseln. Eine Sonderform der Kettenwanderung ist die, bei der man sich schrittweise vom flachen Land über Klein- und Mittelstädte in die Großstädte vorarbeitet, wobei nicht alle, die in diesen Prozeß eintreten, das Ziel erreichen. Viele bleiben in der einen oder anderen Etappe hängen. Sie werden ausgesiebt. Diese Kettenwanderungen sind selten untersucht worden, weil dann die ganze Lebens- und Wanderungsgeschichte der Probanden zurückverfolgt werden muß. (Es sei in diesem Zusammenhang auf ein weiter unten nach *Pierre Merlin* (1971) wiedergegebenes Schaubild verwiesen; S. 132). Die Kettenwanderungen oder Wanderungen in Schritten sind in den vorstehenden Sätzen nur mit Bezug auf die Individuen behandelt worden. Es sollte nicht übersehen werden, daß Wanderungsvorgänge sich auch über Generationen hinziehen können, wenn man nicht die Individuen, sondern die Familien betrachtet.

Nach der Behandlung der Merkmale und Arten der Wanderungen und bevor geprüft wird, welche statistischen oder sonst empirisch ermittelten quantitativen Unterlagen für die Beurteilung des Wanderungsgeschehens zu gewinnen sind, muß noch einmal die Frage geprüft werden, wie der Begriff Wanderung, der eine so große Spannweite aufweist, operabel gemacht werden kann. Die Dimension Raum steht dabei naturgemäß im Vordergrund, doch spielt in diesem Zusammenhang auch die Dimension Zeit eine nicht weniger wichtige Rolle.

Ein Ortswechsel kann kurzfristig sein und so sehr als „vorübergehend" identifiziert sein (Reisen aller Art wie Urlaubs-, Vortrags-, Studienreisen), daß niemand von Wanderungen spricht. Zwar wird die Umwelt gewechselt, aber es ist wegen des vorübergehenden Charakters keine Entwurzelung im Wohnort und das Problem der Integration am Aufenthaltsort gegeben. Ist nun aber der mit Übernahme einer Gastprofessur für ein Semester im Ausland oder mit Aufnahme einer Beratertätigkeit im Ausland für ein Jahr verbundene, vorübergehende Ortswechsel schon als Wanderung anzusehen? Die Verwaltung hat bestimmte Regelungen getroffen, die für die Wanderungsstatistik entscheidend sind und damit auch häufig die Entscheidungen des Forschers präjudizieren und seine Arbeit möglicherweise erschweren. Hier kann keine allgemeingültige Antwort gegeben, sondern nur darauf hingewiesen werden, daß man sich bei der Anlage oder bei der Benutzung einer Untersuchung mit dem Einfluß des Kriteriums Zeit auf den Begriff Wanderung auseinandersetzen muß.

Wesentlich wichtiger, aber auch erheblich schwieriger zu klären und zu operationalisieren ist die Dimension Raum; es sei denn, daß man auch hier an Verwaltungsentscheidungen über die Verwaltungsgliederung anknüpft und als Wanderung jeden Wohnungswechsel zwischen zwei Verwaltungseinheiten (Gemeinden, Kreisen, Ländern) nimmt und Wohnungswechsel innerhalb einer Gemeinde lediglich als innerstädtische Umzüge bezeichnet. Man muß das in der Statistik tun und kann es auch selten in der empirischen Forschung umgehen. Damit ist die Schwierigkeit aber nur scheinbar überwunden; denn die Frage der Aussagekraft stellt sich hinterher in um so größerer Schärfe insbesondere dadurch, daß die gewählten Verwaltungseinheiten strukturell nicht einheitlich sind. Gemeinden können nach der Fläche oder Einwohnerzahl verschieden groß sein, und bei Definition der Wanderung als der Wohnsitzverlegung von einer Gemeinde in die andere kann ein Wohnungswechsel über eine Entfernung von wenigen Kilometern in einem Fall als Wanderung registriert werden (wenn er nämlich in einem Gebiet kleiner [Land-]Gemeinden eine Gemeindegrenze überschreitet), das andere Mal nicht, wenn er innerhalb der Grenzen einer ausgedehnten Gemeinde erfolgt. Dabei ist es durchaus möglich, daß unter dem Aspekt „umweltständig" und „umweltwechselnd" der lediglich als innergemeindlicher Umzug klassifizierte Vorgang viel mehr als Wanderungsfall anzusehen ist als der als Wanderung klassifizierte Fall des Wohnsitzwechsels.

Die in den gewählten Verwaltungsgliederungen bestehenden Größen der Gemeinden wirken sich auf die Zahl der „Wanderungen zwischen den Gemeinden" aus. Die Verwaltungsreformen in vielen Ländern, bei denen jeweils mehrere Gemeinden zu leistungsfähigen Großgemeinden zusammengefaßt oder Vororte von Großstädten in diese eingegliedert wurden, haben zur Folge gehabt, daß die zwischengemeindlichen Nahwanderungen, aber auch Wanderungen über scheinbar größere Entfernungen (nämlich die zwischen Kreisen) statistisch zurückgegangen sind. So hatte Ingolstadt 1972 durch Eingemeindung von Vororten etwa 2000 weniger Zuwanderungsfälle, als es ohne die Eingemeindungen gehabt hätte.

Behalten wir zunächst die Definition „Wanderung ist Wohnsitzwechsel zwischen zwei Gemeinden" bei und betrachten wir die nächsthöhere Verwaltungseinheit, den Kreis, so kommen wir zu dem Konzept der Binnenwanderung (innerhalb der Kreise) und Außenwanderung unter Überschneidung der Kreisgrenzen. Was über den Einfluß der Größe der Verwaltungsbezirke auf die Wanderungshäufigkeit am Beispiel der Gemeinde gesagt wurde, gilt ceteris paribus auch hier. Es kommt hinzu, daß die Gemeinden als Herkunftsgebiete und Zielgebiete noch nach der Wirtschafts-

und Sozialstruktur einigermaßen einheitlich und leicht zu klassifizierende „Räume" sind, daß die Kreise aber oft innerlich recht inhomogen sind, insbesondere soweit sie kreisangehörige Städte mit umfassen. Trotzdem wird man sich der Daten über Wanderungsbewegungen zwischen den Kreisen bedienen müssen, wenn man mit vertretbarem Aufwand eine Wanderungsmatrix aufstellen und auswerten will oder wenn man aus Daten für Grundeinheiten solche für größere, brauchbarer definierte Regionen (sei es unter dem mehr formalen Gesichtspunkt der Flächengleichheit, sei es unter dem Gesichtspunkt des gleichen Bevölkerungspotentials, sei es unter dem Gesichtspunkt der Wirtschafts- oder Sozialstruktur) ermitteln will.

Der Einfluß der Gebietsabgrenzung wird hier rein statistisch in seinen Auswirkungen auf die Zahl der Wanderungsfälle gesehen. Die „Größe" eines Gebiets beeinflußt aber auch das Wirksamwerden von möglichen Motiven, das Gebiet zu verlassen (d. h. zu wandern) oder in dem Gebiet zu bleiben (d. h. allenfalls umzuziehen). Je größer ein Gebiet ist, desto günstiger sind die Voraussetzungen zu betrieblicher und beruflicher Mobilität innerhalb des Gebiets, desto besser das Angebot an Bildungseinrichtungen, desto höher die Chance, am Ort einen Ehepartner zu finden. In den Wanderungsmodellen findet man daher das Kriterium „Raum" in einem höheren Sinn wieder in dem Bestreben, die Potentiale der Gebiete in den Griff zu bringen.

Bei der hohen Sensibilität des Wanderungsbegriffs (und der Wanderungszahlen) gegen das Kriterium Raum ist es äußerst unbefriedigend, wenn man auf eine rein formalistische und eigentlich systemfremde Abgrenzung der Gebiete oder Räume angewiesen ist. *Hans-Peter Gatzweiler* (1973) betont in einer Zusammenfassung einer größeren, noch unveröffentlichten Arbeit, daß es nicht einzusehen ist, daß ein rein formales Kriterium, wie das der administrativen Grenzen, geeignet sein soll, theoretisch zu bewältigende Probleme zu erfassen. Er will den sozialgeographischen Raum der Wanderungsforschung zugrundegelegt wissen, den er als eine Abstraktion versteht, dessen Grenzen durch spezifische Reaktionsreichweiten und Reaktionspotentiale, die ihre verschiedenen Aktivitäten innerhalb eines Gebiets entwickeln, bestimmt werden. Dabei muß er sich mit gruppenspezifisch und lebenszyklisch unterschiedlicher Gewichtung der verschiedenen Aktivitäten und der Tatsache auseinandersetzen, daß individuelle Aktivitätssysteme stark dynamisch sind. *Gatzweiler* kommt auch zu einer weniger formalen Definition inner- und interregionaler Mobilitätsvorgänge (mit anderen Worten Binnenwanderung und Außenwanderung). Innerregionale Mobilität definiert er durch den Wechsel des Wohnstandorts, wenn ein

Wechsel anderer Aktivitätenstandorte damit nicht notwendigerweise verbunden ist. Interregionale Mobilität wird definiert durch den Wechsel des Wohnstandortes wenn damit ein Wechsel des gesamten individuellen Aktivitätenstandortsystems und damit des funktionsgesellschaftlichen Raumsystems notwendigerweise verbunden ist.

IV. Datenbeschaffung

Da es sich bei den Wanderungsbewegungen im allgemeinen um Massenerscheinungen handelt (in der Bundesrepublik Deutschland wurden z. B. im Jahre 1971 mehr als 3,7 Millionen Umzüge von einer Gemeinde in eine andere gezählt), liegt es nahe, die Statistik um Auskunft über Umfang, Zusammensetzung, Richtung, Reichweite usw. der Wanderungen anzugehen. An einer umfassenden Darstellung der Methoden der Wanderungsstatistik hat es lange gefehlt. Zwar waren 1953 durch die Vereinten Nationen die Verfahren der Aus- und Einwanderungsstatistik über die Staatsgrenzen dargestellt worden, doch dauerte es bis 1970, ehe die Methoden der Binnenwanderungsstatistik beschrieben wurden. Diese Beschreibung geht in großer Breite auf die Wege ein, die eingeschlagen werden müssen, wenn es nicht möglich ist, wie jetzt in der Bundesrepublik Deutschland, die An- und Abmeldungen für die Einwohnerregister als Quelle der Wanderungsstatistik zu benutzen. Das wanderungsstatistische Verfahren, das auf der Registrierung jedes Wohnsitzwechsels aufbaut, ist in der UN-Veröffentlichung nur im Anhang und unter besonderer Hervorhebung seiner Schwächen behandelt worden.

Das wanderungsstatistische Verfahren, das auf der Registrierung jedes Wohnsitzwechsels aufbaut, darf als das fortgeschrittenste und ergiebigste angesehen werden, wenn es auch nicht ganz ohne Mängel ist und nicht alle Fragen beantworten kann. Allerdings ist es nur in wenigen Ländern, wie in der Bundesrepublik Deutschland, in der Deutschen Demokratischen Republik, in der Sowjetunion, in Schweden, in der Schweiz und in den Niederlanden möglich. Auf Grund der Meldungen über den Wohnsitzwechsel lassen sich leicht das Ziel der Fortzüge, die Herkunft der Zuzüge und damit die Richtung der Wanderung, in gewissem Umfang durch Gegenüberstellung von Ziel- und Herkunftsgebiet die Reichweite, ferner die persönlichen Merkmale der Wandernden wie Geschlecht, Alter, Erwerbstätigkeit usw. feststellen. Für die Gesamtzahl der Wandernden und für die Gruppen nach den verschiedenen Merkmalen ist der Umfang der Wanderungen (ihr Volumen), der Überschuß der Zuzüge über die Fortzüge, bzw. der Fortzüge über die Zuzüge (positive oder negative Wanderungssalden, Zuwanderungsgewinn und Wanderungsverlust) und damit ihr absoluter und – bezogen auf die Bevölkerung – relativer Effekt festzustellen (1972 zogen nach München 105 729 Personen zu und 102 664 Personen zogen fort, so daß der Wanderungssaldo + 3065 Personen betrug, das ist ein Wanderungseffekt von rund 24 Personen je 10 000 der Bevölkerung am 1. 1. 1972). Aus dem Vergleich zwischen Effekt und Volumen ist der Wirkungsgrad oder die Effektivität zu ermitteln; denn häufig kompensieren die Zuzüge und Fortzüge einander zum großen Teil und der Saldo stellt – worauf Heberle schon 1937 eingegangen war und auch *Mary P. Newton* und *James R. Jefferey* (1951) hingewiesen haben – meist nur einen Bruchteil des Volumens dar (München 1972 rd. 150 je 10 000). Schließlich ergibt die Beziehung der Zahl der Wandernden auf die Gesamtzahl der gleichen Population die Mobilitätsziffer, die anzeigen soll, wie beweglich eine bestimmte Gruppe ist. 1971 betrug die durchschnittliche Mobilitätsziffer (Wanderungen zwischen den Gemeinden) der Bevölkerung der Bundesrepublik Deutschland 609 je 10 000. Die Maßzahlen zur Messung der Mobilität einer Bevölkerung, zur Messung der Stärke von Wanderungsströmen und zur Messung des Einflusses der Wanderungen auf die Entwicklung und Zusammensetzung einer Bevölkerung sind durch *Karl Schwarz* (1959) zusammengestellt und erläutert worden. Derartige Indices werden auch in der UN-Veröffentlichung von 1970 beschrieben.

So wertvoll die Auskünfte der auf dem Meldewesen aufgebauten Statistiken sind, so unterliegen sie doch auch gewissen Einschränkungen, deren wichtigste die ist, daß „Wanderungsfälle" erfaßt werden und nicht wandernde Personen; wenn eine Person im Laufe eines Berichts- oder Beobachtungszeitraums mehrfach wandert, so wird sie auch mehrfach aufgezählt; dadurch wird die Mobilität mancher Schichten verzerrt dargestellt (*Peter Atteslander* 1952, 1955). Es werden auch immer nur Herkunft und Ziel für den jeweiligen Wanderungsfall ermittelt, der jedoch von einer Zwischenetappe zu einer anderen führen kann. Bei Wanderung in Schritten wird nichts über das ursprüngliche Ausgangsgebiet und über das endgültige Zielgebiet ausgesagt. Wenn einmal eine Personenkennziffer eingeführt sein wird, ist es möglich, die Wanderungsfälle eines Jahres zu Personen zusammenzuführen; mit einigen Umständen auch möglich, die Wanderungsfälle bestimmter Personen (oder einer geeigneten Stichprobe) während einer Reihe von Jahren, und insofern eine Wanderungsgeschichte aufzubauen. Allerdings wird es kaum möglich sein, die Familienangehörigen zu einer Gruppe zusammenzuführen, von den Generationen ganz zu schweigen. Ungelöst ist auch die Darstellung des mit der Wanderung häufig verbundenen Standeswechsels, sei es des Familienstandes (vom Ledigen zum Verheirateten), sei es der Stellung zum Erwerbsleben (oder Aufgabe der Berufstätigkeit), sei es des Übergangs von einem Beruf zu einem anderen. Bei der Verwendung der Binnenwanderungsstatistik für die Bundesrepublik Deutschland muß man sich vergegenwärtigen, daß sie auf den Anmeldescheinen beruht (die Angaben über die Fortzüge werden durch Inversion gewonnen), und daß der „Stand" zum Zeitpunkt der Anmeldung (auch für den Fortzug) wiedergegeben wird. Wenn sich jemand als Lediger abmeldet, heiratet und als Verheirateter in die eheliche Wohnung zuzieht, erscheint er auch in der Statistik der Fortzüge als verheiratet.

Die Wanderungsstatistik der beschriebenen Art stand im Deutschen Reich vor dem Zweiten Weltkrieg erst in den Anfängen (*Hans Schnieber* 1940). Im Statistischen Jahrbuch für das Deutsche Reich 1941/42 findet man nur Angaben über die Binnenwanderung in Preußen 1938 mit insgesamt 3,8 Millionen Zuzügen über die Gemeindegrenzen, das sind 92 je 10 000 der Bevölkerung. Erst nach dem Zweiten Weltkrieg wurde die Wanderungsstatistik auf das ganze Beobachtungsgebiet ausgedehnt. Mit der seit 1968 aufgestellten Tabelle W 13 über die Wanderungen zwischen den mehr als 500 Kreisen der Bundesrepublik Deutschland (das ergibt eine Matrix von mehr als 300 000 Elementen!) ist einer der Hauptmängel der bisherigen Wanderungsstatistik der Bundesrepublik Deutschland, nämlich die geringe regionale Tiefe der Verflechtungstabellen, behoben. Offenbar hatten die bisherigen Verflechtungstabellen auf Länderbasis den Bundes- und Länderverwaltungen genügt, während sich Kreise und Städte mit Daten über Zuzüge und Fortzüge und Wanderungssalden ohne Richtung zufrieden gaben und die Wissenschaft nicht stark genug war, weitergehende Wünsche durchzusetzen. Die Wahl der Gebietseinheiten ist aber nicht nur, wie im Abschnitt über die Arten der Wanderungen betont, entscheidend für die Definition und Zahl der Fälle; sie ist eine Schlüsselfrage in der Suche nach Erklärungen. *Bernd Liedtke* (1973) beschreibt die Technik der Auswertung der W 13 und das Potential von Wanderungsmatrizen. Er hebt dabei hervor, daß nunmehr erste Ansatzpunkte für die Feststellung der Faktoren, warum gewandert wurde, gegeben sind; denn die Zuzüge dürften nicht nur aus den Faktoren im Zuzugsgebiet, die Fortzüge nicht nur aus den Faktoren im Fortzugsgebiet erklärbar sein, sondern werden von den Faktoren beider Gebiete, die in der W 13 miteinander verknüpft sind, erklärt. Mit der W 13 ist es vielleicht auch möglich, eine Theorie der Wanderungen mit kleinräumigem Bezug zu erarbeiten, die wiederum Grundlage besserer kleinräumiger Wanderungsprognosen mittels räumlich differenzierter Wanderungswahrscheinlichkeiten sein würde. Die W 13 erlaubt es auch, die Kreise zu größeren Gebietseinheiten besonderer Art (also nicht zu Ländern, sondern etwa zu Raumordnungsgebieten) zusammenzufassen. Schließlich kommt man der Frage der Reichweite der Wanderungen näher, indem sich für die Wanderungen zwischen den Kreisen durchschnittliche Entfernungen (etwa vom Flächenschwerpunkt zum Flächenschwerpunkt, oder vom Bevölkerungsschwerpunkt zum Bevölkerungsschwerpunkt) berechnen lassen. Die Auswertung der vorliegenden Wanderungsmatrix läßt sich durch Informationen über die berücksichtigten Gebiete (die Kreise oder die Einheiten besonderer Art) aus anderen Quellen verbessern. Die Zusatzmatrizen zu den demographischen und sozio-ökonomischen Merkmalen der Wandernden ließen sich auch noch vermehren, wenn in der W 13 weitere Merkmale nachgewiesen werden würden; zur dynamischen Betrachtung des Wanderungsgeschehens werden letztlich gruppenspezifische Wanderungswahrscheinlichkeiten benötigt.

Die Statistik der innerstädtischen Umzüge (1972 wurden für München 144 547 umgezogene Personen, das sind rund 1080 je 10 000 der Bevölkerung, gezählt) beruht, wie die laufende Wanderungsstatistik auf den Meldungen der Einwohnermeldeämter, lediglich, daß hier von den Stadtgemeinden selbst (und nicht von den statistischen Landesämtern) die Wechsel der Wohnung innerhalb der Gemeindegrenzen (und nicht die Wechsel der Wohnung über die Gemeindegrenzen hinaus = Wohnsitzwechsel) ausgezählt werden.

Auch für die innerstädtischen Umzüge lassen sich Matrizen für die Bewegungen zwischen den verschiedenen Stadtteilen aufstellen; man vergleiche z. B. die Tabellen in der Münchner Statistik 1973 über die Umzüge zwischen den Stadtbezirken in den Jahren 1971, 1972 und 1973. Es ist wünschenswert, daß solche überaus aufschlußreichen Tabellen nicht nur auf das verwaltungspolitisch abgegrenzte Stadtgebiet beschränkt bleiben, sondern auch das Umland miteinzubeziehen; entsprechende Schritte sind schon unternommen.

Die Quellen der Statistik der Pendelwanderung in der Bundesrepublik Deutschland sind weiter hinten in dem Abschnitt über die Pendelwanderung beschrieben.

Die Methoden, die für die Gewinnung statistischer Aggregatgrößen über die Wanderungen angewendet werden müssen, sofern man sich nicht auf die Zählung der Ab- und/oder Anmeldungen für eine laufende Wanderungsstatistik stützen kann, sind in der bereits zitierten Veröffentlichung der UN (1970) eingehend beschrieben worden. Die Einfachste geht von der Primitivform der demographischen Gleichung aus, bei der der Saldo aus der Bevölkerungszunahme insgesamt und dem Geburten-/Sterbeüberschuß eines bestimmten Zeitraums mit dem Wanderungssaldo gleichzusetzen ist. Es ist möglich, den so gewonnenen Wanderungssaldo nach Geschlecht, Alter u. dgl. zu disaggregieren. In den USA vor allem sind durch *Everett S. Lee* (1960) u. a. dafür verfeinerte Methoden entwickelt worden. Diese Methoden sind auch für die Untersuchung der Geschichte der Wanderungen in Deutschland angewendet worden, da die benötigten Angaben aus Volkszählungen und der Statistik der natürlichen Bevölkerungsbewegung schon seit vielen Jahrzehnten vor Beginn der laufenden Wanderungsstatistik zur Verfügung stehen. Andere Erhebungsmethoden sind bei Volkszählungen oder Bevölkerungsstichproben Fragen nach dem Geburtsort oder nach dem Wohnort zu einem bestimmten zurückliegenden Zeitpunkt, etwa vor einem Jahr oder vor fünf Jahren oder in Anknüpfung an ein bestimmtes Ereignis (wie bei der Volkszählung in der Bundesrepublik Deutschland 1950 der Wohnsitz bei Ausbruch des Zweiten Weltkrieges); zu dieser Methode vor allem *D. Friedlander* und *J. Roshier* (1966) und die kritische Behandlung durch *Yves Tugault* (1973). Man kann auch diejenigen Personen, die nicht an ihrem Geburtsort leben, fragen, wann sie an den jetzigen Wohnort zugezogen sind und woher. Solche retrospektiven Befragungen haben gegenüber den laufenden Wanderungsstatistiken den Vorteil, daß Personen und nicht Fälle erfaßt werden und daß man bei entsprechender Kombination verschiedener Fragen Aussagen über die persönliche Wanderungsgeschichte, insbesondere Kettenwanderungen machen kann. Sie haben aber alle den Nachteil, daß man nur die „nicht mobilen Überlebenden“ in den Griff bekommt. Alle Personen, die gestorben sind, seitdem sie zugewandert waren, fehlen in dem Bild, das dadurch mehr oder weniger verzerrt wird. Betrachtet man bestimmte Städte oder Regionen, so fehlen über die Gestorbenen hinaus auch alle diejenigen Personen, die in dem betreffenden Zeitraum zwar zugewandert, aber vor der Erhebung bereits wieder abgewandert sind. Da viele Stichprobenerhebungen oder Fallstudien auch in der Bundesrepublik Deutschland mit retrospektiven Methoden zu arbeiten haben, muß auf die Problematik, die sich für die Analyse dadurch ergeben kann, daß nur die „nicht mobilen Überlebenden“ erfaßt werden, nachdrücklich hingewiesen werden.

Neben diesen amtlichen Statistiken zur Gewinnung von wanderungsstatistischen Unterlagen steht eine Vielzahl von Zufalls- und/oder gezielten Stichproben und von Fallstudien mit Interviewerhebungen, durch die zumeist nicht nur erstens rohe Zahlen über die Zuwanderer (und schon schwieriger Abwanderer) und ihre wichtigsten demographischen und sozio-ökonomischen Merkmale, sondern zweitens auch zusätzliche Aufschlüsse, insbesondere über Wanderungsmotive gewonnen werden sollen. Was die erstgenannte Aufgabe betrifft, so gelten die schon oben angedeuteten Methoden der wanderungsstatistischen Erhebungen mit retrospektiven Fragen. Was die zweitgenannte Aufgabe betrifft, so gelten die methodischen Probleme, die allen Befragungen über Absichten, Vorstellungen und Gründe usw. anhaften, vor allem wenn die Faktoren nicht eindeutig voneinander abgesetzt sind und sogar miteinander kombiniert werden können. Es ist häufig durchaus zweifelhaft, ob die Frage nach dem determinierenden Wanderungsmotiv richtig beantwortet wird oder – weil nicht reflektiert – überhaupt beantwortet werden kann. In dem Abschnitt über Wanderungsgründe werden Beispiele für die Erfassung von Wanderungsmotiven besprochen.

Da bei der Einzelfallforschung in der Wanderungsstatistik durch mündliche oder schriftliche Interviews methodisch in gleicher Weise vorgegangen wird wie bei der sonstigen empirischen Forschung, braucht auf methodische Einzelheiten nicht eingegangen zu werden. Es sei nur auf einige Untersuchungen hingewiesen, die im Ausland beispielhaft waren, wie die von *Gunter Beijer* und anderen (1963), bei der Interviews bei niederländischen Auswanderern mit nachgehenden Untersuchungen verbunden waren, sowie die von *Guy Pourcher* (1964) über die Zuwanderung nach Paris und die von *Jerzi Zubrycki* (1964) über die Ansiedler im Latrobe-Tal (Australien). Für die Bundesrepublik Deutschland gibt es aus den letzten Jahren mit den Untersuchungen von *W. Zühlke* (1966), *PROGNOS* (1968), *INFAS* (1973), *Erhard Hruschka* (1970) und *Franz Küpper* (1971) u. a. eine Fülle von Beispielen praktischen Vorgehens, die noch nicht unter methodischen Gesichtspunkten vergleichend oder kritisch dargestellt worden sind.

Ein Mangel vieler Wanderungsuntersuchungen und Fallstudien ist, daß nur die Personen betrachtet werden, die gewandert sind, und daß nicht auch eine Kontrollgruppe der Seßhaften zum Vergleich herangezogen wird, wie es etwa *Bohnsack* schon 1953 in ihrer Studie über die Flüchtlinge in Schleswig-Holstein gemacht hat.

Den Abschnitt über die Datenerfassung abschließend muß noch bemerkt werden, daß viele Fallstudien von eingeschränktem Wert sind, da die Beobachtungen eben nur für den betreffenden Fall gelten, es aber unmöglich oder überaus schwierig ist, die gewonnenen Erkenntnisse zu verallgemeinern. So wie es schwierig ist, die Ergebnisse von Fallstudien zu verallgemeinern, so gefährlich ist es, Aussagen aus den statistischen Daten auch bei regionaler oder merkmalsbezogener Disaggregierung abzuleiten, ohne sie an den individuellen Merkmalen und Aussagen der wandernden Personen, etwa über die Motive, zu kontrollieren oder sie zu ergänzen. Ob die statistisch festgestellten Korrelationen tatsächlich Kausalzusammenhänge aufzeigen und in welcher Richtung, läßt sich aus den massenstatistischen Daten allein nicht ersehen. Um die Gefahr von Fehldeutungen zu minimisieren, sollten die Ergebnisse der Massenstatistik und der Fallstudien zusammengeführt werden. Diese Forderung ist jedoch leichter auszusprechen, als zu erfüllen. Hier ist noch viel an den zweckmäßigsten Methoden zu arbeiten. Auch ist es nötig, daß bei der Formulierung von Erhebungsplänen für Fallstudien auf die vorliegenden massenstatistischen Daten und die Notwendigkeit, sie zu ergänzen, Rücksicht genommen wird, wie andererseits das Erhebungsprogramm oder Aufbereitungsprogramm der Massenstatistiken von den Erkenntnissen der Fallstudien lernen sollte.

V. Die Wanderung zwischen Land und Stadt

Die wirtschaftlichen und sozialen Unterschiede zwischen flachem Land und Stadt sind stets und überall ein starker Anreiz dafür gewesen, das Land zu verlassen und in die Stadt zu ziehen. Bei der Beurteilung von Umfang und Folgen der Land-Stadt-Wanderung sollte aber auch außer dem Strom von dem Land in die Stadt der Gegenstrom aus der Stadt auf das Land hinaus gewürdigt werden, wie es *Rudolf Heberle* und *Fr. Meyer* (1937) als erste ausdrücklich getan haben. Von Anfang an blieb bei der Land-Stadt-Wanderung ein Teil der Wanderer nur vorübergehend in der Stadt. Es ist hier z. B. an solche Fälle gedacht, wie sie die Ableistung des Militärdienstes in städtischen Garnisonen durch die Wehrpflichtigen vom Land verursacht, wobei eine nicht unbeträchtliche Beeinflussung der Lebensanschauungen auf dem Lande erfolgte. Es sei auch auf die jungen Mädchen verwiesen – vielfach ist die Zahl der in die Stadt zuziehenden weiblichen Personen größer als die der Männer –, die früher in die städtischen Haushalte gingen, um dort etwas dazuzulernen und vor allem um Bargeld für die Aussteuer zu sparen. Ein Teil dieser Mädchen blieb zwar in der Stadt, wenn sich dort ein geeigneter Ehepartner fand, viele (wohl die meisten) zogen in die heimatlichen Dörfer zurück. Solche von vornherein auf Zeit angelegten Stadtwanderungen sind ganz anders zu beurteilen als die auf die Dauer angelegten Wanderungen. Das Interesse an der Integration ist gering. Auch sind auf Zeit Zugezogene eher mit Bedingungen etwa bei der Unterbringung zufrieden, die auf die Dauer nicht zumutbar sind. Im industrialisierten Europa dürften diese periodischen Stadtwanderungen kaum noch eine Rolle spielen (Beweise liegen allerdings nicht vor), während sie in den Entwicklungsländern noch sehr verbreitet sind. Sie wurden für Afrika u. a. durch *Walter Elkan* (1967) unter dem Terminus circular migration beschrieben. Die Urbanisierung in den Entwicklungsländern ist in der Tat ein wichtiges Thema, bei dessen Behandlung auch versucht wird, dem offensichtlich unvermeidbaren Vorgang eine positive Seite abzugewinnen; etwa die, daß die Lebensverhältnisse in dem, was man Slums nennt, nicht unbedingt schlechter, manchmal sogar besser sind, als in den Herkunftsgebieten. Diese Slums bieten für viele die Möglichkeit eines Durchgangs zu besseren Lebensbedingungen, als sie in den Herkunftsgebieten herrschen; wie ja auch in den Entwicklungsländern der Bevölkerungsaustausch zwischen Land und Stadt eine beschleunigte Modernisierung großer Bevölkerungsteile zur Folge hat. Die Behandlung dieser interessanten Probleme muß aber hier ausgeklammert werden. Es können nur aus der großen Zahl der Studien und Berichte die methodisch interessantesten oder neuesten zitiert werden, nämlich die Arbeiten von *Josef Gugler* (1972) über die Urbanisierung im schwarzen Afrika – Modell sozio-kulturellen Wandels –, die von *John C. Caldwell* (1968) über die Bestimmungsgründe der Land-Stadt-Wanderung in Ghana, die von *Juan C. Elizaga* (1970), die sich trotz des allgemein gehaltenen Titels (Migrationes a las areas metropolitanas de América latina) auf Santiago de Chile bezieht, wo er durch Befragung von 2300 Familien mit 11 700 Personen (von denen 40 % vor 1942 zugewandert waren) Aufschlüsse über die langfristigen Folgen auf Integration, sozialen Fortschritt und Wohnverhältnisse erlangte, zu zitieren und – obschon älter – wegen ihres methodologischen Einflusses die Untersuchungen von *Philip H. Gulliver* (1957, 1959), der bei gezielten Befragungen über das Wanderungsverhalten von afrikanischen Familien die Wanderungen (fast ausschließlich Arbeiterwanderungen, die nicht zum ständigen Wohnsitzwechsel führten, und Pendelwanderungen) die Bewegungen *sämtlicher* Familienmitglieder nach Ursachen und Folgen untersuchte. Dabei ist allerdings bei ihm (trotz relativ großer Erhebungsmassen) und seinen Nachahmern der Repräsentationsgrad der gewonnenen Ergebnisse manchmal zweifelhaft, wenn z. B. die Adressen der zu befragenden Haushalte über die eingeschulten Kinder der Wandernden ermittelt wurden.

Die Erforschung der Land-Stadt-Wanderung hat darauf Rücksicht zu nehmen und wird dadurch erschwert, daß es sich bei Land und Stadt nicht (mehr) um eine Dichotomie handelt, sondern daß es ein Land-Stadt-Kontinuum gibt, das zwischen den Extremfällen des abgelegenen Weilers von Bauerngehöften bis zur Millionenstadt reicht über vielerlei Zwischenformen und

Mischtypen, wie vergewerblichten Kleinsiedlungen, vorwiegend landwirtschaftlichen größeren Siedlungen, kleinen Orten mit zentralörtlichen Funktionen, mittelgroßen Industriestädten, Großstädten der verschiedensten Struktur. In diesem Kontinuum finden charakteristische Etappenwanderungen statt, verbunden mit ausgesprochenen Siebungsvorgängen.

Bei der Untersuchung der Land-Stadt-Wanderung wird allerdings meist stark vereinfachend entweder von der Betrachtung der Abwanderung vom Land oder von der Betrachtung der Zuwanderung zur (Groß-)Stadt ausgegangen. Für Studien über den exode rural ist seit der bereits erwähnten französischen Preisarbeit aus dem Jahre 1784 Frankreich das klassische Land geblieben und hat in neuester Zeit zusammenfassende Veröffentlichungen geliefert mit einem Bericht über den Stand der Forschungen von *Henri Mendras* (1967) und einer Darstellung von *Pierre Merlin* (1971) ergänzt durch *Robert Bages* (1972, 1974). Für Deutschland liegt seit dem Buch von *Hugo Böker* und *Friedrich v. Bülow* (1933) über die Landflucht in Deutschland keine zusammenfassende Darstellung mehr vor. Wahrscheinlich hat die trotz vorliegender wirtschaftlicher Zwänge lang vorherrschende Verurteilung der Abwanderung vom Land hier bis heute abschreckend gewirkt. In Deutschland geht man eher die andere Seite des Problems, nämlich die Zuwanderung in die Stadt an, wobei erst jüngst eine erschöpfende Übersicht über diesen Vorgang im Rahmen des Buches über die Großstadtforschung von *Elisabeth Pfeil* (1972) erfolgte. Es sei in diesem Zusammenhang aber auch auf die zwar etwas ältere, aber zwölf europäische Länder umgreifende Arbeit von *Gunther Beijer* (1963) über rural migrants in urban setting aufmerksam gemacht. Neue Wege hat *Hans Blotevogel* (1974) durch eine historisch-geographische Analyse der Land-Stadt-Wanderung anhand der Zuwanderungsfelder einiger westfälischer Städte eröffnet, wodurch Aufschlüsse über Zentrenhierarchie, Funktionsverlagerungen und den Einfluß anderer Faktoren (Konfessions- und Territorialgrenzen) gewonnen werden.

Das flache Land hat zu allen Zeiten einen Bevölkerungsüberschuß erzeugt. Die überschüssige Bevölkerung fand in Deutschland anfangs noch weitgehend durch innere Kolonisation eine Lebensgrundlage. Als die Landreserven erschöpft waren, verstärkte sich die Abwanderung zur Kolonisierung Ost- und Mitteleuropas. Später dehnte sich das ländliche Hausgewerbe aus, vor allem die Textilindustrie z. B. in Schwaben oder Ravensberg, und bot haupt- oder nebenberufliche Einkommensquellen. Daneben gab es eine Abwanderung vom Land in die Stadt, z. T. nach dem Motto „Stadtluft macht frei" auch gesellschaftspolitisch motiviert. Sie blieb jedoch lange Zeit hindurch verhältnismäßig gering. Die

Bevölkerungssituation auf dem Lande wurde kritisch, als seit dem Zeitalter des Merkantilismus und seit den Reformmaßnahmen im Gefolge der französischen Revolution von 1789 die Bevölkerungsweise sich änderte und die Bevölkerung stärker zuzunehmen begann und gleichzeitig durch die Industrialisierung das ländliche Gewerbe in Mitleidenschaft gezogen wurde. Arbeitsplätze mußten außerhalb der ländlichen Heimat gesucht werden. Von Vielen wurde dabei vorgezogen, nach Südosteuropa oder nach Übersee auszuwandern und sich dort weiter der Landwirtschaft zu widmen. Die Ravensberger Kötter, die nach der Gründung von Textilfabriken in Bielefeld keine Aufträge zum Spinnen und Weben mehr bekamen, lehnten es ab, in den dreckigen Fabriken zu arbeiten, die daher Arbeitskräfte aus Böhmen heranziehen mußten. Sie nahmen allenfalls den mit einem Prestige umgebenen Bergmannsberuf auf, am liebsten gingen sie als Farmer nach Nordamerika (*Kurt Horstmann* 1965).

Ländliche Unterbeschäftigung oder Arbeitslosigkeit brauchte jedoch nicht unbedingt zur Abwanderung zu führen, wenn Saisonwanderungen die Einkommen erhöhten. Wie oft bei Erscheinungen im Wanderungsgeschehen ist jedoch die Bedeutung der Saisonwanderung ambivalent. Ob sie es ermöglicht hat, trotz der beschränkten Tragfähigkeit in den ländlichen Gebieten zu bleiben, oder ob sie dazu beigetragen hat, die Bevölkerung zu mobilisieren, indem sie die „soziale Distanz" vermindert hat, weil die Saisonarbeiter andere Gebiete mit anderen Möglichkeiten und Standards kennen lernten und attraktiv fanden, muß dahingestellt bleiben. Auf jeden Fall war jahrhundertelang die Saisonwanderung eine Alternative zur Abwanderung. Mit der Verbesserung der Verkehrsverhältnisse, zuerst durch den Bau von Eisenbahnen, dann durch die Einführung des Fahrrades und schließlich des Autos hat die Pendelwanderung die Saisonwanderung als Alternative überflügelt. Über das Aufhören der innerfranzösischen Saisonwanderung und die an ihre Stelle getretene saisonale Zuwanderung von Ausländern berichtete *Robert Hérin* (1971).

Trotz Saisonwanderung und Pendelwanderung gab es für die Mehrzahl des ländlichen Bevölkerungsüberschusses keine andere Wahl als in die Städte mit ihrem wachsenden Arbeitskräftebedarf zu ziehen. Die rein ökonomischen Überlegungen gaben in den meisten Fällen den Ausschlag, standen jedoch nicht allein. Der Entschluß, die ländliche Heimat zu verlassen, wurde auch mitbestimmt durch die Erwartung größerer Freiheit in den Städten, in denen man der Kontrolle durch die Nachbarschaft und Sippe leichter entkommen konnte; oft für den Preis einer Vereinzelung. Die Freiheit städtischen Lebens stellte sich oft als eine

Illusion heraus; aber schon eine geregelte und begrenzte Arbeitszeit wurde als Fortschritt betrachtet.

In einer von *Elisabeth Pfeil* (1972) zitierten Rede *Bismarcks* über die Landflucht am 3. Mai 1880, in der er sich gegen die Verurteilung der vom Land in die Stadt Abwandernden wandte, berichtete er, daß auf Befragung seiner Gutsarbeiter („ruhige, ordentliche, ehrliche Menschen") diese zugunsten der Stadt anführten, daß man dort feiertags im Freien sitzen und bei Musik ein Glas Bier trinken könne. Dieser Hinweis wirft ein bezeichnendes Licht auf die relative Attraktivität von Stadt und Land. Man darf also nicht nur von der Anziehungskraft des eitlen Lichterglanzes der Großstadt und von einer im Grunde unmoralischen Haltung der Abwanderer vom Lande sprechen, wie es lange üblich war. Außerdem ging die Abwanderung selten vom Land direkt in die Großstadt, sondern in die weniger „verdorbene" nahegelegene Klein- oder Mittelstadt.

Im Laufe der Jahrzehnte gewannen also neben den vorzugsweise wirtschaftlichen Zwängen, vom Land in die Stadt zu ziehen, andere Motive an Gewicht: das freiere Leben in der Stadt, die kürzere und geregelte Arbeitszeit, die besseren Bildungseinrichtungen, das größere Angebot an Unterhaltung (zu einer Zeit als es noch kein Radio und kein Fernsehen gab), die besseren hygienischen Verhältnisse usw. *Pierre Merlin* (1970) meint, daß diese Attraktion der Stadt die Abwanderung vom Land förderte als zusätzlicher Grund zu den wirtschaftlichen Erwägungen, daß es aber selten das Hauptmotiv gewesen sei. Die richtige Antwort wird für verschiedene Wanderungsströme, verschiedene Wanderergruppen und für verschiedene Perioden verschieden sein. Wichtig ist, daß neben den wirtschaftlichen Gründen, die zum Verlassen zwangen oder in die Stadt lockten (bis in die neueste Zeit war sogar der Tariflohn der gewerblichen Arbeiter nach Gemeindegrößenklassen abgestuft) psychologische Gründe standen, die das Leben in der Stadt dem auf dem Land höherwertiger erscheinen ließen (wobei selbst wenn sich die Erwartungen nicht in vollem Umfang erfüllten, zumeist für den Wandernden selbst oder wenigstens für seine Nachkommen eine tatsächliche Verbesserung der Lebensbedingungen erzielt wurde). Entscheidend für den Wanderungsentschluß war ja gar nicht das, was man später vorfand oder tatsächlich erreichte, sondern das, was man erwartete. Es bleibt offen, wie oft die Wandernden zurückzogen oder weiterzogen, weil sie sich in den Erwartungen getäuscht sahen.

Die wirtschaftlichen Gründe wirkten im Prinzip auf alle, wenn auch wegen unterschiedlicher wirtschaftlicher Lage und unterschiedlichem Informationsstand verschieden stark. Es sind die außerwirtschaftlichen Gründe und es ist der Charakter derjenigen, auf den die verschiedenen Einflüsse wirken, die zum Wanderungsentschluß führen. *Rudolf Heberle* (1938) hebt hervor, daß diejenigen Menschen abgewandert sind, die Verlangen nach Bewegungsfreiheit und Selbstgestaltung des Lebens haben, die wagenden und tatkräftigen Naturen. Aber auch die, welche bereits locker im sozialen Gefüge saßen, die nach Neuem Begierigen. Es sind die nicht mehr in der Familie und im Boden Wurzelnden, die geborenen Individualisten, welche am stärksten auf die Reize der Großstadt ansprechen. *Elisabeth Pfeil* (1972) leitet daraus ab, daß die typisch großstädtischen Erscheinungen der Entwurzelung und des extremen Individualismus nicht nur die *Folge* der Wanderungsbewegung sind, sondern daß sie zu ihrer *Voraussetzung* gehören, und daß das Vorhandensein der großen Städte latente Anlagen aktualisiert.

Zum Schluß der Überlegungen über die Motive der Land-Stadt-Wanderungen seien von den Ergebnissen der an anderer Stelle (siehe S. 192–198) ausführlicher gewürdigten Befragungen folgende herausgehoben: Von den 1969 nach Pforzheim zugezogenen Personen (*Erhard Hruschka* 1970) gaben die aus Landgemeinden stammenden zu 42% die besseren Wohnungsmöglichkeiten, 24% bessere Arbeits- und Verdienstmöglichkeiten, 15% familiäre Gründe, 7% die besseren Ausbildungsmöglichkeiten als Zuzugsgrund an, und nur 4% bzw. 3% die Tatsache, daß eine Stadt von der Größe Pforzheims besser gefallen habe, bzw. daß Pforzheim als Stadt besonders gefallen habe. Aus den Ergebnissen einer Erhebung für Essen 1967 bis 1970 (*Franz Küpper* 1971) erkennt man auch erhebliche Unterschiede in den Gründen der Zuwanderung in die Städte nach der Distanz. Für die Zuzüge aus kürzerer Entfernung waren zu mehr als zwei Dritteln persönliche Bindungen oder Wohnungsgründe ausschlaggebend, bei Zuzügen aus weiter entfernten Gebieten mehr als die Hälfte die wirtschaftliche Anziehungskraft.

Die Abwanderung vom Land war ursprünglich fast durchweg und ist immer noch überwiegend eine Wanderung auf kurze Entfernung. Sie geht, wenn sie nicht durch besondere Anwerbemethoden beeinflußt wird oder besonders starke Beziehungen familiärer Art zu entfernten Orten bestehen, in die nächste Kleinstadt. Nur wo das Städtewesen wenig entwickelt ist, geht es gleich in entferntere Großstädte. *Pierre Merlin* (1970) gibt dafür als Beispiele die Abwanderung aus den Landgebieten des Zentralmassivs und der Bretagne an, die sich direkt nach solchen großen Zentren wie Rennes, Nantes, Clermont-Ferrand, Lyon und hauptsächlich Paris richtet. Hier fehlen die intervening opportu-

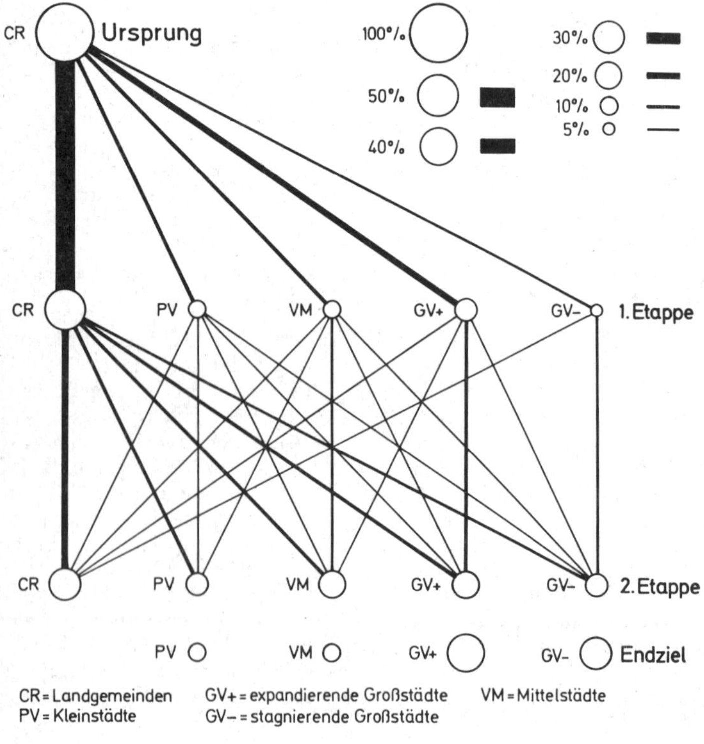

Abb. 1 Arbeiterwanderungen vom Land in die Städte der Region Lyon/St. Etienne (nach *Pierre Merlin* 1971)

nities, die bei der Konstruktion von Wanderungsmodellen so viel Kopfzerbrechen verursachten.

Nun ist der Zuzug in die nächste Stadt für viele nur der erste Schritt. Die Land-Stadt-Wanderung geht in mehreren Etappen vor sich. Es sei auf die Graphik (*Abbildung 1*) verwiesen, in der die Wanderwege der in die städtischen Zentren der Region Lyon–Saint Etienne zugewanderten Arbeiter dargestellt sind. Nach *Pierre Merlin* (1971) zeigt die Karte neben der Bedeutung der Wanderung zwischen den Landgemeinden die geringe Bedeutung der Zwischenstationen bei der Land-Stadt-Wanderung in diesem Gebiet. So könnte es bessere Beispiele geben (die leider nicht vorliegen). Aber wie eindrucksvoll ist die Graphik dennoch!

Bedauerlicherweise läßt beim Studium der Etappenwanderung die amtliche Wanderungsstatistik völlig im Stich. Es kann aber behauptet werden, daß sie eine große Bedeutung hat und daß sie vor allem bei den weiter unten behandelten Siebungsvorgängen, die mit der Wanderung verbunden sind, eine große Rolle spielt. Aber schon bei der Abwanderung vom Land findet eine gewisse Auslese statt. Für Frankreich gilt nach *Merlin*, daß der Frauenüberschuß bei der Abwanderung nicht so groß ist, wie oft angenommen wird (und wie er früher tatsächlich war). Ganz ausgeprägt ist jedoch eine Bevorzugung der Altersgruppen zwischen 15 und 30 Jahren; bei Wandernden dieses Alters sind auch mit der geographischen Bewegung starke soziale und wirtschaftliche Veränderungen verbunden. Von den Berufen wandern zuerst die Landarbeiter ab, dann die kleinen Pächter und nach ihnen die kleinen Hofbesitzer vor den Besitzern größerer Anwesen. Die Kaufleute und Handwerker bleiben am längsten, um dann aber auch fortzuziehen, wenn sie ihre Kundschaft verloren haben. Nach *Merlin* scheint es aber auch, daß die Intelligentesten, die Gebildetsten, die Dynamischsten am ehesten geneigt sind, zur Stadt aufzubrechen. Er gibt aber zu bedenken, daß diese Feststellung vielleicht nur die Folge einer Beurteilung mittels städtischer Maßstäbe (z. B. der Schulzeugnisse) ist und will sich auf die Feststellung beschränken, daß diejenigen abwandern, die am besten für das städtische Leben geeignet sind und weniger für das Landleben.

Eine segensreiche Folge der mit der Abwanderung vom Land verbundenen größeren Mobilität der Bevölkerung ist das Aufbrechen der Isolate. Der Anteil der Eheschließungen mit Partnern aus dem gleichen Ort, die bei zu starkem Umfang zu Inzuchterscheinungen mit hoher Säuglingssterblichkeit, Idiotie, Taubstummheit, Albinismus usw. führen, ist insbesondere seit der ersten Hälfte des 19. Jahrhunderts zurückgegangen. Die Arbeiten von *Placide Rambaud* (1962) und vor allem von *Jean de Sutter* (1962) berichten Näheres.

Es ist hier nicht der Platz, die sehr nuancenreichen, im Ganzen aber günstigen, wirtschaftlichen Folgen der Abwanderung vom Lande auf die Landgebiete und die zurückgebliebene Bevölkerung zu beschreiben. Aber trotz aller wirtschaftlichen Verbesserungen, die auch durch massive Subventionen gefördert werden, trotz der modernen Massenkommunikationsmittel, trotz einer verbesserten

Verkehrsaufschließung, trotz einer gewissen „Verstädterung" des flachen Landes, bleibt für die Landbevölkerung das Gefühl der Vernachlässigung und der Isolierung bestehen und wird sogar noch bewußter als zuvor. Die Abwanderungen haben in verschiedener Weise dazu beigetragen (durch Auslese, durch Berichte usw.), daß die ländliche Bevölkerung zu einer Gesellschaft von Unzufriedenen geworden ist.

In den letzten Jahrzehnten hat sich die Stadtwanderung in Richtung und Charakter z. T. geändert. Das eigentliche Ziel, die von der Stadt gebotenen beruflichen, sozialen und kulturellen Vorteile und Aufstiegschancen wahrzunehmen, blieb; doch konnte dieses immer leichter erreicht werden, ohne die mannigfachen Nachteile ausgesprochen städtischer Wohn- und Lebensverhältnisse in Kauf zu nehmen. Man zog nicht mehr in die Stadt selbst, sondern in deren Randgebiete oder in das Umland. Die erwerbstätigen Familienangehörigen gesellten sich dann zu den Pendlern. Gleichzeitig verzogen in den Städten immer mehr Personen aus den dicht bebauten Stadtzentren (Entleerung der City) und ließen sich in den Randgebieten mit lockerer Bebauung und geringerer Umweltbelästigung und – soweit die Gemarkung der Stadt dazu keine Gelegenheit bot – im Umlauf nieder.

Zahlen zur Quantifizierung dieser neuartigen Wanderungsströme stehen nicht zur Verfügung, aber auch die folgenden Salden nach *Karl Schwarz* (1970) sprechen eine deutliche Sprache: in der Bundesrepublik Deutschland hatten 1965/66 durch die Binnenwanderung die Kernstädte rd. 292 000 Einwohner verloren, gewannen allerdings durch einen Zuwanderungsüberschuß in der internationalen Wanderung 171 000 Personen zurück. Die Ergänzungsgebiete gewannen aus der Binnenwanderung 97 000 Personen (zuzüglich 71 000 aus der Außenwanderung), die verstädterten Zonen 157 000 und die Randzonen 41 000.

Über die Probleme der Rand-Umland-Wanderung gibt es inzwischen eine ganze Reihe von Monographien. So hat *Karl König* (1970) am Beispiel von Augsburg gezeigt, wieweit die Randwanderung in beruflicher und sozialer Hinsicht eine negative Auslese für die Stadt bedeutet: Auf die Dauer würde sie dazu führen, daß sich die Wohnviertel in der Stadt zu Wohnquartieren für die unteren Schichten umbilden, während die gehobenen Schichten mehr und mehr vor den Toren der Stadt ansässig wurden. Auch hier zeigt sich wieder der Beitrag der Wanderung zur Entmischung der Bevölkerung. *Franz Schaffer* (1970) hat an Ulm-Ezelsberg mit einer Bevölkerung, deren soziale, psychologische und wirtschaftliche Voraussetzungen sich sehr schnell wandelten und der somit weitgehend die Charakterzüge einer hochmobilen Gesellschaft zukam, beobachtet, daß die von Haushalt zu Haushalt recht unterschiedliche Wohnortsmobilität auch hier sehr deutlich mit den einzelnen Stadien im Lebenszyklus der Familie zusammenhing.

Die Entwicklung der Umlandbevölkerung aus Alteingesessenen, die oft – wenn Satellitenorte nicht gar auf grüner Wiese gebaut wurden – schnell in die Minderheit gerieten, aus Zuzüglern aus den Kernstädten und aus Zuzüglern aus anderen Städten und direkt vom Land ist eine Erscheinung, deren Implikationen viel mit denen der „neuen Städte" gemeinsam haben.

VI. Pendelwanderungen

Wird der Wechsel des Wohnsitzes als bestimmendes Kriterium für „Wanderung" eingeführt, dann gehören die als Pendelwanderungen bezeichneten täglichen oder auch wöchentlichen Fahrten zwischen dem Wohnsitz und der Arbeits- oder Ausbildungsstätte nicht zu den Wanderungen. Sie stehen aber als Mittel der sozialen Mobilität ohne Wohnsitzverlegung in Wechselwirkung mit den Wanderungen im engeren Sinne und haben zudem einen solchen Umfang angenommen, daß man die geographische Mobilität der Bevölkerung nicht länger behandeln kann, ohne auch auf die Pendelwanderungen einzugehen. Immerhin hat sich die Zahl der Personen, bei denen die Arbeits- oder Ausbildungsstätte nicht in ihrer Wohngemeinde lag, in Bayern von 271 000 im Jahr 1939 über 450 000 im Jahr 1950 und 1 007 000 im Jahr 1961 auf 1 855 000 im Jahre 1970 fast versiebenfacht. Vier von zehn Erwerbspersonen in Bayern pendelten. Im Bundesdurchschnitt waren es rund 28 % bei insgesamt 7,4 Mill. Berufspendlern (5,4 Mill. männliche, 2,0 Mill. weibliche). 1961 wurde in Bayern festgestellt, daß fast jeder zweite Pendler Eigentümer eines Hauses oder einer Wohnung war.

Mit dieser Entwicklung hat sich die Pendelwanderung als eine Alternative zur Abwanderung durchgesetzt, wenn es nicht möglich war, am Wohnort das zur Befriedigung der Ansprüche an die gewünschte Lebenshaltung erforderliche Einkommen zu erzielen. Es wird meist bestritten, daß die Pendelwanderung eine Vorstufe für die Verlegung des Wohnsitzes ist. Doch muß man wohl schichtenspezifische Unterschiede im Verhalten annehmen. Für die ältere und konservative Bevölkerung ist die Pendelwanderung das Mittel der Wahl. Viele jüngere Menschen werden daran interessiert sein, nach anfänglichem Pendeln doch den Wohnsitz zu wechseln und an den Arbeitsort oder in das Umland der Arbeitsorte (mit kürzeren Pendelwegen) zu ziehen. Nach *Karl Ganser* (1969) hat in seinem Untersuchungsgebiet (Rheinland-Pfalz) immerhin jeder vierte Pendler schon mit dem Gedanken gespielt, umzuziehen, und von den jüngeren ist tatsächlich ein nicht kleiner Prozentsatz abgewandert. Auch *Otto Neuloh* (1973) stellte bei einer empirischen Untersuchung im Saarland fest, daß die jungen Erwerbstätigen das tägliche Pendeln ablehnen und daß seit 1964 im Fallstudiengebiet die Wanderungsbilanz negativ ist. Von der Gesamtheit der befragten (Fern-)Pendler würden allerdings nur 5 % lieber in die Nähe des Arbeitsplatzes ziehen; 77 % sind auf keinen Fall zum Umzug bereit. *Gunther Ipsen* (1957) hatte in Odenwaldgemeinden festgestellt, daß kaum der sechste Teil der Pendler weg will; zwei Drittel von diesen wegen der schlechten Verkehrsverhältnisse.

In neuester Zeit ist Pendelwanderung auch neu entstanden durch Fortzug vom Arbeitsort, wenn Wohnungen in dem Umland der Städte angeboten wurden und sich danach die Notwendigkeit ergab, einen längeren Weg zur Arbeitsstätte zurückzulegen.

Schon als die Pendelwanderung noch nicht so stark war wie heute infolge der Verbesserung der Verkehrsverhältnisse und der gestiegenen Arbeitskräftenachfrage an den zentralen Orten, hat man sich mit dem Phänomen beschäftigt. Im *Handwörterbuch der Staatswissenschaften* von 1911 (3. Aufl.) wird allerdings nur über die saisonalen Wanderarbeiter geschrieben und die Tagespendler werden nicht erwähnt. Die statistische Erfassung des Pendlerverkehrs war jedoch schon lange von den Städten in Angriff genommen worden.

Die Stadt Altona begann bereits 1880 mit entsprechenden Auszählungen. Als bei der Volkszählung 1900 erstmals die Frage nach dem Beschäftigungsort gestellt wurde, bot sich eine umfassende Gelegenheit der Auszählung der Pendler, die jedoch nur von Württemberg voll wahrgenommen wurde (der Leiter des Statistischen Landesamtes in Stuttgart, *H. Losch*, führte 1910 den Ausdruck Pendelwanderer in den Sprachgebrauch ein), während Preußen Angaben für 22 Großstädte und ihre Umgebung, sowie für 7 Industriebezirke lieferte. Für das Deutsche Reich schätzt *Friedrich Kästner* (1940) die Zahl der Pendler im Jahre 1900 auf annähernd eine Viertelmillion. Für regionale Ermittlungen wurden später u. a. die Unterlagen des kommunalen Lastenausgleichs zwischen Wohn- und Betriebsgemeinden, die Personenstands- und Betriebsbogen des Gewerbesteuerausgleichs, Krankenkassenmaterial, Befragungen von Betrieben und in Schulen benutzt. Der bevorzugte Weg, die Ermittlung des Berufsverkehrs auf der Eisenbahn aus den Zeitkartenverkäufen, war schon deshalb als Pendlerstatistik mangelhaft, weil der Fahrrad- und Straßenbahnverkehr nicht erfaßt wurden. Die Reichsstatistik hielt sich abseits. Erst 1929 beschäftigte sich das Statistische Reichsamt auf Antrag der Landesplanung mit der Pendelwanderung in dem staatlich ja noch stark zersplitterten mitteldeutschen Raum um Halle und Merseburg. Allgemeine Auszählungen über die Pendlerströme gab es erst bei der Volkszählung 1950 in der Bundesrepublik Deutschland (*Werner Nellner* 1956). 1961 wurden erstmals das (überwiegend) benutzte Verkehrsmittel und der Zeitaufwand ermittelt, und es wurden die Berufspendler und die Ausbildungspendler unterschieden. Bei der Aufstellung der Standardtabellen und insbesondere bei ihrer Vervielfältigung können allerdings die regionalen statistischen Angaben, z. B. über die individuellen Pendlerströme zwischen den Gemeinden (in Bayern 1961 immerhin 30 000 mit mehr als 5 Pendlern) und die sachlich gegliederten Angaben, z. B. Alter, Familienstand, Hausbesitz, Wirtschaftszweig nur sehr begrenzt miteinander kombiniert werden. Es ist aber dank der Speicherung aller vorliegenden Angaben auf den elektronischen Datenträgern technisch möglich, sehr eingehende statistische Aufschlüsse über die Zusammensetzung ausgewählter Pendlerströme, z. B. die in einem bestimmten Gebiet oder die nach einer bestimmten Stadt, zu gewinnen. Wie in der Statistik der Wanderungen reagieren auch die Zahlen in der Pendelwanderungsstatistik stark auf die Gebietseinteilung und ihre Änderungen. Die 1970 festgestellten Einpendler über die Stadtgrenze von Augsburg betrugen 55 064 nach dem Gebietsstand vom 27. Mai 1970, aber nur noch 46 284 nach dem Gebietsstand vom 1. Juli 1972. Eingemeindung verschiedener Randgemeinden, aus denen zahlreiche Pendler kamen, war die Ursache des Rückgangs.

Die sozialwissenschaftliche Behandlung der Pendlerfrage ist im Vergleich mit der statistischen Erfassung erst spät in Gang gekommen. Noch im Raumordnungsbericht 1972 der Bundesregierung wird ausdrücklich darauf hingewiesen, daß Untersuchungen über das Pendlerwesen in der empirischen Sozialforschung und Demoskopie noch sehr selten sind. *Neuloh* (1973) weist in seinem Literaturverzeichnis von 72 Titeln kaum mehr als ein Dutzend Arbeiten nach, die als sozialwissenschaftlich gelten können.

Unter den neueren Untersuchungen über die Pendelwanderung darf nach Anlage und Ergebnissen das Gutachten von *Karl Ganser* über Struktur, Entwicklungsprozesse und Raumordnungskonsequenzen der Pendelwanderungen in Rheinland-Pfalz (1969) ein so weitgehendes Interesse beanspruchen, daß es im folgenden resumiert werden soll, zumal fast alle seine Aussagen empirisch abgesichert sind.

Ganser versucht über die mehr beschreibende Analyse des aus den Zahlen der amtlichen Statistik zu ersehenden Zustandes zu der Frage nach den Veränderungen und ihren Ursachen vorzustoßen. Um die Entscheidungsvorgänge herauszufinden, stützt er sich u. a. auf in rund 1000 Pendlerhaushalten durchgeführte Interviews über die wirtschaftlichen und sozialen Bindungen an den Wohnort sowie über etwaige Überlegungen, den Wohnort zu wechseln.

Aus der Beobachtung, daß die Konsumpotenz und ein ihr entsprechendes Einkommen immer mehr zum dominierenden Faktor für die Selbsteinstufung auf der sozialen Skala und der Besitz von Konsumgütern immer mehr zum Statussymbol wird, leitet Ganser ab, daß dort, wo die Einkommenserwartungen in einem bestimmten Ort nicht oder nur unzureichend befriedigt werden können, eine Spannung entsteht. Sie läßt sich lösen, indem die Bevölkerung nach einem Ort, an dem die Erwartungen erfüllt werden können, abwandert oder sich zur Pendelwanderung nach diesem Ort entschließt; anderenfalls bleibt die Spannung latent erhalten. Welche Entscheidung getroffen wird, hängt von der Bewertung des gegenwärtigen Wohnorts ab. Wird er als unattraktiv betrachtet, so liegt die Abwanderung nahe. Sind die Bindungen an den Wohnort und an das herrschende Sozialklima stark, unterbleibt die Wanderung und die Spannung wird über die Pendelwanderung ausgeglichen, sofern die angestrebte Arbeitsstätte in erreichbarer Pendelentfernung ist. Ist das nicht möglich, bleibt die Spannung erhalten; es entstehen Gebiete sozialer Unzufriedenheit.

Das ausgedehnte Spektrum der Verhaltensmuster bei der Entscheidung „pendeln" oder „abwandern" macht Ganser in der Gegenüberstellung zweier extrem konträrer Gruppen begreiflich: der traditionell gestalteten Verhaltensgruppe und der mobil gestalteten Verhaltensgruppe.

Bei der traditionell gestalteten Verhaltensgruppe wird der Wohnort gegenüber dem Arbeitsort überbewertet. Er bietet Geborgenheit, vermittelt soziales Ansehen. Die Bewertung des Arbeitsortes geschieht lediglich aus dem Blickwinkel eines vorübergehenden Gelderwerbs zum Zwecke einer befristeten Wohlstandssteigerung. Um diese Zeit möglichst abzukürzen, wird im Interesse höherer Verdienste auch ein weiter Pendelweg in Kauf genommen. Eine Abwanderung dieser Pendler ist nicht zu erwarten. Der Wohnort vereinigt für sie zu viele hochgeschätzte Werte. Dies gilt aber überwiegend nur für die ältere Generation. Auf die jüngeren Einwohner übt der gegenwärtige Wohnort eine eher abstoßende und der Arbeitsort eine stärker anziehende Wirkung aus; die Gefahr abzuwandern ist groß.

Die mobil gestaltete Verhaltensgruppe hat sich Wohnort und Arbeitsort so gestaltet, daß sie die gebotene Vielfalt der Aufstiegschancen wahrnehmen kann, ohne auf ihre sich immer mehr steigernden Ansprüche an den Wohnort verzichten zu müssen. Ihr bevorzugter Lebensraum sind die verstädterten Gebiete. Ihre räumliche und soziale Mobilität ist unvergleichlich höher als die der traditionell gestalteten Verhaltensgruppen.

Obgleich die beiden Verhaltensgruppen nicht in räumlicher Ausschließlichkeit vorkommen, und obgleich es viele Übergangsformen gibt, weist Ganser nach, daß sich bei räumlicher Betrachtungsweise die beiden Gruppen in allen empirischen Untersuchungen als „labile" und „stabile" Pendlerräume wiedererkennen lassen.

Zu den labilen Pendlerräumen gehören ausgedehnte Teile des flachen Landes. Er ist bevorzugter Lebensraum traditionell geprägter Sozialgruppen. Das Arbeitsangebot ist qualitativ und quantitativ unzureichend. Auch das Angebot an Ausbildungsstätten bietet nicht viel Auswahl und vermittelt nur geringe Startchancen für den sozialen Aufstieg. Ein unwirtliches Sozialklima verbunden mit einer schlechten Ausstattung und Versorgung lassen den Wohnort vor allem für die jüngere Generation nicht gerade erstrebenswert erscheinen. Zur Pendelwanderung gesellt sich latente Abwanderungsbereitschaft.

Stabile Pendelräume sind in den seit langer Zeit verstädterten Gebieten mit ihrer Vielfalt an Arbeitsstätten und Wohnräumen entstanden. Dort gibt es keine qualitativen und quantitativen Diskrepanzen zwischen Nachfrage und Angebot an Arbeitsstätten, die als Urheber regionaler Mobilität wirken können. Die Stabilität solcher Räume ist jedoch nicht statisch, sondern im Gegenteil an intensive soziale und räumliche Umschichtungen geknüpft. Diese Pendlerräume entsprechen auch in der Gestaltung des Wohnorts den Vorstellungen einer industriegesellschaftlich mobilen Verhaltensgruppe. Auch von dieser Seite werden keine Spannungen als Anlaß regionaler Mobilität indiziert.

Soweit Ganser mit seinen Beobachtungen aus den späten 1960ern in Rheinland-Pfalz. Es soll ergänzend unterstrichen werden, daß auch bei der Entscheidung zwischen Nichthandeln, Abwandern und Pendeln ein ganzes Bündel von Faktoren mitwirken kann und daß ein Motivwandel stattfindet. Wie bei der Land-Stadtwanderung scheinen die rein wirtschaftlichen Erwägungen durch Vorstellungen über den erstrebenswerten Wohnort unter dem Gesichtspunkt von Wohnwert (Versorgung mit Dienstleistungen) und Freizeitwert in den Hintergrund gedrängt zu werden. Damit mögen sich auch die Auffassungen an die zumutbaren Pendelwege ändern, ganz abgesehen davon, daß sich die Voraussetzungen für das Pendeln durch Verbesserung der Verkehrsverhältnisse (schnellere und komfortablere Zugverbindungen, flächenhafte Erschließung durch Bus- und Personenauto) verändert haben und weiter verändern werden. So ist das Pendlerfeld in ständiger Bewegung mit dem Ziel einer Minimierung der wirtschaftlichen und sozialen Spannung und einer optimalen Befriedigung der Bedürfnisse der Bevölkerung unter den jeweiligen Arbeitsplatz- und Verkehrsbedingungen. Dabei dehnen sich die von der Pendelwanderung geprägten Räume immer weiter aus, so daß von den sozialen Konsequenzen (bisher war von den Ursachen gesprochen worden) der Pendelwanderung ein immer größeres und weiteres Gebiet getroffen wird. In diesem Zusammenhang ist auch die Rolle der Pendelwanderer im Kulturzusammenstoß zwischen Stadt und Land zu sehen.

Die Bedeutung der Pendelwanderung im Kulturzusammenstoß zwischen Land und Stadt liegt darin, daß Kenntnisse städtischer Anschauungen, Sitten und Lebensverhältnisse nicht nur von den Pendlern selbst erworben werden, sondern auch an die übrigen Mitbürger der Wohnsitzgemeinden weitergegeben werden. So ist es nicht nur unter wirtschaftlichen, sondern auch unter sozialen Aspekten richtig, daß die Pendlereinzugsgebiete als Hauptkriterien für die Abgrenzung der Stadtregionen verwendet werden. Ein Teil der Pendler gewöhnt sich so stark an die städtischen Verhältnisse am Arbeitsort, daß er sie als gegenüber den Verhältnissen in seinem Wohnort überlegen betrachtet und darum danach strebt, der mit der Aufnahme der Pendelwanderung meist verbundenen beruflichen und sozialen Mobilität auch den örtlichen Wechsel folgen zu lassen. Kurz, aber sehr aufschlußreich hat *René König* (1953) die Bedeutung der Pendelwanderung in der Schweiz charakterisiert. Er hebt hervor, daß dort die Pendelwanderung nicht nur als erzwungen durch Wohnungsmangel, Scheu vor der Stadt oder Unvermögen, sich der Stadt anzupassen, anzusehen ist, sondern auch ihre positiven Seiten hat, indem der Arbeiter durch abendliche Rückkehr zur Familie an eine traditionsreiche und konservative Lebensweise gebunden bleibt, und daß er bei der in der Schweiz stark gestreuten Industrie besonders günstige Möglichkeiten für wirtschaftliche Anpassung und beruflichen Aufstieg findet, da er in verschiedenen Richtungen pendeln kann. Bemerkungen über den Einfluß der Pendelwanderungen finden sich auch in einer Gemeindestudie von *Hans Weiss* (1956), in der der Einfluß der vom Ort in die Industriestadt Pendelnden dem der Einpendler in den Ort, der im Begriff ist, gewerblich zu werden, gegenübergestellt und entschieden höher gewertet wird. Auch *Martin Egger* (1956) beobachtet die Übernahme städtischer Anschauungs- und Verhaltensweisen durch die Pendler; sie hatten aber in der untersuchten abgelegenen Odenwaldgemeinde wegen ihrer geringen Zahl noch keinen Einfluß auf das Sozialleben gewinnen können.

VII. Wanderungsgründe und -entscheidung

Eine Typologie der Wanderungen kann nicht aufgestellt werden, Theorien der Wanderungen können nicht formuliert werden, Prognosen können nicht durchgeführt werden, ohne über die Gründe der Wanderungen und die Mechanismen der Wanderungsentscheidungen Bescheid zu wissen. Die Erforschung der Wanderungsmotivation und der Entscheidungsvorgänge und damit der Grundlage für Typologien, Theorien und Prognosen erweist sich aber als eine so überaus schwierige Aufgabe, daß man fast versucht ist, sich der Meinung von *Jürgen Wulf* (1972) anzuschließen, daß die Zusammenhänge zwar grundsätzlich determiniert, jedoch so komplex sind, daß sie durch den menschlichen Geist prinzipiell nicht mehr zu erfassen sind. Wenn man die Wanderungsströme disaggregiert und nur bestimmte Typen betrachtet, findet man leichter eine Lösung des Problems, die aber nur eine beschränkt brauchbare Teillösung ist und damit nur über die Komplexität des Wanderungsgeschehens hinwegtäuscht. Es bedeutet auch eine nicht akzeptable Simplifizierung, wenn *Marios Nikolinakos* (1973) die These vertritt, daß die Wanderungsprozesse einer ihnen allen gemeinsamen Kausalität unterworfen sind, nämlich dem Ausgleich zwischen Arbeitskräftemangel und Arbeitskräfteangebot, und daß lediglich die Formen solcher Bevölkerungsbewegungen von den jeweils herrschenden geschichtlichen und politischen Bedingungen abhängen. Zwar kann Nikolinakos nicht ganz leugnen, daß es daneben noch andere Wanderungsphänomene gibt; sie haben für ihn aber nur lokale oder zeitlich begrenzte Bedeutung. Bei dem von Nikolinakos angenommenen Mechanismus ist es für ihn ein Fehler, wenn viele soziologische und psychologische Untersuchungen von der individuellen Situation ausgehen.

Neben den Schwierigkeiten des grundsätzlichen Verständnisses der Wanderungsmotivationen gibt es methodische Probleme ihrer empirisch-statistischen Beobachtung, auf die vor allem *E. W. Buchholz* (1970) aufmerksam gemacht hat. Sie rühren daher, daß es die Motivforschung nicht mit einfach festzustellenden Tatbeständen wie Alter und Geschlecht der Wandernden zu tun hat, sondern mit individuellen Gründen und Begründungen über die, selbst wenn man ein vollkommenes System der möglichen Wanderungsgründe vorgeben könnte, in Interviewbefragungen die Wahrheit äußerst schwer ermittelt werden kann. Die Befragten sind sich selbst häufig nicht klar über den befragten Sachverhalt, geben unreflektierte Antworten oder schieben den eigentlichen Gründen ideologische Begründungen vor. Der Wanderungsvorgang ist eben vielfach nicht rational begründet, und dem Versuch, den Gewanderten im Interview auf rationale Begründungen festzulegen, sind damit Erfolgsgrenzen gesetzt. Wieviel zweifelhafter sind dann die Ergebnisse von schriftlichen Befragungen über die Wanderungsgründe.

Dies vorausgesetzt, sei im folgenden aus einer inzwischen schon stattlichen Reihe von Versuchen, Motive zu erfragen, noch einmal ausführlicher auf die Ergebnisse der im Abschnitt Land-Stadtwanderung schon erwähnten Untersuchungen in Essen (*Franz Küpper* 1971) und Pforzheim (*Erhard Hruschka* 1970) eingegangen.

Die Stadt Essen (Amt für Statistik und Wahlen) verteilte an die bei der Meldebehörde An- oder Abmeldungen vornehmenden Deutschen einen Fragebogen, in dem die folgenden Antwortmöglichkeiten vorgegeben worden waren:

Tabelle 1 Der Zuzug erfolgte

aus beruflichen bzw. Arbeitsplatzgründen	aus Wohnungsgründen	aus sonstigen Gründen
und zwar:	und zwar:	und zwar:
01 Unsicherheit des bisherigen Arbeitsplatzes	10 Erfolgloses Suchen nach eigener Wohnung	20 Heirat
02 Schließung bzw. Verlagerung des bisherigen Betriebes	11 Unzufrieden mit der bisherigen Wohnung bzgl. Größe, Miete, Ausstattung	21 Familienzusammenführung
03 Verringerung der Belegschaft	12 Kündigung bzw. Abbruch der eigenen Wohnung	22 Rückkehr an den Heimatort
04 Versetzung zu einem anderen Arbeitsplatz	13 Bezug einer Eigentumswohnung bzw. eines eigenen Hauses	23 Gesundheitliche Gründe
05 Wunsch nach Wechsel des Arbeitgebers, nach besseren Verdienst- und Aufstiegsmöglichkeiten	14 Streben nach Wohnung am Arbeitsort	24 Sonstige persönl. Gründe
06 Besuch einer Ausbildungsstätte	15 Sonstige Gründe, und zwar....	....
07 Wechsel des Berufs		30 Abneigung gegen Umwelt und Lage der bisherigen Wohnung
08 Sonstige berufliche Gründe und zwar....		31 Wunsch nach Wohnung im Grünen
		32 Wunsch nach Wohnung in der Stadt
		33 Wunsch nach größeren Möglichkeiten bezüglich Bildung, Freizeit, Erholung

Es konnten mehrere Gründe angegeben werden, doch sollte dann der Hauptgrund unterstrichen werden. Die angekreuzten Gründe wurden dann auf alle Personen – ob Mann, Frau oder Kind – übertragen, die auf dem Meldeschein aufgeführt waren.

Für die statistische Auswertung wurden die Einzelgründe zu vier Motivgruppen zusammengefaßt: Arbeitsplatzgrund, Wohnungsgrund, persönliche Gründe, Umwelt-/Freizeitgründe. Es ergaben sich für 1970 folgende Hauptergebnisse: Bei den 9837 Zuzügen waren die persönlichen Gründe am häufigsten angegeben (39,7 % aller Zugezogenen) und zwar Heirat, Familienzusammenführung und Rückkehr an den Heimatort zu fast gleichen Anteilen (je rund 11 %); darauf folgten die beruflichen Gründe (13,5 %) und die Wohnungsgründe (21,8 %). Umwelt- oder Freizeitgründe waren fast gar nicht angekreuzt (3 %). Bei einer Gliederung nach Herkunftsräumen (was etwa mit einer Gliederung nach der Entfernung gleichgesetzt werden kann) zeigten sich wesentliche Unterschiede. Die Zuzüge aus den umliegenden Gemeinden erfolgten in gleicher Stärke aus Wohnungsgründen (37,5 %) und aus persönlichen Gründen (36,2 %) und weniger stark aus beruflichen Gründen (24,0 %). Bei den Zuzügen aus dem übrigen Nordrhein-Westfalen standen die erwerbsorientierten Gründe bereits an der Spitze (38,6 %), bei denen aus dem übrigen Bundesgebiet stellten sie mehr als die Hälfte.

Bei den 20 438 Fortzügen dominierten eindeutig die erwerbsorientierten Gründe (35,9 %) vor den persönlichen Gründen (30,8 %) und den Wohnungsgründen (28,2 %) sowie den sonstigen Umwelt-/Freizeitgründen. Auch hier sind die Gründe verschieden stark je nach der Entfernung: Unter den Gründen für die Fortzüge in eine umliegende Gemeinde machten Wohnungsgründe (43,2 %) und persönliche Gründe (28,7 %) zusammen über 70 % aus; die erwerbsorientierten Gründe nur 24,3 %. Je weiter die Wanderungsdistanz, desto wichtiger die erwerbsorientierten Gründe.

Angaben über die Kombination von Gründen sind für Essen weder für die Zuzüge noch für die Fortzüge veröffentlicht worden.

Bei der für Pforzheim angestellten Untersuchung über die Gründe der Zuzüge und Fortzüge 1969 wurden einer 10 % Auswahl der Zuziehenden mit den Fragen nach den Gründen des Zuzugs nach Pforzheim auch Fragen nach den Gründen des Fortzugs aus der früheren Wohngemeinde gestellt. Sinngemäß wurde bei den Fortzügen vorgegangen. Die folgende *Tabelle 2* unterrichtet über die vorgegebenen Gründe und die Häufigkeit, mit der sie als *Haupt*grund angegeben worden waren. (Es war möglich, zwei Gründe anzugeben, wobei der Wichtigste kenntlich zu machen war.)

Tabelle 2 Hauptmotive für den Zuzug nach Pforzheim 1969

Hauptmotive für Zuzüge	bei Zuzügen	bei Fortzügen
	Hauptmotiv in %	
	für den Zuzug nach Pforzheim	für den Zuzug nach neuem Wohnort
a) Unbefriedigende Arbeitsbedingungen, Verdienstmöglichkeiten/ Aufstiegschancen	27,8	20,6
b) Bessere und angenehmere Wohnmöglichkeiten	25,2	28,6
c) Verwandte, Freunde, Bekannte oder Familienmitglieder wohnen schon hier/dort	20,9	23,8
d) Eine Stadt von der Größe Pforzheims bzw. des neuen Wohnorts gefällt besser	3,5	2,4
e) Entscheidend war die landschaftliche Lage	0,9	2,4
f) Auf dem Fachgebiet besonders günstige Ausbildungsmöglichkeiten	7,9	1,6
g) Pforzheim bzw. der neue Wohnort ist die nächstgelegene Ausbildungsstätte	2,6	2,4
h) Pforzheim bzw. der neue Wohnsitz gefällt als Stadt besonders gut	2,6	3,2
i) In Pforzheim bzw. dem neuen Wohnort bestehen bessere Ausbildungsmöglichkeiten für die Kinder	1,7	–
k) Sonstige Gründe	7,0	15,0
	100,0	100,00
Fälle	115	126

Bei dem Zuzug nach Pforzheim waren die besseren Arbeitsbedingungen zwar der wichtigste Grund, aber nur wenig vor den besseren und angenehmeren Wohnmöglichkeiten, während die familiären Gründe, in diesem Fall definiert als „Verwandte, Freunde, Bekannte oder Familienmitglieder wohnten schon in Pforzheim" an dritter Stelle standen. Die besseren Ausbildungsmöglichkeiten waren auch recht wichtig, wenn man die Gründe f, g und h zusammenfaßt. Bei den Gründen, die die nach Pforz-

Tabelle 2 Hauptmotive für den Fortzug aus Pforzheim 1969

Hauptmotive für Fortzüge	bei Zuzügen	bei Fortzügen
	Hauptmotiv in %	
	für den Wegzug aus früherem Wohnort	für den Wegzug aus Pforzheim
a) Ausbildung/Fortbildung	16,7	7,5
b) Unbefriedigende Arbeitsbedingungen/Verdienstmöglichkeiten/Aufstiegschancen	26,7	14,3
c) Unbefriedigende Wohnverhältnisse	18,3	19,5
d) In der bisherigen Wohngemeinde bzw. in Pforzheim gefiel es nicht mehr	2,5	0,8
e) Zu wenig Kontakt zu anderen Menschen	0,8	1,6
f) Familiäre Gründe	20,8	36,8
g) Schulausbildung/Fortbildung der Kinder	2,5	–
h) Sonstige Gründe	11,7	19,5
	100,0	100,0
Fälle	120	133

Quelle: *Hruschka* (1970)

heim zugezogenen Personen für das Verlassen des früheren Wohnsitzes angaben, ist die Rangordnung etwas anders. Auf die berufsorientierten Gründe folgen die familiären Gründe vor den unbefriedigenden Wohnverhältnissen und dem Grund Ausbildung/Fortbildung. Das bedeutet, daß nicht bei allen Personen der (Haupt-)Grund für den Fortzug aus dem früheren Wohnort und für den Zuzug nach Pforzheim übereinstimmte. Tatsächlich waren von 120 Fällen nur in 25 Fällen die arbeitsorientierten Gründe für Fortzug von früheren Orten *und* Zuzug nach Pforzheim als maßgebend angegeben worden; in 18 Fällen waren es die Wohnverhältnisse am früheren Wohnort *und* in Pforzheim, in 15 Fällen familiäre Gründe an beiden Orten und in 7 Fällen Ausbildungsgründe; insgesamt waren nur in 65 Fällen die gleichen Hauptgründe für Fortzug vom früheren Wohnort und Zuzug nach Pforzheim angegeben worden. Auf die Gründe der Fortzüge soll nicht weiter eingegangen werden; es sei nur auf die Zahlen der *Tabelle* 2 verwiesen.

Interessant ist die Auszählung der Kombinationen von Hauptgrund und zweitem Grund. Leider ist nicht mitgeteilt, wie oft nur ein Einzelgrund angegeben wurde. Die Kombinationen zeigen eine starke Streuung. Die häufigste Kombination (bessere und angenehmere Wohnmöglichkeiten als in der früheren Wohngemeinde als Grund für den Fortzug, und Verwandte, Freunde oder Familienmitglieder wohnten schon in Pforzheim als Grund für den Fortzug) umfaßt 10 % aller Äußerungen. Die Kombinationen mit dem Hauptgrund Arbeitsplatzmotiv sind insgesamt relativ häufig, jedoch sind die einzelnen Kombinationen nicht sehr stark besetzt. Wenn das Arbeitsplatzmotiv erscheint, ist es mit einer Ausnahme immer als das Hauptmotiv gekennzeichnet worden.

Während für Essen die Wanderungsgründe in der Aufgliederung nach der „Entfernung" geboten werden, geschieht es für Pforzheim nach Gemeindegrößen. Es darf angenommen werden, daß Herkunfts- und Zielort „kleinere Gemeinden" überwiegend kurze Entfernung, Herkunfts- und Zielort „Mittelstädte" mittlere Entfernung und Herkunfts- und Zielort „Großstädte" größere Entfernung bedeutet. Für die Zuzüge aus kleinen Gemeinden waren die besseren und angenehmeren Wohnmöglichkeiten in Pforzheim der wichtigste Grund (72 %), dem in starkem Abstand die erwerbsorientierten Gründe folgten; auf den Grund „Verwandte ... schon in Pforzheim" kamen 24 %. Der letztgenannte Grund stand bei den Zuzügen aus Großstädten in auffallender Weise (33 %) vor den erwerbsorientierten Gründen (25 %). Für die Fortzüge von Pforzheim nach kleineren Gemeinden wurden am meisten familiäre Gründe angegeben (36 %), danach vor allem unbefriedigende Wohnverhältnisse (25 %). Die Sammelgruppe „sonstige Gründe" erreichte 21 %, unter ihnen sicher viele Fälle, die eigentlich zu den familiären Gründen gehören. Bei den Fortzügen nach Mittelstädten waren familiäre Gründe (36 %) und erwerbsorientierte Gründe gleich stark (je 26 %), doch dürften die familiären Gründe bei einem Anteil von 23 % für „sonstige Gründe" tatsächlich stärker besetzt gewesen sein. Auch bei den Fortzügen nach Großstädten wurden familiäre Gründe am häufigsten angegeben (38 %). In ziemlich weitem Abstand folgten an zweiter Stelle „Ausbildung/Fortbildung" (19 %) sowie erwerbsorientierte Gründe und unbefriedigende Wohnverhältnisse (je 12 %).

Eine wichtige Beobachtung bei beiden Erhebungen ist, daß bei allen Strömen sowohl in Richtung zur untersuchten Stadt als auch von ihr weg und bei der verschiedensten Länge sämtliche Motive in zwar charakteristischer, aber wiederum nur graduell unterschiedlicher Ausprägung vorkamen. Die Darstellung der Wanderungsmotive und der -entscheidungen wäre viel leichter, wenn die einzelnen Gründe die potentiellen Wanderer ausschließlich oder wenigstens weit überwiegend in eine bestimmte Richtung drängen würden.

Unter methodischen Aspekten sind gegen beide Erhebungen gewisse Vorbehalte zu machen. Der Erfassungsgrad war z. B. bei der Pforzheimer Erhebung kaum über 50 %, was die Gefahr einer Verzerrung der Ergebnisse bei einer ohnehin recht kleinen Stichprobe in sich birgt. Auch ist es zweifelhaft, ob auf so schwierige Fragen wie nach Fortzugs- und Zuzugsgründen durch schriftliche Befragung ausreichend richtige Antworten erwartet werden können und ob nicht geschulte Interviewer zutreffendere Antworten hätten herausholen können, und insbesondere etwas darüber hätten in Erfahrung bringen können, was sich hinter der in Pforzheim häufig auftretenden Position „Sonstige Gründe" verbirgt. Interessant ist die nur teilweise Übereinstimmung in den bei den beiden Erhebungen vorgegebenen Katalogen der Fragen, wobei bei der Essener Erhebung die Untergliederung der Hauptmotive sicherlich günstiger war, bei der Pforzheimer Erhebung die Einbeziehung von Gründen, die ein Werturteil darstellen, positiv zu bewerten ist.

Die Wanderungsgründe sind nicht immer klar gegeneinander begrenzt. Bezug einer neuen Wohnung wegen Eheschließung mag als Wohnungsgrund oder als „familiärer Grund" angesehen werden. Für den, der umgezogen ist, handelt es sich um ein Ereignis mit komplexem Grund, der für die Beantwortung der Fragen erst in seine Bestandteile zerlegt werden muß. Es ist überhaupt die Frage nach den persönlichen Gründen, die leicht zu falschen Aussagen Anlaß geben kann, da schließlich im Zweifelsfalle alle Gründe persönlicher Art sind. Insoweit ist es günstig, daß in der Essener Erhebung die wichtigsten dort als persönlich angesehenen Gründe einzeln aufgeführt werden (Heirat, Familienzusammenführung, Rückkehr an den Heimatort, gesundheitliche Gründe). Bei der Pforzheimer Erhebung sind weniger Gründe, die als persönlicher Art anzusprechen sind, vorgegeben, und man kann nur vermuten, daß der hohe Prozentsatz für den Grund „Verwandte, Freunde, Bekannte oder Familienangehörige wohnten schon in Pforzheim" weitgehend durch Eheschließung und Familienzusammenführung verursacht worden ist, obgleich in der textlichen Analyse der Ergebnisse „Heirat" bei der Erläuterung der sonstigen Gründe aufgeführt wird. Familienzusammenführung ist dabei immer ein sekundärer, nicht eigentlicher Grund, da es sich hierbei um „passive" Wanderer handelt, die einem vorausgezogenen „aktiven" Wanderer nachziehen; es ist zu vermuten, daß der eigentliche Grund für den Wanderungsvorgang in erwerbsorientierten Gründen liegt.

Eine erhebungstechnisch wichtige Feststellung ist, daß bei den Zuzügen nach Pforzheim unter den Gründen für den Fortzug aus dem bisherigen Wohnort auf dem Fragebogen an erster Stelle Ausbildung/Fortbildung angeführt ist und dieser Grund einen Prozentsatz von 16,7 % erreicht. Bei den Fragen über die Gründe für den Zuzug nach Pforzheim stehen die Gründe „besonders günstige Ausbildungsmöglichkeiten" und „nächstgelegene Ausbildungsstätte in Pforzheim" an 6. und 7. Stelle und erreichen nur 7,8 bzw. 2,6 %, zusammen mit 11,4 % also erheblich weniger als die oben aufgeführten 16,7 %. Es steht zu vermuten, daß die Reihenfolge der Gründe auf diese Unterschiede einen Einfluß hatte, indem die erste Stelle für den Grund „Ausbildung/Fortbildung" unter den Fortzugsgründen aus der früheren Wohngemeinde nach Pforzheim suggestiv wirkte.

Über die für Essen und Pforzheim getroffenen Feststellungen hinaus kann zu den Wanderungsgründen ganz allgemein festgestellt werden, daß sich die Bedeutung der einzelnen Gründe und die Art ihrer Kombination im Lauf der Zeit verändern und daß sie sich nach wirtschaftlichen, politischen und kulturellen Situationen ebenso wie nach Wanderungsrichtung und Distanz unterscheiden. Für die westdeutsche Gesellschaft haben offenbar die wirtschaftlichen Zwecke (vor allem die Suche nach einem Arbeitsplatz, weniger die Suche nach einem besseren oder höher dotierten Arbeitsplatz) stark an Bedeutung verloren. Wohnungsgründe haben immer noch als Folge der Kriegszerstörung und der Aufnahme von Flüchtlingen und Vertriebenen, neuerdings zunehmend auch im Hinblick auf die Verbesserung des Wohnwerts und der Umweltbedingungen große Bedeutung. Die übrigen Gründe in ihrer Heterogenität (Eheschließungen, Ausbildung usw.) haben, wenn nicht sogar absolut, so doch mindestens relativ an Bedeutung gewonnen.

Obgleich sich die Bedeutung der verschiedenen Wanderungsgründe vorstehend nur für bestimmte „Gebiete" quantifizieren ließ und zusammenfassende Daten für die Gesamtbevölkerung des Bundesgebiets nicht geboten werden konnten, dürften zum Vergleich einige von *Henri Bastide* (1974) mitgeteilte Zahlen für das gesamte Frankreich von Interesse sein. In der Binnenwanderung Frankreichs (ohne die von Landgemeinden zu Landgemeinden) entfielen von 100 angegebenen Motiven 50 auf berufliche Gründe, 23 auf familiäre Gründe (auf Eheschließung allein 14), auf Wohnungsgründe 12 und auf sonstige Gründe (darunter „mit den Eltern") 15. In der Gliederung sämtlicher Wanderungsfälle und Umzüge nach der Parität nehmen die Gründe Beruf und

Familie mit steigender Rangordnung ab: bei der ersten Wanderung standen die familiären Gründe mit 43 % (Eheschließungen allein 36 %, wechselten doch im Jahr der Eheschließung 71 % der Männer und 80 % der Frauen die Wohnung) vor Beruf mit 37 % und Wohnung mit 15 %; bei der vierten Wanderung standen die Wohnungsgründe mit 39 % vor Beruf (33 %) und Familie (18 %).

Wünscht man, möglichst viele der Wanderungsgründe auf ein gemeinsames Grundmotiv zu reduzieren, so bietet sich dazu der Wunsch nach Verbesserung der Lage an. Die Unzufriedenheit mit dem herrschenden Zustand – auf welchem Gebiet auch immer – und der Wunsch, sobald der individuelle Toleranzbereich überschritten ist, die Lebensbedingungen zu verbessern, vor allem sozial aufzusteigen, läßt den Gedanken aufkommen, die Konfliktsituation durch Wanderung zu lösen. Die wirtschaftlichen und sozialen Spannungsverhältnisse können allerdings auch anders als durch die Abwanderung der Menschen in die Gebiete mit für sie günstigeren Verhältnissen gelöst werden; die Mittel reichen von wirtschaftlichen Strukturverbesserungen, etwa durch bessere Energieverteilung mit Hilfe der Elektrifizierung oder bessere Verkehrserschließung durch Straßenbau bis zur revolutionären Umgestaltung der Wirtschafts- und Sozialform. Hier kann das Individuum von sich aus aber wenig tun, was ihm direkt nützt. Für ihn ist, sofern er nicht seine Wünsche auf Verbesserung aufgeben und sich mit der Spannung abfinden will, die Wanderung (gegebenenfalls in Form der Pendelwanderung) das einzige Mittel. Die Spannung wird um so schwerer ertragen und die Wanderung um so verlockender, je mehr Informationen über Chancen am anderen Orte ihn erreichen und je stärker er daran glaubt, daß die Wanderung, die ja immer mit Umständen aller Art und Kosten verbunden ist, ihm die erwartete „Belohnung“ für dieses Unternehmen gewährt.

Nachdem die Motivforschung für die Wanderung mittels individueller Befragungen eingesetzt hat, mag die Meinung aufkommen, daß vielleicht die Ermittlung der Wanderungsgründe mit Hilfe makrosozialer Daten überflüssig geworden sei. Das trifft aber aus mehreren Gründen nicht zu. So kann die Analyse der Makrodaten Anstöße für die Gestaltung der Mikrountersuchungen geben, indem letztere die Aufgabe erhält, die Beobachtungen zu überprüfen. Vor allem aber sind aus ihr Aufschlüsse über die durch die Systemkonstellation aufgebauten „Kraftfelder“ zu gewinnen, in denen und durch die beeinflußt die Wanderungsvorgänge ablaufen. Die Chancen (z. B. eine bestimmte Arbeit zu bekommen, oder aufzusteigen, oder die Wohnverhältnisse zu verbessern, oder Bildungseinrichtungen zu benutzen usw.) sind in der wirtschaftlichen und soziokulturellen Wirklichkeit in bestimmter räumlicher Anordnung angeboten. Diese Kraftfelder können auf die Bevölkerung (Einzelpersonen, Familien, Haushalte) einen Einfluß ausüben, wenn die Probanden die am Ort herrschenden Verhältnisse als negativ empfinden (Pull-Situation) oder die woanders herrschenden Verhältnisse als positiv bewerten (Push-Situation). Ob eine solche Beurteilung stattfindet, und ob sie zu einer Wanderungsentscheidung (sie kann auch lauten: nicht wandern) führt, hängt von den Merkmalen, dem Charakter und der Einstellung der Personen ab (Geschlecht, Alter, Familienstand; derzeitiger Beruf, derzeitiges Einkommen; Immobilienbesitz; soziale Kontakte, oder Konflikte am Ort; Unternehmungslust Intelligenz und dgl.). Es kommt hinzu, daß das Kraftfeld auf den einzelnen nur wirken kann, wenn er es kennt. Weg und Umfang der Informationen sind daher ein wichtiger Faktor für den Wanderungsentschluß. Kraftfelder, Informationen über die Kraftfelder und persönliche Dispositionen sind damit Grundvoraussetzungen für eine Wanderungsentscheidung.

Die Ermittlung der die Wanderungen beeinflussenden Push- und Pullfaktoren und damit der „Kraftfelder" erfolgt seit geraumer Zeit durch Vergleiche der Arbeits- und Lebensbedingungen in den Gebieten der Herkunft und des Ziels der wichtigsten Wanderungsströme anhand der dafür zur Verfügung stehenden makrostatistischen Daten. Je stärker sich die Verhältnisse in den Fortzugsgebieten und in den Zuzugsgebieten voneinander unterscheiden und je eindeutiger die Wanderung in eine bestimmte Richtung geht, um so einfacher ist es, die Außenkräfte zu erkennen. Dies ist vor allem für wirtschaftliche Tatbestände und die durch ihre Unterschiede beeinflußten Wanderungen der Fall; z. B. wenn Arbeitskräfte aus Gebieten fehlender Nachfrage (Arbeitslosigkeit oder Unterbeschäftigung) in solche mit Nachfrage (Überbeschäftigung), von Gebieten mit niedriger Lohnhöhe in solche mit höheren Löhnen strömen. Auch der Einfluß der Versorgung mit Ausbildungseinrichtungen auf die Wanderungsströme ist unschwer zu erkennen, während der Einfluß der Wohnraumversorgung schwieriger festzustellen ist. Bereits in diesem Zusammenhang verdient nicht nur beachtet zu werden, daß die determinierenden Gründe und die Motivkombinationen für die Teilströme verschieden sind, so daß zu ihrem besseren Verständnis Ströme disaggregiert werden müssen, etwa in die der älteren Personen und die der jüngeren Personen und dgl., sondern auch daß die gleichen Gründe einmal wanderungsfördernd und ein andermal wanderungshemmend oder neutral sein können, je nachdem wie die relative Lage ist. Man hat es mit Durchschnittswerten für die Kraftfelder zu tun. Im Durchschnitt mag die Lage im Gebiet A besser sein als im Gebiet B und es dadurch im

Prinzip attraktiv machen. Den persönlichen Verhältnissen nach mögen bestimmte Personenkreise aber im Gebiet A unter besseren Bedingungen leben, als sie ihnen der Durchschnitt oder sogar der Überdurchschnitt im Gebiet B bietet. Hier besteht kein Anreiz, vielleicht sogar ein Hindernis für das Wandern. Für diejenigen, die im Gebiet A in einer schlechten Position sind und für die der Durchschnitt im Gebiet B schon ein erstrebenswertes Ziel darstellt, ist der Unterschied der Durchschnitte schon ein starker Anreiz. Weiter gibt es auch Personen, die im Gebiete B eine unterdurchschnittliche Position haben, in diesem Gebiete keine Chance der Verbesserung sehen und in dem im ganzen gesehen ungünstigen Gebiet B für sich eine Chance erwarten. Dies ergibt eine Erklärung für die Gegenströme. Da in einer Gruppe von benachbarten Gebieten stets eine Anzahl Personenkreise verschiedener Lage und Erwartungen leben und da die einzelnen Gebiete Möglichkeiten in unterschiedlicher Stärke und Kombination anbieten, ergeben sich die Pull- und Pushvoraussetzungen für ein Geflecht von z. T. eben gegenläufigen Wanderungsströmen.

Ehe die Kraftfelder und die Pull- und Push-Faktoren wirken können, müssen sie der Bevölkerung bekannt gemacht werden. Damit die potentiellen Wanderer eine irgendwie begründete Entscheidung treffen können, bedürfen sie der Information. Dadurch wird Wanderung zu einem Kommunikationsvorgang. *Jean Vallarché* (1954) war der Meinung, daß der Einfluß zu wandern und wohin zu wandern (Ziel) häufiger auf Grund persönlicher Informationen als auf Grund von Informationen durch die Behörden, Syndikate und dgl. erfolgte.

Die Übermittlung von Informationen durch persönliche Beziehungen erfolgt naturgemäß in erster Linie durch Familienangehörige und sonstige Verwandte und Bekannte, ehemalige Mitbürger des Wohnorts, die bereits früher gewandert sind. Das zeigte sich auch bei der Beschäftigung mit Wanderungsmodellen, wobei *Torsten Hägerstrand* (1957) für Schweden zu dem Schluß kam, daß die Mehrzahl der Wanderungen nach Orten ging, an denen die Wandernden schon „Bekannte" hatten. Auch nach *D. Courgeau* (1970), der allerdings noch eingehendere Untersuchungen über das Kommunikationsfeld der Individuen für erforderlich hält, scheint es, daß eine Korrelation zwischen früherem und jetzigem Wohnort besteht. Er hält es geradezu für möglich, die Zahl der Zuwanderer nach einem bestimmten Ort aus der Zahl der bereits dort befindlichen Zugewanderten zu schätzen. Nach den Untersuchungen von *Guy Pourcher* (1964) über die Zuwanderung nach Paris haben wenigstens 58 % der Zuwanderer vorher jemanden in Paris gekannt. *Pierre Merlin* (1971) berichtet über die Ergebnisse mehrerer Untersuchungen, die die große Bedeutung der bestehenden persönlichen Beziehungen für Wanderungsentschluß und Wanderungsrichtung beweisen. Die Verwandten und Bekannten am Zielort spielen übrigens nicht nur eine Rolle als Übermittler von Informationen. Häufig helfen sie auch bei der Vermittlung von Arbeitsplätzen und Unterkünften. In der Bundesrepublik Deutschland kann man z. Z. ähnliches leicht bei den ausländischen Arbeitnehmern beobachten. Wenn die für die Beurteilung der Chancen an einem möglichen Wanderungsziel benötigten Informationen nicht die gesamte Bevölkerung (potentielle Wanderer) in gleicher Weise erreichen, etwa durch Massenkommunikationsmittel, sondern weitgehend von nicht gleichmäßig verteilten persönlichen Verbindungen abhängen, heißt das, daß der Wirkungsbereich und der Wirkungsgrad der „Kraftfelder" modifiziert wird. Damit wirken sich die Kommunikationsvorgänge differenzierend auf Richtung und Distanz aus.

Die Kraftfelder und die vermittelten Informationen über die Chancen treffen auf eine sehr heterogene und den verschiedenen Einflüssen in unterschiedlicher Weise und Stärke zugängliche Bevölkerung. Geschlecht, Alter, Familienstand, Kinderzahl, Fortbildung, Beruf und Stellung im Beruf, Wohnverhältnisse usw. sind Voraussetzungen für das Wirksamwerden bestimmter Pull- und Pushfaktoren. Nur jemand, der sich dem Abschluß der höheren Schule nähert und der studieren möchte, wird sich für das Angebot von Studienplätzen an den verschiedenen Universitäten interessieren und gegebenenfalls in eine bestimmte Universitätsstadt ziehen. Auch erzeugen bestimmte Situationen bestimmte Dispositionen. Für eine Familie in ohnehin beschränkten Wohnverhältnissen ist bei Heranwachsen eines weiteren Kindes das Interesse an einer geräumigen Wohnung groß, das unter Umständen nur durch Umzug in eine andere Gemeinde (mit Wechsel des Arbeitsplatzes, oder auch ohne Wechsel des Arbeitsplatzes, gegebenenfalls durch Beginn von Pendeln) befriedigt werden kann. Sind für eine Familie die Wohnverhältnisse besser als ausreichend, besteht von diesem Motiv her keine Disposition zu wandern, im Gegenteil, es mag die Wanderungsvorteile aus anderen Gründen überkompensieren. Die Disposition wird auch durch die Intelligenz beeinflußt. Höhere Intelligenz erhöht nicht unbedingt die Wanderungsbereitschaft; sie ermöglicht es aber, die Chancen eher kennenzulernen und zu beurteilen und leichter eine individuelle Entscheidung für oder gegen die Wanderung zu treffen. Auch geringe Intelligenz kann auswanderungsfördernd sein, wenn scheinbaren Vorteilen auf einem Gebiet (z. B. des Einkommens) ohne Überlegung eine entscheidende Rolle zugebilligt wird, und ohne daß der Proband in der Lage ist, die Vorteile wirklich zu beurteilen und Nachteile auf anderen Gebieten dagegen aufzurechnen.

Zu den die Rezeption der Push- und Pullfaktoren beeinflussenden persönlichen Eigenschaften gehört auch der Charakter. Konservativ eingestellte Personen beharrenden Typs stehen den Wanderungsmöglichkeiten ganz anders gegenüber als unternehmungslustige Menschen. Auf traditionell geformte, noch fest in der Sozialstruktur eingebettete Personen müssen schon viel stärkere Zwänge einwirken, damit sie sich zu einem Wanderungsentschluß durchringen, als auf Personen, die in der herrschenden sozialen Umgebung nicht mehr fest eingefügt sind, ja schon im Gegensatz zu ihr stehen, der Ansprüche der Gemeinschaft überdrüssig sind und die durch sie ausgeübte Kontrolle lästig finden und ihr entkommen möchten.

Die psychologischen Aspekte der Informationsaufnahme und -verarbeitung für die Wanderungsentscheidung sind von *Gisela Kottwitz* (1971/1972) dargelegt worden, wobei sie unter anderem davon ausgeht, daß der Umfang der Informationen beschränkt ist, die einzelne Individuen zu einem gegebenen Zeitpunkt aufnehmen können, und daß eine Auswahl getroffen werden muß, wenn mehrere Informationen gleichzeitig angeboten werden. Für die Auswahl, Wahrnehmung, Verarbeitung und Erinnerung von Kommunikationsinhalten stellt sie fest, daß wahrscheinlich Informationsinhalte bevorzugt werden, die mit positiven Erfahrungen, Erwartungen und gelernten Verhaltensweisen assoziiert werden. Es muß in diesem Zusammenhang allerdings gefragt werden, inwieweit positive Erfahrungen und gelernte Verhaltensweisen bei den Wandernden, die noch nie zuvor gewandert sind, und das ist die Mehrzahl, in verhaltensbestimmendem Umfang vorausgesetzt werden können.

Die Einzelpersonen (und Haushalte) in ihrer verschiedenen Disposition sind durch die verschiedenen Informationsvorgänge mit den systembedingten Kraftfeldern in Beziehung gesetzt. Unter bestimmten Voraussetzungen unterliegen sie dann einem so starken Zwang, daß sie keine Wahl haben, ob sie eine Chance zur Verbesserung ihrer Lebensverhältnisse wahrnehmen sollen, etwa wenn Arbeitskräfte, die langfristig arbeitslos oder unterbeschäftigt waren und die am Ort keine Aussicht haben, ein Angebot woanders annehmen müssen. In solchen Fällen besteht kein Entscheidungsspielraum, und etwaige konkurrierende Motivationen, nicht zu wandern (Heimatliebe, an die Sozialstruktur angepaßt, relativ gute Wohnverhältnisse), kommen gar nicht zum Zuge. Diese Art des Zwangs zu wandern gibt es in der Bundesrepublik Deutschland kaum noch aus wirtschaftlichen Motiven, jedoch noch in großem Umfang bei ausländischen Arbeitnehmern. Weit überwiegend sind jedoch in Deutschland anstelle fast zwangsläufiger Wanderungen zur Daseinssicherung Wanderungen zur Daseinsverbesserung auf ökonomischem oder auf sozio-kulturellem Gebiet getreten. Hier besteht nun ein weiter Spielraum für Individualentscheidungen, bei denen in verschiedenem Maße die kontextuelle Position reflektiert und dann die Entscheidung getroffen wird, ob nichtwandern oder pendeln oder abwandern, schließlich auch wohin wandern (Richtung, Entfernung) unter Berücksichtigung einer ganzen Reihe von Variablen. Die möglichen Variablen ordnen sich dann zu einer Kette: Entscheidend – intervenierend – nicht mitwirkend, wobei die Kette individuell ganz verschieden sein kann, je nach dem Stellenwert der den einzelnen Gründen jeweils eingeräumt wird. Für die empirische Motivforschung liegt das noch ungelöste Problem darin, die Kette der verschiedenen Anlässe und deren jeweiliges Gewicht zu ermitteln.

Mit den bei der Wanderungsentscheidung ablaufenden psychologischen Vorgängen und einem Modell der Wanderungsentscheidungen haben sich *Gisela Kottwitz* und *Monika Vanberg* (1971/1972) befaßt. In Anlehnung an die Feldtheorie *Kurt Lewins* wendet vor allem Kottwitz die sozialpsychologische Auffassung auf die Wanderungsvorgänge an, daß das Verhalten als eine dynamische Funktion der Person und des ungebundenen Lebensraums zu verstehen ist. Aus einer Gegenüberstellung der wesentlichen Merkmale von Sozial-, Tiefen- und Lernpsychologie zieht Kottwitz für die Untersuchung der Wanderungsentscheidung folgende Schlüsse:

1. Das mit der Wanderung in Zusammenhang stehende Denken, Fühlen und Verhalten von Individuen kann als durch die reale, vorgestellte oder indizierte Anwesenheit anderer beeinflußt gelten. Die Untersuchung der Quantität und Qualität der Beeinflussung durch soziale Reife der Umgebung gibt Aufschlüsse über die Wanderungsbereitschaft;

2. Die Berücksichtigung der Wirksamkeit von Motiven, die nicht nur an der Oberfläche des Bewußtseins erscheinen, kann für die Untersuchung der Ursache des Verlaufs und für die Prognose der Wanderungsentscheidung die Möglichkeit zu einer umfassenderen Erklärung der Realität ergeben, als es die Beurteilung durch das Rationalmodell vermag;

3. Die Wanderungsentscheidung ist beeinflußt durch gelernte Reaktionsmechanismen, die aufgrund der Erfahrung von Belohnungen und Bestrafungen (Ertrag und Kosten) nach be-

stimmten Gesetzmäßigkeiten entstanden sind. Die durch verschiedene Umweltsituationen bedingte Qualität und Quantität der Erfolgs- und Kostenerlebnisse – und der damit in Zusammenhang stehenden Erwartungen – sind Ursache unterschiedlicher Verhaltensstrukturen.

Diese Hypothesen können als Grundlage für empirische Untersuchungen für die Wanderungsentscheidungen und ihrer Motivation dienen, bedürfen aber ebenso noch des Beweises wie die in ihrer allgemeinen Fassung durchaus plausible Annahme, daß die Wahrscheinlichkeit der Wanderung eine steigende Funktion der Größe der Differenz zwischen dem Anspruchsniveau bestimmter Motive und der in der Realität gegebenen Möglichkeiten der Befriedigung ist. Bedenken müssen aber gegen die Auffassung angemeldet werden, daß Wanderungen als Verhaltensweise, waren sie von einem befriedigenden Endzustand begleitet, die Tendenz haben, wiederholt zu werden, während sich die Wahrscheinlichkeit der Wiederholung des Verhaltens verringert (gleichzeitig die Wahrscheinlichkeit der Rückwanderung erhöht), wenn ihm in der Vergangenheit ein unbefriedigender Zustand gefolgt ist. Jemand, der gute Erfahrungen gemacht hat, wird sicher auf eine erneut gebotene Chance eher eingehen als derjenige mit schlechten Erfahrungen. Andererseits bedeutet gerade die Tatsache, daß mit der ersten Wanderung das Ziel nicht erreicht worden ist und der unbefriedigende Zustand der Spannung zwischen den Ansprüchen des Individuums und den ihm gebotenen Möglichkeiten des „Aufsteigens" nicht gelöst wurde, eine Fortdauer der Bereitschaft zu wandern, solange nicht die Erfahrungen so negativ waren, daß jede Ambition erloschen ist. Insoweit wird von Kottwitz noch keine befriedigende Erklärung für die Kettenwanderung (Wanderung in Schritten) und für die Beobachtungen von *D. Courgeau* (1973 a) oder *Yves Tugault* (1973) gegeben, daß die Wahrscheinlichkeit zu wandern für die Personen, die bereits einmal oder mehrmals gewandert sind, höher ist als für die Personen, die noch nicht gewandert sind.

Die Überlegungen von Kottwitz sind an dieser Stelle herausgestellt worden, um der falschen Auffassung entgegenzuwirken, daß Wanderungen ausschließlich rational motiviert und die Entscheidung durch streng logische gegenseitige Abwägung der bestehenden Situation und der erwarteten Situation unter den verschiedenen Aspekten erfolgt; es spielen auch psychologisch zu begründende Verhaltensweisen mit. Man sollte allerdings nicht der Gefahr erliegen, die sozialpsychologische Komponente überzubetonen oder gar ausschließlich zu sehen.

VIII. Differenzierte Wanderung und Siebungseffekte

Die Vielzahl der im allgemeinen gleichzeitig wirksamen Wanderungsgründe verhindert es häufig, die mit der horizontalen Mobilität verbundenen Siebungsvorgänge und ihre Folgen deutlich zu erkennen und zu verstehen. Obgleich die Wanderungssiebung ein umstrittenes Thema ist, dürfte nicht zu bestreiten sein, daß es merkmalspezifische Unterschiede in der geographischen Beweglichkeit gibt und daß die Zusammensetzung der wegziehenden Bevölkerung nicht der der zurückbleibenden und die der zuziehenden nicht der der angetroffenen Bevölkerung entspricht. Daher wirkt die Wanderung selektiv, und daher wird auch die relative Zusammensetzung der Bevölkerung des Herkunftsgebietes und des Fortzugsgebietes beeinflußt; denn die in jeder Hinsicht kompensierte Wanderung ist ein Ausnahmefall. Der empirische Beweis wird durch die Wanderungsstatistik für die Merkmale erbracht, die durch sie erfaßt werden.

Besonders eingehend hat die *Scripps Foundation* die differenzierte Wanderung untersucht, indem sie aus den Unterlagen der US-amerikanischen Volkszählung eingehende Sondertabellen über die Personen, die zwischen 1935 und 1940 ihren Wohnsitz gewechselt hatten, aufstellen ließ. Die wichtigsten Beobachtungen wurden durch *Donald J. Bogue* und *Margaret J. Hagood* (1953) als Beiträge für eine Theorie der differenzierten Wanderung in Thesen zusammengefaßt:

1. Die Binnenwanderung ist in hohem Maße selektiv, und zwar dürften dabei besondere Kombinationen mehrerer Eigenschaften eine Rolle spielen;
2. Die Wanderung kann in einem Gebiet für ein bestimmtes Merkmal hochgradig selektiv sein, in einem anderen Gebiet dagegen kaum oder gar nicht. Wenn sich Art und Maß der Selektion regional unterscheiden, ist zu vermuten, daß auch Unterschiede zwischen Zeitperioden bestehen;
3. Unterschiede in der Wanderungsselektion sollten nicht einseitig aus der Situation im Fortzugsgebiet oder der im Zielgebiet erklärt werden;
4. Eine der wichtigsten Antriebskräfte für die Binnenwanderung in die Städte und zwischen den Städten scheint die Notwendigkeit zu sein, die möglicherweise oder tatsächlich besonders befähigten Kräfte so umzuverteilen, daß sie in der Wirtschaft optimal genutzt werden;
5. Daneben gibt es noch eine Reihe von außerwirtschaftlichen Ursachen für die Wanderungsselektion;

6. In Zeiten großer sozialer Veränderungen, die eine gebietliche Neuverteilung der Bevölkerung einschließen, kann die Wanderungsdifferenzierung anders aussehen als in der vorangegangenen oder folgenden Zeit. Wandlungen der Sozialstruktur können die Wanderungsselektion in Art, Stärke und Richtung verändern;
7. Jugendliche Wandernde sind in erster Linie unter den Voraussetzungen der langfristigen Veränderungen im Sozial- und Wirtschaftsleben ausgewählt, während die Wanderung Erwachsener zusätzlich oder stärker mit Rücksicht auf einmalige persönliche und soziale Probleme oder kurzfristige soziale Veränderungen erfolgt.

Diese Thesen sind hier ausführlicher wiedergegeben worden, weil sie das Ergebnis von statistischen Analysen sind, wie sie so eingehend bisher an keiner anderen Stelle durchgeführt worden sind. In den Thesen selbst ist allerdings schon der Hinweis enthalten, daß alle Feststellungen immer nur mit Rücksicht auf den speziellen Ort und die spezielle Zeit gelten.

Die differenzierte Wanderung ist bewiesen, soweit es sich um Merkmale handelt, die in der Statistik erfaßt werden bzw. erfaßt werden können (Alter, Geschlecht, Beruf usw.). Ebenso ist es beweisbar, daß die Wanderung nicht nur die Einwohnerzahl beeinflußt, sondern einen Einfluß auch auf die Struktur der Bevölkerung des Herkunftsgebietes und des Zielgebietes hat. Zustrom und Abstrom gleichen sich zwar häufig weitgehend der Zahl nach aus; da sie aber in ihrer Zusammensetzung verschieden sind (z. B. relativ hoher Anteil junger Menschen unter den Zugewanderten, relativ hoher Anteil alter Menschen unter den Abwanderern), kann der Einfluß differenzierter Wanderung auf die Bevölkerungsstruktur trotzdem groß sein. *Elisabeth Pfeil* (1972) hat die Beobachtungen resümiert, die helfen können, die folgenden Fragen zu beantworten: Worin unterscheiden sich die in die Städte abgewanderten von den am Abwanderungsort verbleibenden? Inwiefern sind die Zuwanderer anders als die am Zuwanderungsort bereits Lebenden?

Die regionale Bevölkerungsbewegung wirkt viel kurzfristiger als die natürliche Bevölkerungsbewegung durch differenzierte Fruchtbarkeit oder differenzierte Sterblichkeit. Die größere Jugendlichkeit der wachsenden Städte, die später einmal bei ausgeglichenerem Zustrom in Überalterung umschlagen kann, eine Entmischung der Geschlechter mit der Folge eines größeren Frauenüberschusses in den Städten zum mindesten in gewissen Zeiten und dem von *Ilse Schwidetzki* (1950) nachgewiesenen Männerwall der Städte, Veränderungen in der konfessionellen Gliederung und anderes mehr sind statistisch gesichert. Wie aber steht es um den Zusammenhang zwischen Mobilität und Charaktereigenschaften sowie Intelligenz? Um diese Frage hat es manche Auseinandersetzung gegeben. Mit der gleichen Überzeugung wird die „Siebung" auf diesen Gebieten verneint, wie man auf der anderen Seite glaubt, sie beweisen zu können. Ausgangspunkt der Auseinandersetzungen waren offenbare oder vermeintliche Unterschiede im charakterlichen Verhalten oder in dem Begabungsgrad städtischer und ländlicher Bevölkerungen und die Frage, ob diese Unterschiede auf Umwelteinflüsse oder Siebungserscheinungen durch die Wanderung zurückzuführen sind. Bei der Stellungnahme zu diesen Problemen darf man nicht an den Ergebnissen empirischer Forschung vorübergehen, von denen hier jedoch die in den dreißiger Jahren in Deutschland veröffentlichten Arbeiten übergangen und nur die Ergebnisse einiger neuerer Arbeiten wiedergegeben werden sollen.

Allerdings müssen gleich eingangs die Erwartungen gedämpft werden. Charaktereigenschaften und Begabungen können nicht ohne Bezug auf eine Umwelt gewertet werden. Damit muß den Intelligenztesten häufig vorgeworfen werden, daß sie von städtischen Wertvorstellungen ausgehen und die ländliche Bevölkerung benachteiligen. Eine weitere Schwierigkeit ist, daß nicht selten ein Wanderungsstrom ganz gegensätzliche Typen enthält: So mögen vom Land in die Stadt einerseits die besonders tüchtigen, aktiven und selbstbewußten Menschen ziehen, andererseits aber auch Versager, die den Anforderungen des Landlebens und der Sozialkontrolle der dörflichen Öffentlichkeit nicht gewachsen waren und nun in der Stadt untertauchen wollen. Schließlich ist auch zu berücksichtigen, daß Schärfe und Richtung der Auslese sich im Zeitlauf (z. B. infolge von konjunkturellen Schwankungen) geändert haben, und daß vermutlich die Wandlungen in den Wanderungsmotivationen und -vorgängen, wie sie in der Bundesrepublik Deutschland vor sich gehen, nicht nur zu einer Veränderung, sondern auch zu einer Verminderung der Auslesevorgänge führen werden.

Karl Valentin Müller (1958) hat seine begabungssoziologischen Untersuchungen verschiedentlich auch unter dem Wanderungsaspekt ausgewertet. Der Vergleich der Begabung der Schulkinder nach ihrer Herkunft (ob Dorf, Kleinstadt, Stadt oder Großstadt) läßt die Wirkung oder Mitwirkung einer Erbdifferenzierung erkennen. Stadtbürtige Kinder zeigen sich nach der schulseitig beurteilten Begabung und der Begabungseigenart den landbürtigen Kindern überlegen, sowohl aufgrund der Untersuchungen in Niedersachsen als auch in Schleswig-Holstein. Der Unterschied bleibt auch bestehen, wenn man die Möglichkeit einer sozialfunktionellen Selektion durch entsprechende Standardisierung der statistischen Ergebnisse ausschaltet. Wichtig ist, daß die Begabungsüberlegenheit der großstadtgebürtigen Kinder unabhängig von der Sozialschicht der Familie auch dann erhalten bleibt, wenn diese Kinder den stimulierenden Reizen großstädtischer Aufwuchsumwelt völlig entraten haben. „Für die vergangene Generation ist demnach für unsere Verhältnisse die Tatsache einer spezifischen Stadtselektion als erwiesen anzusehen."

Wird bei *Müller* als Ergebnis der Siebung in einer ganz bestimmten Richtung die Ausformung von Begabungsunterschieden nach der Siedlungsgröße festgestellt und daraus auf Wanderungsselektion zurückgeschlossen, so untersuchte *Everett S. Lee* (1951) in Philadelphia die Begabung zugewanderter Kinder im Vergleich zu der altansässiger, um frühere Aussagen von *Otto Klineberg* (1935) zu überprüfen. Dieser glaubte, eine eindeutige Überlegenheit der Neger im Norden über die im Süden der Vereinigten Staaten festgestellt zu haben, sowie eine Tendenz der Annäherung der Begabungsnoten der Neger im Norden an die Noten der Weißen, und hatte weiter behauptet, daß das auf Umwelteinflüsse und nicht auf Wanderungsselektion zurückzuführen sei. Da die Gültigkeit dieser Aussagen im Hinblick auf gewisse Unvollkommenheiten der Versuchsanordnung angezweifelt wurde, hat Lee durch Wiederholung der Begabungsteste den Zeiteinfluß genauer festgestellt, die Teste getrennt für verschiedene Fähigkeiten vorgenommen und Kontrollgruppen mit gleicher vorschulischer Ausbildung (mit Kindergarten, ohne Kindergarten) gebildet. Seine unabhängige Nachprüfung bestätigte *Klinebergs* These im wesentlichen. Er fand einen signifikanten und ständigen Aufwärtstrend in den Intelligenztestnoten der im Süden geborenen Negerkinder mit zunehmender Dauer ihres Aufenthaltes in Philadelphia; so sind die zugezogenen Kinder, die in die unterste Klasse eintraten, die ersten drei Jahre entschieden schlechter als die in Philadelphia gebürtigen; aber wenn sie das sechste Schuljahr erreicht haben, ist kein nennenswerter Unterschied mehr festzustellen. Nach Untersuchungen von *C. T. Pihlblad* und *C. L. Gregory* (1954) über den Intelligenzquotienten von Nichtwandernden und Wandernden (nach Richtung und Reichweite) stellten die jungen Männer der Landbevölkerung, die auf Farmen oder in kleine Dörfer ziehen, bzw. dort wohnen bleiben, im Bezug auf die getestete Intelligenz eine negative Auswahl dar. Auf der anderen Seite ziehen die Städte nicht nur die intelligenteren jungen Männer aus den Landgebieten an; sie senden auch Jungen mit höherer Intelligenz aus. *Günther Albrecht* (1972, S. 125) bezeichnet das als einen Kreislauf der Intelligenz. Bei den Mädchen sind die Wandernden den Nichtwandernden in jeder Gemeindegrößenklasse nach dem Intelligenzquotienten überlegen.

Für Schweden hat *Ejnar Neymark* (1961) eine positive Siebung bei der Wanderung vom Land in die Stadt festgestellt. Demgegenüber stellten diejenigen, die von einer Landgemeinde nach einer anderen Landgemeinde wandern, eher eine negative Auslese dar, ebenso wie in vieler Hinsicht auch die von der Stadt auf das Land Gewanderten sowie vor allem die auf dem Lande Zurückgebliebenen. Französische Untersuchungen von *Pierre George* (1952, aber auch 1950, 1959) bestätigen das Gesagte.

Der Widerspruch zwischen den Ergebnissen von *Müller, Pihlblad* und *Lee* läßt sich vielleicht damit erklären, daß sich die Land-Stadt-Wanderung der amerikanischen Neger in ähnlicher Weise von der Wanderung der übrigen Amerikaner und von der deutschen Land-Stadt-Wanderung unterscheidet, wie sich die frühere Land-Stadt-Wanderung in Deutschland von der jetzigen unterscheidet, indem der mit ihr verbundene Selektionsvorgang schwächer ist, bzw. schwächer geworden ist, wodurch wiederum die Umwelteinflüsse zur Geltung kommen. Dabei ist zu berücksichtigen, daß die deutschen Städte in der Zeit ihres Aufbaues besondere Chancen für Zuwanderer mit guter theoretischer Ausbildung und praktischem Können boten und so Kreise mit größerer Intelligenz stärker anzogen, während es sich bei den Negern, deren Kinder Lee untersuchte, offenbar um ungelernte Arbeiter handelte, bei denen keinerlei Selektion stattgefunden zu haben braucht. (Ein Vergleich mit den zurückgebliebenen Negern wurde allerdings auch gar nicht durchgeführt.) Die Selektion nach der Intelligenz in der regionalen Mobilität ist eben nicht ein von allen anderen Erscheinungen abgelöster Vorgang, sondern insbesondere mit der sozialen Mobilität eng verknüpft. Die größere regionale Mobilität der Personen mit höherer Schul- oder Hochschulausbildung bedarf keines Beweises.

Eine Selektionswirkung der Wanderung in Deutschland wird übrigens auch in sozial-anthropologischen Untersuchungen von *Ilse Schwidetzki* (1949) bestätigt. Sie variiert die Aussage von einem gleichmäßigen Gefälle von der Stadt nach dem Land. Die Zugewanderten in der Großstadt stehen in der durchschnittlichen Körpergröße über dem Durchschnitt der ländlichen Herkunftsbevölkerung, die Zugewanderten in der Kleinstadt darunter, die Wanderer aus der Kleinstadt in die Großstadt wiederum über dem Durchschnitt der Kleinstadt. Hieraus wird gefolgert, daß bei der Abwanderung aus dem Dorf in die nächstgelegenen Kleinstädte eine wesentliche Siebung nicht stattfindet. Danach laugt nicht die Kleinstadt das Dorf aus, es ziehen aber in die großen Städte Menschen von überdurchschnittlicher Qualität zu. Das wird bezahlt durch eine Minderung der Qualität der Kleinstadtbevölkerung, die von dem Siebungsrückstand beeinträchtigt wird.

E. W. Hofstee (1952) hat darauf hingewiesen, daß vielfach diejenigen am häufigsten abwandern, die am meisten „anders" sind und die in ihre Umgebung nicht recht hineinpassen, und daß hauptsächlich der Durchschnitt zurückbleibt. So wird die Einheitlichkeit der Gemeinwesen durch die Abwanderung gefördert. Andererseits müßten nach *Corrado Gini* (1954) die Zuwanderer in ihrer Masse dem Durchschnitt der Bevölkerung des Zuwanderungsgebietes entsprechen, wenn sie den Bedingungen der neuen Umwelt gewachsen sein und sich ohne Schwierigkeiten anpassen sollen. Soweit das nicht der Fall ist, besteht der Anpassungsprozeß mit darin, sich zu bemühen, dem Durchschnitt entsprechend zu werden.

Ob man diesen letzten Gedankengängen folgen will oder nicht, in jedem Fall bleibt festzuhalten, daß mit der Wanderung vielfach Siebungsvorgänge verbunden sind, bei denen – ohne Auslesevorgänge im biologischen Sinne – Eigenschaften und Umwelt besser aufeinander abgestimmt werden. Sie mögen in Zeiten einer Hochkonjunktur weniger streng sein als in Zeiten wirtschaftlicher Schwierigkeiten, sie werden bei den Pionierwanderern ausgeprägter sein als bei den Nachfolgenden; sie sind bei freiwilliger Einzelwanderung stark und bei erzwungener Massenwanderung schwach; sie mögen bewußt geschehen, wenn die Berliner Hausfrauen früher ihr Personal aus Schlesien herangezogen oder heute die Hausfrauen Djakartas ihre Babus aus Mitteljava kommen lassen, oder unbewußt ablaufen; ihr Vorhandensein ist bei jeder Analyse von Wanderungsvorgängen als zum mindesten wahrscheinlich vorauszusetzen. Daß umgekehrt Siebung eine Beweglichkeit der Bevölkerung voraussetzt, braucht kaum erwähnt zu werden. Neben der Wanderungssiebung ist auch eine biologische Auslese möglich, z. B. durch Ausmerzung der Schwachen und Ungeeigneten bei den Reisestrapazen und während der körperlichen Anpassung (Akklimatisierung). Siebung und Auslese stehen insofern auch in einem Zusammenhang, als eine schärfere Siebung im Hinblick auf die wünschenswerten oder notwendigen Eigenschaften Ausfälle durch Ausleseerscheinungen vermindern kann.

IX. Entwurzelung und Anpassung

So vielgestaltig die Ursachen der Wanderung, so unterschiedlich ihre Richtung und Reichweite und so differenziert die Zusammensetzung der Wandernden sind, so unterschiedlich selektiv die Wanderungen wirken, so verschieden sind die Folgen ihres Fortzugs für das Gemeinwesen, das sie verlassen haben, und die ihres Zuzugs für das aufnehmende Gemeinwesen, und so verschieden ist auch der Vorgang der Herauslösung aus den alten Gemeinwesen. Der Einfluß der Zuwanderung auf die Zusammensetzung der Bevölkerung der Zuzugsgebiete ist in vielen Arbeiten untersucht, von denen hier die von *Wilhelm Brepohl* (1948) über den Aufbau des Ruhrvolkes im Zuge der Ost-West-Wanderung an erster Stelle erwähnt werden soll, da sie sich speziell und ausführlich mit dieser Frage beschäftigt, die in anderen Arbeiten, z. B. denen von *Renate Mayntz* (1958) über Euskirchen, von *Elisabeth Pfeil* (1972) über die Großstädte und von *Hansjürg Beck* (1952) über den Kulturzusammenstoß zwischen Stadt und Land in einer Vorortgemeinde Zürichs, nur ein wenn auch wichtiges Teilproblem darstellt. Dagegen gibt es über die Auswirkungen des Fortzugs eines Teils der Bevölkerung nur gelegentliche und knappe Andeutungen, z. B. bei *Albert Koller* (1949) und *Bengt G. Rundblad* (1957), wenn man von den Schriften absieht, die sich – aufgestört durch das Schreckgespenst der „Landflucht" – mit der begabungsmäßigen „Auslaugung" des flachen Landes beschäftigen. Auch der Vorgang der Herauslösung der Fortziehenden ist bisher wenig studiert worden. Selbstverständlich spielt er eine bedeutendere Rolle nur bei vorher festverwurzelter Bevölkerung, nicht jedoch bei denjenigen, die Bestandteile einer fluktuierenden Masse geworden und nirgends heimisch sind. Soweit wirtschaftliche Gründe zum Verlassen der Heimat zwingen, ist der Vorgang der Entwurzelung am schmerzhaftesten. Dies gilt vor allem, wenn die Abwanderung aus Gesellschaften erfolgt, die noch stark „gemeinschaftlich" organisiert sind, in denen ein jeder von Geburt an seinen Platz hat. Solche Gesellschaften sind auch gleichzeitig beharrend in ihren wirtschaftlichen, sozialen und politischen Ideen und haben ihre Mitglieder entsprechend geprägt. Das erschwert diesen nicht nur den Abschied, sondern auch das Fußfassen in der neuen Umgebung. Eine Auflockerung des alten Gefüges und das Eindringen von neuen Anschauungen machen die Menschen geneigter und erleichtern es ihnen abzuwandern. So ist es nicht nur die kürzere Entfernung an sich, die es mit sich bringt, daß im allgemeinen der Zuzug in die Städte aus der näheren Umgebung kommt, sondern auch das Einströmen städtischen Geistes in dieses Gebiet.

Hat der Ortswechsel einmal stattgefunden, so stellt sich für den von der regionalen Mobilität erfaßten Menschen die Aufgabe, ein Verhältnis zur neuen Umwelt zu finden. Den Vorgang der persönlichen Anpassung, der positiv oder negativ auslaufen kann, zu erforschen, darf als eine der wichtigsten Aufgaben der empirischen Sozialforschung bezeichnet werden. Sie ist bisher vorwiegend im Rahmen der internationalen Wanderung untersucht worden. *Donald R. Taft* und *R. Robbins* (1955) haben eine Zusammenfassung der Forschungsergebnisse bis zu dem Zeitpunkt ihrer Veröffentlichung versucht. Bei der internationalen Wanderung treten Erfolge und Mißerfolge am deutlichsten in Erscheinung, da bei ihr die Umwelt in stärkstem Umfang gewechselt wird. Der Anpassungsvorgang bietet aber auch bei der Binnenwanderung mit größerer Umweltbeständigkeit genügend Probleme. Hier sind neben den zahlreichen Hinweisen bei Brepohl (1948, 1957) vor allem die Ergebnisse der auf Befragung von 105 nach Zürich zugezogenen (und dort verbliebenen) Personen aufgebauten Arbeit von *Peter Atteslander* (1952) zu nennen. Er bringt vor allem zum Ausdruck, daß Art und Erfolgschancen der Anpassung von dem Typ und den Umständen des Zuzugs abhängen und daß in der Klärung der Motivationskomplexe für den Fortzug oder für den Zuzug das Bindeglied zwischen Wanderung und sozialer Entwicklung in der Stadt zu finden ist. Daß bei größerem Umfang der Zuwanderung der Anpassungsvorgang nicht einseitig ist, kommt bei *Beck* (1952) zum Ausdruck. Er betont auf Grund seiner Untersuchungen in einer Züricher Vorortgemeinde, daß nicht einfach ein unveränderlicher Körper vorhanden ist, der etwas anderes sich angleicht, sondern daß mit einem Assimilationsvorgang eine kontinuierliche Anhäufung von einzelnen geistigen und sozialen Elementen stattfindet, von denen jedes das Ergebnis beeinflußt. Die weitere Beschäftigung mit dem Problem der Eingliederung ländlicher Zuwanderer in städtische Gemeinwesen wird durch eine erläuterte Bibliographie von *Gunter Beijer* (1963) erleichtert. Beijer macht darauf aufmerksam, daß die Integration am schwierigsten ist, wenn die Wanderung vom flachen Land unmittelbar in die Großstadt geht. Demnach mag die Wanderung in Etappen Vorteile bieten. Es sollte jedoch nicht übersehen werden, daß zwar das Phänomen der Fremdheit mit wachsender Größe des Zuwanderungsortes zunimmt, daß aber doch die Einwurzelung in die Großstadt mit ihrer größeren Toleranz leichter sein kann als die Einwurzelung in kleine Orte mit festgefügter, homogenerer Sozialstruktur.

Im Grenzfall führt die Fusion zweier Bevölkerungen, der bereits vorhandenen und der hinzugekommenen, zur Bildung eines neuen „Volkes". Als Gegenteil ist einerseits die völlige Aufsaugung der einen Bevölkerung durch die andere anzusehen, andererseits das Nebeneinanderleben, schon 1932 von *Richard Thurnwald* als „Würfelung" bezeichnet (siehe auch *R. König* 1958). Zwischen den Grenzfällen gibt es die Angleichung an die äußeren Lebensbedingungen, oder auch nur an einige von ihnen, und die Übernahme der einen oder anderen geistigen Einstellung.

Es gibt eine ganze Reihe von Gründen, die die Anpassung oder Assimilierung fördern, hemmen oder verhindern. Unter ihnen ist der Wille zur Anpassung ein besonders wichtiger Faktor. Er hängt u. a. von der beabsichtigten Dauer der Niederlassung ab. Die ganz hochmobilen Personen haben kein Interesse an Anpassung, üben aber auch nur geringen schädlichen Einfluß auf die Integration der Gemeinde aus. Aber nicht nur die Absicht, früher oder später weiter zu wandern oder wieder in die alte Heimat zurückzukehren, spielt bei der Eingliederungsbereitschaft mit, sondern schon ganz allgemein die Möglichkeit oder Unmöglichkeit das zu tun.

Äußert sich der Anpassungswille sehr stark, kann der Widerstand der Einheimischen hervorgerufen werden, und die oft vorhandenen Vorurteile schlagen in Feindschaft um. Es liegt nahe, daß den Zuwanderern, selbst wenn sie im Prinzip einen wünschenswerten Bevölkerungszuwachs darstellen, ein gewisses Mißtrauen entgegengebracht wird, wobei meist das Bestreben zugrunde liegt, die eigene Position gegen mögliche Konkurrenz – auf welchem Gebiet auch immer – zu verteidigen. Dieses Motiv herrscht auch nicht selten vor, wenn die Spannung gegenüber den Zugewanderten anscheinend gegen das Volkstum gerichtet ist („Polacken"), tatsächlich aber eine wirtschaftliche Unterwanderung durch diese Personen geringerer sozialer Stellung und niedrigeren Lebensstandards befürchtet wird. Und das selbst dann, wenn die Zuwanderer durch Übernahme der niedrigen Positionen Einheimische für eine Aufwärtsmobilität frei machen.

Bei der in den letzten Jahren zu beobachtenden Internationalisierung des Arbeitsmarktes spielen Gastarbeiter eine ganz bedeutende Rolle für den Ausgleich des Arbeitskräftedefizits in den hochindustrialisierten Ländern bei gleichzeitigem Überangebot in den weniger industrialisierten Ländern. Gerade bei Gastarbeitern ist die Anpassung an die aufnehmende Gesellschaft ein heikles Unterfangen (*René Clémens, G. Vosse-Smol* und *Paul Minon* 1954). So hat es nach *Hans Stirn* (1965) während der bis dahin drei großen Perioden des Auftretens von Gastarbeitern in Deutschland immer starke Spannungen zwischen Gastarbeitern und Einheimischen gegeben. *Hans-Joachim Hoffmann-Novotny* (1971, 1972) zeigte für die Schweiz, wie nicht nur bei denjenigen Einheimischen, deren Position durch die Gastarbeiter bedroht ist, sondern auch bei solchen, die lediglich von der Zuwanderung von Ausländern nicht profitiert haben, durch Betonung der nationalen Eigenart und durch Versuche beruflicher Diskriminierung die Integration verweigert wird. Soweit dadurch die Ausländer nicht zur Rückwanderung gezwungen werden, wird ihre Anwesenheit in einer Art „neofeudalen" Haltung akzeptiert. Auf Seiten der Gastarbeiter beruhen die Eingliederungsschwierigkeiten nicht zuletzt darauf, daß sie, worauf auch *U. R. Böhning*

(1972) eingeht, sich bisher im allgemeinen nur kurz, wenn auch wiederholt im Gastland aufhielten. Schon dadurch stellen sie sich in der Regel von vornherein auf eine bloß „partielle Anpassung" ein (*Ursula Kurz* 1965), wobei diese, wie Beispiele der chinesischen Gastarbeiter in den USA gezeigt haben, auch über Jahrzehnte tatsächlich als lediglich partielle erhalten bleiben kann (vgl. *Paul S. P. Sin* 1952). Wie ein Kongreßbericht der OECD (1967) über Probleme der Rückkehr von Gastarbeitern in ihre Heimatländer betont, ergeben sich durch Siebungserscheinungen bei der Rückkehr neben Vorteilen auch Nachteile für die Heimatländer.

Füllt der Zuwandernde einen sonst leer bleibenden Arbeitsplatz aus und trägt er dadurch zur wirtschaftlichen Wohlfahrt des Aufnahmegebiets bei und findet er selbst sein wirtschaftliches Auskommen oder hat er sogar die Möglichkeit, wirtschaftlich und sozial aufzusteigen, d. h. bietet die sozioökonomische Struktur des Zuwanderungsgebietes die Möglichkeit, die Erwartungen der Zuwanderer zu erfüllen, dann bestehen für die Eingliederung *auf beiden Seiten* gute Voraussetzungen. Wirtschaftliches Wohlergehen ist besonders wichtig, weil die Anpassung in der zivilisatorischen Umwelt der Anpassung in der sozialen und kulturellen Umwelt vorauszugehen pflegt.

Zu den mehr in der Person liegenden Bedingungen gehören körperliche Eigenschaften. Abweichende Hautfarbe kann ein viel schwerwiegenderer Hinderungsgrund für die Anpassung sein als abweichende Gesellschaftsstruktur und kulturelle Werte. Oft sind es allerdings nicht ursprünglich die Rassenvorurteile, die das engere Zusammenleben oder die Vermischung verhindern, sondern soziale Schranken.

Von den persönlichen Eigenschaften sind ferner Geschlecht und Alter von Belang. Jüngere Leute sind anpassungsfähiger und anpassungswilliger als ältere. Von ganz besonderer Bedeutung ist nach *Franco Savorgnan* (1935), *Bertram Hutchinson* (1957) und *Price* und *Zubrzicky* (1962/63) die Eheschließung. Auch die Eingliederung der Heimatvertriebenen konnte durch *K. V. Müller* (1950) und *Marlies Lehmkühler* (1956) über die Entwicklung des Konnubiums zwischen Vertriebenen und Einheimischen verfolgt werden. Die Möglichkeit, in die vorgefundene Gesellschaft einzuheiraten, verleiht dem Hinzugekommenen das Gefühl, daß er nicht mehr so sehr als Fremder empfunden wird. Die Tatsache häufiger Eheschließungen vermittelt nicht nur weitgehende soziale Integration, sondern bedeutet auch den Beginn biologischer Verschmelzung.

Eine geringe Zahl von Zuziehenden, die noch dazu zerstreut leben, fördert die Anpassung; eine größere Zahl, die sich noch dazu in relativ homogenen Gruppen nach ihrer Herkunft isoliert (Ghettobildung), hindert sie. Wie aber einerseits die Infiltration zwar günstige Voraussetzungen für die Anpassung schafft, aber doch im Einzelfall zur persönlichen wirtschaftlichen und sozialen Katastrophe und zum Absinken in die unterste Schicht oder zur totalen Nichtanpassung nach Art des Vagabundentums führen kann, so ist andererseits der Zusammenschluß der Gruppen nach der Herkunft, sei es in räumlich bestimmten Wohnbezirken, sei es durch Vereinigungen ohne geschlossene regionale Basis nicht nur von Nachteil, sondern kann – wenn er nicht zum Zwecke der Abkapselung geschieht – für den Wandernden die psychologisch und moralisch gefährliche Zeit des Schwebezustandes zwischen dem Aufgeben der alten Bindungen und der Einwurzelung im neuen Land oder am neuen Ort überbrücken und ein Hilfsmittel für die wirtschaftliche, gesellschaftliche und kulturelle Eingliederung in die Gastbevölkerung bedeuten. Derartige Vereinigungen können überall beobachtet werden, handele es sich um die Europäer u. a. Einwanderer in den Städten der USA, um die Masuren im Ruhrgebiet oder um die Zuwanderer aus einem oberfränkischen Dorf in Nürnberg. Ganz offenkundig ist der Vorteil des Zusammenschlusses, wenn sprachliche Schwierigkeiten die notwendigen Kontakte erschweren und über die Vereinigungen und ihre Presse ein Band zwischen dem aufnehmenden Gemeinwesen und den Zugewanderten geknüpft werden kann, wie *Jercy Zubrzycki* (1958) gezeigt hat. Der „Heimatverein" schützt den Wanderer vor Vereinzelung und Verpflanzungsschäden, die sich sogar in Krankheitserscheinungen manifestieren können. Auch die stadtwärts wandernden Afrikaner schließen sich in Landsmannschaften (nach Stämmen) zusammen (vgl. in diesem Handbuch *René König*, Großstadt VII).

Von dem Faktor Familie hängt viel bei der Anpassung ab. Die Wanderung im Familienverband mag manche wirtschaftliche und organisatorische Schwierigkeiten (bei der Wohnungsfrage z. B.) mit sich bringen, schützt jedoch vor Vereinzelung; sie kann aber auch die Abkapselung erleichtern und die Anpassung erschweren.

Zuwanderer, die aus einer Gegend oder Gruppe kommen, deren soziale, geistige oder politische Struktur statisch ist, werden weniger fähig oder bereit zur Anpassung sein als solche, die einer Umgebung entstammen, deren Struktur sich in Bewegung befindet, oder als Zuwanderer, die ihre Heimat verlassen haben, weil sie ihnen zu wenig fortschrittlich war, und die in einem Zuwanderungsgebiet mit größerer Beweglichkeit oder wenigstens Toleranz auf politischem, religiösem, wirtschaftlichem u. a. Feld die gewünschten Freiheiten oder Betätigungsmöglichkeiten finden. Diese Art Zuwanderer sind es, die häufig ihrem Gastland oder

Gastvolk sogar neue Züge aufdrücken oder die doch zum wenigsten dort bald eine führende Rolle spielen. Umgekehrt entstehen bei plötzlicher und massenhafter Zuwanderung von Bevölkerungen niedrigen wirtschaftlichen Niveaus oft schwere ethnische Spannungen wie z. B. bei den Westindern in London (*Ruth Glass* 1961) und den Puertoricanern in New York (*Oscar Handlin* 1959 b; *Clarence Senior* 1961).

Der oben als für den Charakter der Wanderungsrichtung wesentlich hervorgehobene Unterschied zwischen „gemeinschaftlicher" und „gesellschaftlicher" Sozialordnung spielt auch für die Anpassung in verschiedener Weise eine Rolle. Das Einleben ist bei Vorherrschen gemeinschaftlicher Struktur erschwert, ja wird oft von beiden Seiten als Eindringen empfunden. Gesellschaftliche Strukturen, durch größere Mobilität ihrerseits gefördert und ausgebreitet, erleichtern das Zusammenleben. *Rudolf Heberle* (1955) weist auf die paradoxe Erscheinung einer starken Tendenz zu Konformität des Verhaltens in der mobilen Gesellschaft hin, und zwar einer Konformität, die weniger auf der Macht alteingelebter Sitte als auf dem Zwang der Konvention beruht, einer Konvention, deren Inhalt – z. B. im Bereich der Mode – oft sehr stark wechselt. Der Zugezogene ist bestrebt, möglichst nicht aufzufallen und möglichst ebenso aufzutreten, und wenn nicht gleich zu sein, so doch gleich zu scheinen wie die Einheimischen. Wie schnell und wie weit die Angleichung an die Einheimischen gelingt, hängt davon ab, ob es die leicht eliminierbaren und austauschbaren Rollen oder die dauerhaften und wichtigen Normen und Wertorientierungen sind, die zu wandeln sind, und wie stark die Unterschiede zwischen der bisherigen und der neuen Umgebung sind.

Die Anpassung verlangt Zeit, häufig viele Jahre. Nicht selten wird derjenige, der gewandert ist, nur unvollkommen angepaßt; seine Kinder aber können voll integriert sein. Untersuchungen, wie die von *Izumi Selichi* (1955), in denen der Anpassungsvorgang über die Generationen nachgewiesen wird, sind selten, obgleich gerade sie die große Vielgestaltigkeit des Vorgangs und seiner Phasen sehr gut verdeutlichen können. Der über viele Jahrzehnte oder gar Jahrhunderte dauernde Vorgang der Verschmelzung im Anschluß an die Anpassung ist mit empirischen Methoden kaum noch zu erfassen.

X. Wanderungsmodelle und Wanderungsprognosen

Die Auffassung, daß die Wanderungen im Rahmen eines sie beeinflussenden sozio-ökonomischen Systems ablaufen, und die Beobachtung, daß sich die Einzelentscheidungen zu Wanderungsströmen aggregieren, die einem sozioökonomischen Beziehungsgefälle zu folgen scheinen, führten schon Ende des 19. Jahrhunderts zu Versuchen, für die Wanderungsströme Gesetzmäßigkeiten zu finden und sie in mathematisch formulierten Modellen darzustellen, von denen letztlich erwartet wurde, daß sie für Prognosen der Wanderung benutzbar waren.

Den Anstoß zu der Frage, ob man zur Beschreibung der Stärke und Richtung von Wanderungsströmen und nach Möglichkeit auch zu ihrer Quantifizierung ein *„Wanderungsgesetz"* formulieren könne, gab vor etwa 80 Jahren folgende auch heute noch gültige Beobachtung: „Die Zahl der Zuzüge in einem bestimmten Zielort wächst umgekehrt mit der Entfernung und direkt mit der Einwohnerzahl des Herkunftsgebietes" (*E. G. Ravenstein* 1885). Diese und andere Beobachtungen führten in Analogie zu physikalischen Gesetzen zur Aufstellung von „Distanz- oder Gravitationsmodellen" der Wanderungen, die im Sinne einer „Sozialen Physik" auch andere Gebiete befruchteten.

Die neuere, klassisch gewordene Formulierung des „Distanz- oder Gravitationsmodells" stammt von *George K. Zipf* (1946). Nach ihm ist die Stärke eines Wanderungsstroms M von einem Wohnort i nach einem Wohnort j bestimmt durch:

$$M_{ij} = k \frac{P_i \cdot P_j}{D_{ij}}$$

Darin stehen P_i und P_j für die Bevölkerung in Herkunft und Ziel, bezeichnet D die Entfernung zwischen i und j und ist k eine Konstante.

Bezeichnet man $M_{ij}/P_i \cdot P_j$ (die Stärke eines Wanderungsstroms je Einwohner in Herkunft und Ziel) mit m_{ij}, kann man auch schreiben:

$$m_{ij} = \frac{k}{D_{ij}}$$

Diese Formulierung geht auf *Edgar Kant* (1953) zurück.

Ein anderer Ansatz lautet:

$$M_{ij} = k \frac{P_i \cdot P_j^{a}}{D_{ij}^{b}}$$

Alle genannten Ansätze, mit unterschiedlichen Annahmen hinsichtlich der Exponenten von P_j und D_{ij}, bringen zum Ausdruck, daß die Stärke eines Wanderungsstroms mit der Einwohnerzahl des Herkunfts- und Zielgebietes wächst und mit der Wanderungsdistanz abnimmt. Mangels anderer plausibler Erklärungen für das Entstehen von Wanderungsströmen bestimmter Stärke und Richtung haben diese Ansätze bis heute eine große Faszination ausgeübt. Sie entsprechen nämlich folgenden einleuchtenden Überlegungen: Bei gegebener Ausgangslage (push-Situation) muß sich die Zahl der Abwanderer aus einem Gebiet proportional zur Zahl der Einwohner dieses Gebietes verändern. Andererseits repräsentiert die Einwohnerzahl im Zielgebiet weitgehend die dort vorhandenen Wohnungen, Arbeitsplätze, Ausbildungsmöglichkeiten usw. Es kann daher unterstellt werden, daß Personen, die ihre Lage am gegenwärtigen Wohnort für unbefriedigend halten und deshalb abwandern wollen, um so größere Chancen für eine Verbesserung ihrer Lage haben, je größer die Einwohnerzahl der möglichen Zielgebiete ist. Andererseits wirkt die Entfernung hemmend, weil mit ihr die Informationsdefizite, die Umzugskosten und die „Sozialen Entfernungen" der Sprache, Lebensgewohnheiten usw. und damit die Anpassungsschwierigkeiten im Zielgebiet wachsen (*Karl Schwarz* 1969). Für die Bundesrepublik haben Untersuchungen von *Karl August Schäffer* (1968) und *W. Mälich* (1973) die Brauchbarkeit des *Zipfschen* Modells erwiesen. Schäffer verwendete die Formel:

$$M_{ij} = k \frac{P_j^{a} \cdot P_j^{b}}{D_{ij}^{c}}$$

und ermittelte nach Erweiterung des Ansatzes um Merkmale der Herkunfts- und Zielgebiete für die Fortzüge aus 10 Stadtkreisen in Nordrhein-Westfalen die Ergebnisse:

$$a = 0{,}87; \quad b = 1{,}03; \quad c = 0{,}83.$$

Bei Zusammenfassung aller Wanderungsströme aus einem Gebiet i ergibt sich der Ansatz:

$$M_i = k \sum_{j=1}^{n} \frac{P_i \cdot P_j}{D_{ij}}$$

Diese Formel kann zur Beschreibung der „Interaktionsformen" der verschiedensten Verkehrsarten benutzt werden.

In Weiterentwicklung der Gravitationsmodelle hat *Samuel A. Stouffer* (1960) versucht, das Entfernungskonzept durch die Konzepte der „intervening opportunities" und der „competing migrants" zu ersetzen. Durch die „intervening opportunities" wird berücksichtigt, daß die Wanderungen zwischen i und j auch von den Anziehungskräften der Orte beeinflußt werden, die näher als j bei i liegen. „Competing migrants“ sind Wanderer, die aus Orten nach j ziehen, die j näher liegen als i (*Jürgen Wulf* 1972).

Bei der Fortentwicklung der Gravitationsmodelle wurden z. B. von *W. H. Somermeijer* (1961), *Hendrik Ter Heide* (1963) und *Schäffer* (1968) weitere Variable wie die Höhe des Sozialprodukts, die Entwicklung des Sozialprodukts, die Arbeitslosenquote, die Wirtschaftsstruktur, der Verdichtungsgrad, die Konfessionsstruktur und andere soziale Determinanten (letztere als Ersatz für die physikalische Entfernung) eingeführt, von denen die Autoren annahmen, daß sie die Stärke eines Wanderungsstroms beeinflussen. *D. Courgeau* (1970) findet für Frankreich die Brauchbarkeit der Gravitationsmodelle bestätigt, will aber in Anlehnung an *Torsten Hägerstrand* (1957) berücksichtigt wissen, daß die Zahl der Wanderer auch von der Zahl der schon vorher in gleicher Weise Gewanderten, die vor allem als Informationsquelle dienen, abhängt. Man sollte auch in Anbetracht der Empfindlichkeit der Wanderungen, die als Umzug von einer Verwaltungseinheit in eine andere verstanden werden, die Abgrenzung der Ab- und Zuwanderungsgebiete nicht völlig außer acht lassen und den Einfluß ihrer Form und Größe und insoweit die Überlegungen von *Courgeau* (1973) und *Mälich* (1973) berücksichtigen und die von *Ralph Thomlinson* (1961) nicht ganz verwerfen.

Andere Modelle verzichten auf den Gravitationsansatz und versuchen die Stärke eines Wanderungsstromes nur aus Makrogrößen wie Einwohnerzahl, Sozialprodukt, Lohnhöhe, Sozialstruktur u. a. zu bestimmen, die aus der Statistik bekannt sind. Häufig begnügt man sich auch mit der Erklärung der Wanderungssalden. Solche Ansätze können vor allem dann erfolgversprechend sein, wenn nicht eine allgemeine Erklärung der Wanderungen beabsichtigt ist, sondern lediglich die zeitlichen Veränderungen des Wanderungsvolumens oder der Wanderungssalden eines Gebietes oder zwischen zwei Gebieten interpretiert werden sollen. Dann ist nämlich D_{ij} konstant und bleiben P_i und P_j kurz- und mittelfristig nahezu konstant. Der Einfluß von P_i, P_j und D_{ij} kann ganz ausgeschaltet werden, wenn zur Prüfung der Abhängigkeit der Wanderungen zwischen zwei Gebieten i und j nicht von M_{ij} einerseits und M_{ji} andererseits, sondern von den Quotienten M_{ij}/M_{ji} bzw. M_{ji}/M_{ij} ausgegangen wird, die man als Attraktivitätsquotienten bezeichnen kann (*Karl Schwarz* 1969). Das Arbeiten mit den Quotienten der Wanderungsströme ist vor allem dann nützlich, wenn zwar Angaben über die Struktur der Wanderer, aber keine entsprechenden Angaben über die Struktur der tangierten Bevölkerungen verfügbar sind. Der Zusammenhang zwischen den Werten für M oder den Quotienten aus den Werten für M und den erklärenden Variablen wird in der Regel mit Hilfe der Regressionsschätzung festgestellt.

Neben solchen Makro-Analysen der Bevölkerungswanderungen mit Modellcharakter gibt es zahlreiche probabilistische Ansätze, unter denen die Modelle, die mit einer Matrix der Übergangswahrscheinlichkeiten arbeiten, von besonderer Bedeutung sind; einen Überblick gibt *Jean de Sutt*er (1962).

Die Verfahren der *Wanderungsprognose* reichen von der Extrapolation von Vergangenheitswerten der Brutto- oder Nettowanderungen bis zur Anwendung der geschilderten Wanderungsmodelle. Für kurz- und mittelfristige Wanderungsprognosen liefert häufig schon die Extrapolation befriedigende Ergebnisse, weil sich die Faktoren, welche Wanderungen auslösen, nicht so rasch ändern. Längerfristige Wanderungsprognosen sind auch dann problematisch, wenn sie auf Wanderungsmodellen mit Einflußgrößen beruhen, die sich ex-post bewährt haben. Ex-ante sind nämlich die Einflußgrößen in der Regel selbst prognosebedürftig und neue können hinzukommen. Große praktische Bedeutung hat ein Prognosesystem gewonnen, bei dem die Nettowanderungen der Arbeitskräfte (und ihrer hinzugeschätzten Familienangehörigen) als Restgrößen anfallen. Es wird von der *Prognos A. G.* (1968) verwendet und hat auch in den Raumordnungsbericht der Bundesregierung Eingang gefunden. Die Netto-Wanderungen der Arbeitskräfte ergeben sich hier aus einer Gegenüberstellung der Arbeitskräftenachfrage, aufgrund vorangegangener ökonomischer Vorausschätzungen, und des Arbeitskräfteangebots, aufgrund vorangegangener (autonomer) Vorausschätzungen der natürlichen Bevölkerungsentwicklungen nach Geschlecht und Alter und des daraus abgeleiteten Arbeitskräftepotentials. Dabei wurde neben anderen Verfeinerungen zunehmend berücksichtigt, daß die Arbeitskräftewanderungen nicht nur von der Arbeitskräftenachfrage der Unternehmer an den bisherigen Standorten, sondern auch von der Bevorzugung bestimmter Wohnstandorte durch die Arbeitskräfte und der Allokation der Arbeitskräfte gesteuert werden. Ein besonderer Vorteil des Prognos-Verfahrens ist darin zu sehen, daß es die regionalen Prognosen im Rahmen gesamtstaatlicher Prognosen vornimmt; dadurch wird dafür gesorgt, daß die Summe der regionalen Binnenwanderungssalden Null ergibt.

Für die auf Grund von Aggregatgrößen formulierten Modelle spricht die Erfahrung, daß mit ihnen der bisherige Verlauf befriedigend wiedergegeben werden konnte, und die Hoffnung, daß sie zuverlässige Prognosen ermöglichen. Seit den ersten Ansätzen, als die Bevölkerungszahl allein für die Push-Faktoren der Fortzugsgebiete und die Attraktivität der Zielgebiete stand, ist die

Zahl der berücksichtigten Variablen vermehrt worden. Zumeist erfolgte das aufgrund vorwissenschaftlicher Vermutungen, die man bewiesen glaubte, sofern die Formel, u. U. nach Erprobungen verschiedener Versionen, zu „stimmen" schien. Es ist sicher richtig, und gab den ersten Modellen einen guten Start, daß die Bevölkerungszahl als solche einen Einfluß auf die Größe der Wanderungsströme ausübt und daß sie darüberhinaus noch einen Teil der entscheidenden Variablen ausreichend repräsentiert. Mit der Verfeinerung der Modelle erhebt sich jedoch die Frage, ob aus der großen Zahl der Variablen die wirklich determinierenden gegriffen worden sind und ob die ausgewählten Variablen unter allen Umständen die Gesamtheit zutreffend repräsentieren können. Es fällt vor allem auf, daß in einem nach den Ergebnissen der Motivforschung nicht mehr erlaubten Maße die wirtschaftlichen Variablen eingesetzt werden; wobei allerdings die neuesten Vorschläge (z. B. durch Prognos) bereits Modifikationen angebracht haben.

Alle bisher vorgeschlagenen Modelle sind „empirisch" – beschreibend aber nicht eigentlich erklärend. Es ist notwendig, sie theoretisch zu untermauern. Dabei muß die Motivforschung den wichtigsten Beitrag leisten. In Verbindung mit einer Theorie der Wanderungsentscheidungen wird sie Hinweise darauf geben können, welches die in den Modellen und Prognosen zu berücksichtigenden, wirklich determinierenden Variablen sind und welche Variablen als positiv oder negativ intervenierend mit einzuführen sind. Sie dürfte vor allem aber lehren, daß es unzweckmäßig ist, stark aggregierte Wanderungsströme in einem einzigen Modell zu reflektieren, sondern daß ein gewisser, vielleicht sogar hoher Grad von Desaggregation nötig ist, um mit schichtenspezifischen Variablen rechnen zu können. Es stellt sich hier wieder die schon eingangs erwähnte Aufgabe, aus der Analyse der tatsächlich auf die entscheidenden Individuen wirkenden Motivationen Hinweise auf die Formulierung massenstatistischer Operationen zu gewinnen, deren Ergebnisse es schließlich erlauben sollten, regional differenzierte Wanderungswahrscheinlichkeiten zu ermitteln. Es bleibt jedoch abzuwarten, ob es gelingen wird, bei der Entwicklung akzeptabler Modelle die Zahl der Variablen so klein zu halten, daß nicht der Rahmen eines verständlichen und analytisch lösbaren Modells gesprengt wird. Letztlich ist nach *Günther Albrecht* (1972, S. 21) Voraussetzung für eine positive Beurteilung der Bildung von Wanderungsmodellen, daß dabei die Wanderung als vieldimensionales Phänomen gesehen wird, das in enger Beziehung sowohl zum sozialen als auch zum kulturellen, personellen, organischen und natürlichen System steht.

XI. Wanderungstheorien

Jede Absicht, die Wanderungsgründe in einem System zu ordnen, oder etwas allgemeines über Ursachen und Entscheidungsvorgänge auszusagen, muß zwangsläufig zu dem Versuch einer Theorie der Wanderungen führen. Nicht zufällig bringt *Günther Albrecht* (1972) das, was er in seiner Soziologie der geographischen Mobilität über Wanderungstheorien sagt, in dem Abschnitt „Wanderungsgründe" unter.

Es war schon oben in dem Abschnitt über Wanderungsgründe (VI) zusammenfassend gesagt worden, daß sich viele der Wanderungsgründe auf ein gemeinsames Grundmotiv reduzieren lassen, nämlich den Wunsch nach Verbesserung der Lage. Wenn man die vorgelegten Wanderungstheorien, etwa die von *Shmuel N. Eisenstadt* (1954), *Harold W. Saunders* (1956), *Werner Langenheder* (1968) oder *Hans-Joachim Hoffmann-Novotny* (1970) prüft, gehen sie trotz ihrer verschiedenen soziologischen Ausgangspunkte – sei es z. B. die Systemtheorie von *Talcott Parsons* oder die Feldtheorie *Kurt Lewins* – kaum über das hinaus, was simpel als „Wunsch zur Verbesserung der Lage" ausgedrückt worden ist. Immer liegen Unzufriedenheit mit der Position, Gefühle der Unsicherheit, durch strukturelle Spannungen erzeugte anomische Spannungen, belastende Konkurrenzsituationen u. dgl. vor, die am Ort zu lösen unmöglich scheint, so daß die für erforderlich gehaltenen Veränderungen in Verbindung mit einem Ortswechsel erwartet werden. Der Entschluß zu einem Ortswechsel erfolgt selbstverständlich nur, wenn der in einem für ihn unerträglich gewordenen Spannungsverhältnis Lebende die Aussicht sieht, daß die Wanderungsanstrengung durch die Lösung der Spannung mittels Verbesserung der Lage belohnt wird.

Daß sich die Vielfalt der Migrationsphänomene nur in solch allgemeinen Theorien einfangen läßt, ist sicherlich recht unbefriedigend; denn sie bieten kaum einen Ausgangspunkt für irgendwelche Voraussagen über die Entwicklung des Wanderungsverhaltens der Bevölkerung im Zusammenhang mit der allgemeinen wirtschaftlichen und sozialen Entwicklung. Einen erheblichen Schritt weiter führt *Albrechts* Beobachtung, daß im Lebenszyklus die Wanderungsrichtungen und Wanderungsdistanzen variieren, und sein Schluß, daß zu unterschiedlichen Zeiten im Lebenszyklus eben unterschiedliche Systemprobleme zu lösen sind. Hiervon ausgehend gelingt es ihm, anhand der Variablen des Familienlebenszyklus, des Familismus, der sozialen Mobilität, der Mobilitätsaspirationen, der Wohnbedingungen und der sozialen Beteiligung die Wanderungsphänomene und -gründe zu ordnen und die Migrationsentscheidungen zu strukturieren. Mit *Albrechts*

Ansatz läßt sich auch verstehen, wie durch die Existenz von verschiedenen Teilpopulationen und durch die Kombination der verschiedenen Wanderungsgründe ein ganzes System von interdependenten Wanderungsströmen ausgebildet wird. Auch altersspezifische Wanderungsvorgänge lassen sich leicht erklären; denn es ist nicht das Alter an sich, mit dem die Wanderung kausal korreliert ist, sondern es sind bestimmte, zu Wanderungen führende Situationen der Ausbildung, der Familiengründung, der beruflichen Karriere usw., die in bestimmten Alterslagen gehäuft auftreten.

Die Mehrzahl der genannten Wanderungstheorien geht von den Individuen und ihrer persönlichen Einschätzung der Position aus. Noch nicht genügend gewürdigt ist der absolute Einfluß der Systemkonstellationen und der Systemaspirationen auf die Ausbildung der Wanderungsströme. Ohne einer mechanistischen Erklärung der Wanderungsvorgänge das Wort reden zu wollen, kann nicht außer acht bleiben, daß die unterschiedliche Verteilung menschlicher, natürlicher und wirtschaftlicher Ressourcen Kraftfelder erzeugt, deren Einfluß die kontextuelle Situation der Individuen erst erzeugt. Alle Kraftfelder erzeugen Spannungsverhältnisse und streben nach einem Ausgleich dieser Spannungen. Nicht das einzige, aber ein zentrales Instrument für diesen Ausgleich sind die Wanderungen. Die angemessene Einbeziehung der Systemkonstellation in die Wanderungstheorien kann diesen viel von ihrer Realitätsferne nehmen.

Das Fehlen einer brauchbaren Theorie der Wanderung wird von Soziologen, Demographen, Ökonomen, Raumplanern und anderen, die sich mit Wanderungsvorgängen beschäftigen, als Nachteil empfunden. Bei den derzeitigen raschen Fortschritten der Wanderungsforschung, der zunehmenden Menge und steigender Qualität der empirischen Daten und der wachsenden Bereitschaft zu interdisziplinärer Zusammenarbeit sollte es jedoch in nicht allzu ferner Zeit möglich sein, eine brauchbare Wanderungstheorie oder wenigstens doch die theoretischen Grundlagen eines Modells der Wanderungsvorgänge zu entwickeln.

Ausgewählte Literatur

Adebahr, Hubertus, Binnenwanderung und Lohnhöhe. Eine Analyse der Binnenwanderungen in der Bundesrepublik in den Jahren 1957—1967 im Hinblick auf die Frage, ob Wanderungen lohngerichtet sind, in: Schmollers Jahrbücher, Bd. 89 (1969).

Agersnap, Torben, Studie over ındre Vandringer i Danmark, in: Acta Jutlandica 24, Aarhus 1951.

Agersnap, Torben, Veränderung der Soziallage durch Migration, Jahresbericht der Universität Aarhus 1952.

Albrecht, Günther, Soziologie der geographischen Mobilität, Stuttgart 1972.

Allendorf, A., Der Zuzug in die Städte. Seine Gliederung und Bedeutung für dieselben in der Gegenwart, Jena 1901.

Anderson, Nels, The Hobo, The Sociology of the Homeless Man, Chicago 1923 (Neuauflage 1961).

Anderson, Theodore R., Intermetropolitan Migration. A Comparison of the Hypothesis of Zipf and Stouffer, in: American Sociological Review, Bd. 20 (1955).

Arnold, Hermann, Die Zigeuner. Herkunft und Leben im deutschen Sprachgebiet, Olfen u. Freiburg i. Br. 1965.

Ascolani, Augusto, und *Anna Maria Birindelli,* Introduzione bibliografica ai problemi delle migrazioni (con appendice sugli aspetti della criminilità fra i lavatori migranti a cura di G. Marbach), Rom 1971.

Atteslander, Peter, Eine soziologische Untersuchung über den Zuzug nach der Stadt Zürich. Probleme der sozialen Anpassung, Dissertation Zürich 1952.

Atteslander, Peter, Dynamische Aspekte des Zuzugs in die Stadt: in: Kölner Zeitschrift für Soziologie und Sozialpsychologie, Bd. 7 (1955).

Bacci, Massimo Livi (Hrsg.), The Demographic and Social Patterns of Migration from the Southern European Countries, Florenz 1972.

Bages, Robert, Exode rural et mobilité sociale, in: Migrations, Cahiers de l' I. N. E. D. N° 70, Paris 1974.

Bages, Robert, Exode rural et transformation des campagnes. Enquête réalisée dans huit communes de la région Midi-Pyrennées. Centre de recherches sociologiques, E. R. E., n° 194, Toulouse 1972.

Bastide, Henri, und *Alain Girard,* Mobilité de la population et motivations des personnes, in: Population, Bd. 27 (1974).

Batelle Institut (im Auftrag des Hess. Ministers des Innern): Untersuchung der Abwanderungsmotivation im hessischen Zonenrandgebiet und Erörterung zur Verhinderung der Abwanderung, Frankfurt 1969.

Beck, Hansjürgen, Der Kulturzusammenstoß zwischen Stadt und Land in einer Vorortgemeinde, Zürich 1952.

Beijer, Gunter (Hrsg.), Characteristics of Overseas Migrants, Den Haag 1961.

Beijer, Gunter, Rural Migrants in Urban Setting. An Analysis of the Literature on the Problem Consequent on the Internal Migration from Rural to Urban Areas in 12 European Countries (1945—1961), Den Haag 1963.

Beijer, Gunter, Modern Patterns of International Migration Movements, in: *J. A. Jackson,* op. cit.

Beltramone, André, La mobilité géographique d'une population; définitions, mesures, applications à la population francaise, Paris 1966.

Bingemer, Karl, Edeltrud Meistermann-Seeger und *Edgar Neubert,* Leben als Gastarbeiter — geglückte und mißglückte Integration, Köln-Opladen 1970.

Birg, Herwig, Versuch einer regressionsanalytischen Bestimmung der Wanderungssalden für die 79 Verkehrsregionen in der B. R. D. im Zeitraum 1961—1969, Berlin 1973.

Blache, J., Les types de migrations pastorales des montagnards. Essai de classification, in: Revue de Géographie alpine, Bd. 22 (1934).

Bleicher, Helmut, Die Bewegung der Bevölkerung im Jahre 1891, insbesondere Studien über die Wanderungen, in: Beiträge zur Statistik der Stadt Frankfurt a. M. 1893.

Blotevogel, Hans H., Wanderung und Zentralität an Beispielen aus dem Raum Westfalen vor Beginn der Industrialisierung, in: Veröffentlichungen der Akademie für Raumforschung und Landesplanung, Bd. 88, Hannover 1974.

Blumer, Giovanni, L'emigrazione italiana in Europa. Un sottoproletario che lo sfruttamento internazionale tiene socialmente e politicamente diviso della classe operaia, Mailand 1970.

Böhning, U. R., The Social and Occupational Apprenticeship of Mediterranean Migrants Workers in West Germany, in: *M. L. Bacci*, op. cit.

Böker, Hugo, und *Friedrich W. Bülow*, Die Landflucht in Deutschland, Rom 1963.

Bogue, Donald J., Internal migration, in: *Philip M. Hauser* und *Otis D. Duncan* (Hrsg.), The Study of Population, Chicago 1959.

Bogue, Donald J., und *Margaret J. Hagood*, Subregional Migration in the United States. Differential Migration in the Corn and Cotton Belts 1935 to 1940, Oxford 1953.

Bogue, Donald J., und *Philip M. Hauser*, Population Distribution, Urbanism and Internal Migration, in: World Population Conference 1965.

Bohnsack, Else, Flüchtlinge und Einheimische in Schleswig-Holstein. Ergebnisse einer Stichprobenerhebung, Kiel 1956.

Boustedt, O., Forderungen zur Verbesserung des Regionalvergleichs von Pendlerdaten, in: Inst. für Raumforschung, Informationen 1970/12.

Brenez, J., L'observation démographique des milieux nomades. L'enquete de Mauritanie, in: Population, Bd. 24 (1971).

Brepohl, Wilhelm, Der Aufbau des Ruhrvolkes im Zuge der Ost-West-Wanderung, Recklinghausen 1948.

Brepohl, Wilhelm, Industrievolk im Wandel von der agraren zur industriellen Daseinsform dargestellt am Ruhrgebiet, Tübingen 1957.

Buchholz, E. W., Methodische Probleme der Erforschung von Wanderungsmotiven, in: Veröffentlichung der Akademie für Raumforschung und Landesplanung. Forschungs- und Sitzungsberichte, Bd. 55, Hannover 1970.

Caldwell, J. C., Determinants of Rural-Urban Migration in Ghana, in: Population Studies, Bd. 21 (1968).

Chevalier, Louis, La formation de la population parisienne au XIXe siècle. Cahiers de l' I. N. E. D., N° 10, Paris 1950.

Clémens, René, G. Vosse-Smal und *Paul Minon*, L'assimilation culturelle des immigrants en Belgique, Lüttich 1953.

Clément, Pierre, und *Paul Vieille*, L' exode rural. Historique, causes et conditions, selectivité, perspective, Paris 1960.

Clerc, Paul, La mobilité des familles francaises, Changements des logements et calendrier familial, in: Migrations. Cahiers de l' I. N. E. D. N° 70, Paris 1974.

Courgeau, D., Les champs migratoires en France. Cahiers de l' I. N. E. D., N° 58, Paris 1970.

Courgeau, D., Provenance des immigrants à Paris à la fin du XVIIIe siècle, in: Population, Bd. 24 (1971).

Courgeau, D., Migrants et migrations, in: Population, Bd. 26 (1973).

Courgeau, D., Migrations et découpages du territoire, in: Population, Bd. 26 (1973).

Davidson, R. B., Commonwealth Immigrants, London 1964.

Duchac, René, La sociologie des migrations aux Etats-Unis, Paris/La Haye 1974.

Egger, Martin, Die Integration eines Dorfes im sozialen Wandel, in: *René König* (Hrsg.), Soziologie der Gemeinde, Kölner Zeitschrift für Soziologie und Sozialpsychologie, Sonderheft 1, 4. Aufl. 1972 (zuerst 1956).

Eisenstadt, Shmuel N., The Absorption of Immigrants, London 1954.

Eldridge, Hope T., A Cohort Approach to the Analysis of Migration, in: Demography (1964).

Elizaga, Juan C., Migraciones a las areas metropolitanas de America Latina, Santiago de Chile 1970.

Elkan, Walter J., Circular Migration and the Growth of Towns in Africa, in: International Labor Review, Bd. 96 (1967).

Ex, Jacques, Adjustment after Migration. A Longitudinal Study of the Process of Adjustment by Refugees to a New Environment, Den Haag 1960.

Freedman, Ronald, Migration Differentials in the Cities as a Whole, in: Cities and Society 1961.

Friedlander, Dov., und *J. Roshier,* A Study of Internal Migration in England and Wales, in: Population Studies, Bd. 19 (1966).

Frödin, J., Les formes de la vie pastorale en Turquie, in: Geografiska Annaler, Bd. 26 (1944).

Fuller, Ronald, The Beggars' Brotherhood, London 1936.

Galle, Omer R., und *Karl E. Taeuber,* Metropolitan Migration and Intervening Opportunities, in: American Sociological Review, Bd. 31 (1966).

Ganser, Karl, Wachstum und Veränderung der Stadt-Wanderungsvorgänge als Leitlinien innerstädtischer Wachstums- und Differenzierungsprozesse, in: Verhandlungen des Deutschen Geographentages 1967, Wiesbaden 1968.

Ganser, Karl, Pendelwanderungen in Rheinland-Pfalz. Struktur, Entwicklungsprozesse und Raumordnungskonsequenzen. Staatskanzlei Rheinland-Pfalz, März 1969.

Gatzweiler, Hans-Peter, Versuch einer Abgrenzung von Regionen zur Unterscheidung inner- und interregionaler Mobilitätsvorgänge, in: Institut für Landeskunde, Rundbrief 1973/8.

Gatzweiler, Hans-Peter, Zur Selektivität interregionaler Wanderungen (erscheint 1975 in der Reihe Forschungen zur Raumentwicklung hrsg. von der Bundesforschungsanstalt für Landeskunde, Bonn-Bad Godesberg).

George, Pierre, La ville. Le fait urbain à travers le monde, Paris 1952.

George, Pierre, M. Agulhon, L. A. Lavandeyra, H. D. Elhai und *R. Schaeffer,* Etudes sur la banlieue de Paris. Essais methodologiques, Paris 1950.

George, Pierre, P. Randet und *I. Bastié,* La région parisienne, Paris 1959.

Gini, Corrado, La théorie des migrations adaptives, in: Etudes européennes de population, Paris 1954.

Girard, Alain, H. Bastide und *G. Pourcher,* Mobilité géographique et concentration urbaine en France, in: Population, Bd. 17 (1964).

Girard, Alain, Y. Charbit und *M.-L. Lamy,* Attitudes des français à l' égard de l'immigration étrangère. Nouvelle enquête d'opinion, in: Population, Bd. 27 (1974).

Glass, Ruth, London's Newcomers. The West Indian Migrants, London 1961.

Glass, Ruth, R. Durant und *H. Pollings,* Newcomers: The West Indians in London, London 1960.

Goldstein Sidney, und *Kurt B. Mayer,* The Impact of Migration on the Socio-Economic Structure of Cities and Suburbs, in: Sociology and Social Research, Bd. 50 (1966).

Gugler, Josef, Modelle soziokulturellen Wandels: Urbanisierung im Schwarzen Afrika, in: Soziologie. Festschrift für *René König,* hrsg. von *Günter Albrecht, Hansjürgen Daheim, Fritz Sack,* Köln-Opladen 1973.

Gulliver, Philip H., Nyakyusa Labor Migration, in: Rhodes-Livingstone Journal, Bd. 11 (1957).

Gulliver, Philip H., Labour Migration in a Rural Community in Southern Tanganyika. East African Institute of Social Research, Kampala 1959.

Gunzert, Rudolf, Innerstädtische Wanderungen, in: Internationaler Bevölkerungskongreß, Wien 1959.

Haegerstrand, Torsten, Migration and Area. Survey of a Sample of Swedish Migration Fields and Hypothetical Considerations on their Analysis, in: *D. Hanneberg* und *T. Haegerstrand* (Hrsg.), Migration in Sweden, Lund Studies in Geography, Serie B, N° 13 (1957).

Hamilton, Horace C., Educational Selectivity of Net Migration from the South, in: Social Forces, Bd. 38 (1959).

Hannan, Damian, Rural Exodus. A Study of the Forces Influencing the Large-Scale Migration of Irish Rural Youth, London-Dublin-Melbourne 1970.

Handlin, Oscar, Boston's Immigrants. A Study in Acculturation, Cambridge, Mass. 1959 a.

Handlin, Oscar, The Newcomers, Cambridge, Mass. 1959 b.

Hassert, Karl, Die Städte geographisch betrachtet, 1907.

Hassinger, Hugo, Über die Aufgaben der Stadtkunde, in: Petermanns Mitteilungen 1910.

Heberle, Rudolf, Die Bedeutung der Wanderungen im sozialen Leben der Völker, in: *Ernest Jurkat* (Hrsg.), Reine und angewandte Soziologie, Leipzig 1936.

Heberle, Rudolf, und *Friedrich Meyer,* Die Großstädte im Strome der Binnenwanderung, Leipzig 1937.

Heberle, Rudolf, Theorie der Wanderungen, in: Schmollers Jahrbuch, Bd. 4 (1955).

Heberle, Rudolf, Types of Migration, in: R. E. M. P. Bulletin 75 (1956).

Henry, Louis, Le volume de l'immigration à Paris de 1710 à 1792, in: Population, Bd. 24 (1971).

Hérin, Robert, Les travailleurs saisonniers d'origine étrangère en France. Cahiers de l' I. N. E. D. N° 59, Paris 1971.

Hofstee, E. W., Enkele opmerkingen over het problem van selectie bij migratie, in: Sociologisch Jaarboek, Bd. 6 (1952).

Hoffmann-Novotny, Hans-Joachim, Migration. Ein Beitrag zu einer soziologischen Erklärung, Stuttgart 1970.

Hoffmann-Novotny, Hans-Joachim, Bericht über eine Survey — Analyse des Fremdarbeiterproblems. Teil I Ergebnisse einer Befragung von Schweizern; Teil II Ergebnisse einer Befragung von Italienern, Zürich 1971.

Hoffmann-Novotny, Hans-Joachim, Determinanten des Widerstandes gegen Integration und Mobilität von Fremdarbeitern, in: Deutsche Gesellschaft für Bevölkerungswissenschaft: Die Ausländer in der Bundesrepublik, 1972.

Hoffmann-Novotny, Hans-Joachim, Soziologie des Fremdarbeiterproblems. Eine theoretische und empirische Analyse am Beispiel der Schweiz, Stuttgart 1973.

Horstmann, Kurt, Bevölkerungs- und Wirtschaftsentwicklung in Minden-Ravensberg im 1. und 2. Drittel des 19. Jahrhunderts, in: Forschungsberichte der Akademie für Raumforschung und Landesplanung, Bd. XXX, Hannover 1965.

Horstmann, Kurt, Die Land-Stadtwanderung der EWG-Länder im Spiegel der Statistik, in: Raumforschung und Raumordnung 1965/4.

Hruschka, Erhard, siehe Pforzheim (1970).

Hutchinson, Bertram, Some Evidence Related to Matrimonial Selection and Immigrant Assimilation in Brazil, in: Population Studies, Bd. 11 (1957).

INFAS, im Auftrag des Presse- und Informationsamtes der Bundesregierung: Räumliche Mobilität. Präferenzen, Motive, Tendenzen, Bad Godesberg 1973.

Ipsen, Gunter, Standort und Wohnort, Köln-Opladen 1957 a.

Ipsen, Gunter, Wohnwünsche der Pendler, in: Institut für Raumforschung, Informationen 1957 b.

Isaac, Julius, Economics of Migration, London 1947.

Isbell, Eleanor C., Internal Migration in Sweden and Intervening Opportunities, in: American Sociological Review, Bd. 9 (1944).

Jackson, John Archer (Hrsg.), Migration, Cambridge 1969.

Jansen, Clifford J., und *C. King Roy,* Migrations et "occasions intervenantes" en Belgique, in: Recherches économiques de Louvain (1968).

Jansen, Clifford J., Readings in the Sociology of Migration, Oxford 1970.

Jansen, Paul-Günter, Die Theorie der Wanderungen, in: Zur Theorie der allgemeinen und der regionalen Planung, Bielefeld 1969.

Jerome, Harry, Migrations and Business Cycles, New York 1926.

Jochimsen, Lukrezia, Zigeuner heute, Stuttgart 1963.

Johnsson, O. H., En stads flyttningsoch födelseortsfält, in: Svensk Geografisk Arsbok, Bd. 32 (1952).

Jonston, Ruth, The Assimilation Mythe. A Study of Second Generation Polish Immigrants in Western Australia, Den Haag 1969.

Jürgens, Hans, Ein Beitrag zur Frage der geographischen Mobilität bei der Abwanderung vom Lande, Diss. Kiel 1959.

Jolles, Hiddo M., Zur Soziologie der Heimatvertriebenen und Flüchtlinge, Köln und Berlin 1965.

Kästner, Friedrich, Statistik der Pendelwanderung, in: *Friedrich Burgdörfer* (Hrsg.), Die Statistik in Deutschland, Bd. I, Berlin 1940.

Kant, Edgar, Umland Studies and Sector Analysis, in: Lund Studies in Geography Series B., N° 3 (1951).

Kant, Edgar, Migrationer klassifikation och problematik, in: Svensk Geografisk Arsbok, Bd. 33 (1953).

Kavadias, George B., Pasteurs-nomades méditerranéens. Les Saractsans de Grèce, Paris 1965.

Kayser, Bernard, Pierre-Yves Pedroux und *Michel Sivignon,* Exode rural et attraction urbaine en Grèce, Athen 1971.

Klineberg, Otto, Negro Intelligence and Selective Migration, New York 1935.

Kluess, S., Über die Struktur von Wanderungsbewegungen und ihre Motive, untersucht am Beispiel Frankfurt. Institut für Sozialforschung, Universität Frankfurt 1971.

Koller, Albert, Entvölkerung und Landflucht, in: Schweizerische Zeitschrift für Volkswirtschaft und Statistik, Bd. 85 (1949).

Köllmann, Wolfgang, Binnenwanderung und Bevölkerungsstrukturen der Ruhrgebietsgroßstädte im Jahre 1907, in: Soziale Welt, Bd. 9 (1958).

König, Karl, Zum Problem der Pendelwanderung in den Städten; eine Modellstudie am Beispiel der Stadt Augsburg, in: Veröffentlichungen der Akademie für Raumforschung und Landesplanung, Bd. 55, Hannover 1970.

König, René, Banlieues, déplacements journaliers, migrations de travail, in: *Georges Friedmann* (Hrsg.), Villes et campagnes, Paris 1953.

König, René, Die Begriffe „Gemeinschaft" und „Gesellschaft" bei Ferdinand Tönnies, in: Kölner Zeitschrift für Soziologie und Sozialforschung, Bd. 7 (1955).

König, René (Hrsg.), Soziologie der Gemeinde, Sonderheft 1 der Kölner Zeitschrift für Soziologie und Sozialpsychologie, 4. Aufl., Köln und Opladen 1972 (zuerst 1956).

König, René, Grundformen der Gesellschaft: Die Gemeinde, Reinbek 1958, engl. Übers. London 1968.

König, René, Großstadt, in: Handbuch der empirischen Sozialforschung, Bd. 2, Stuttgart 1969.

König, René, Soziologie der Familie, eodem loco.

Kottwitz, Gisela, und *Monika Vanberg,* Ein Modell der Wanderungsentscheidung. Arbeitshefte aus dem Institut für Soziologie der T. U.-Berlin — Arbeitsgruppe Wanderungsforschung, H. 3, Berlin 1971/72.

Krier, Henri, und *Christiane Leveil,* L'adaptation au travail industriel de la main-d'oeuvre agricole, in: Bulletin de conjoncture régionale (Rennes), oct.-déc. 1960.

Küpper, Franz, Die Bevölkerungsbewegung in Essen 1967—1970 unter besonderer Berücksichtigung der Wanderungsgründe. Amt für Wahlen und Statistik der Stadt Essen, April 1971.

Kulischer, Eugene M., Displaced Persons in the Modern World, in: Annals of the American Academy of Political and Social Science, Bd. 262 (1949).

Kulldorf, Gunnar, Migration Probabilities, in: Lund Studies in Geography Serie B, n° 14 (1955).

Kurz, Ursula, Partielle Anpassung und Kulturkonflikt. Gruppenstruktur und Anpassungsdispositionen in einem italienischen Gastarbeiterlager, in: Kölner Zeitschrift für Soziologie und Sozialpsychologie, Bd. 17 (1965).

Ladame, Paul A., Le role des migrations dans le monde libre, Genf und Paris 1958.

Langenheder, Werner, Ansatz zu einer allgemeinen Verhaltenstheorie in den Sozialwissenschaften. Dargestellt und überprüft an Ergebnissen empirischer Untersuchungen über Wanderungen, Köln und Opladen 1968.

Lee, Everett S., Negro Intelligence and Selective Migration, in: American Sociological Review, Bd. 16 (1951).

Lee, Everett S., A Theory of Migration, in: Demography, Bd. 3 (1966).

Lee, Everett S., Ann Ratner-Miller, Carol P. Brainerd und *Richard A. Easterling,* Population Redistribution and Economic Growth in the United States 1870 to 1950, Philadelphia 1957.

Lehmkühler, Marlies, Das Konnubium als ein Gradmesser der Eingliederung von Vertriebenen in Westdeutschland, in: R. E. M. P. Bulletin 4 (1956).

Lemberg, Eugen, Die Vertriebenen in Westdeutschland. Ihre Eingliederung und ihr Einfluß auf Gesellschaft, Wirtschaft, Politik und Geistesleben, Kiel 1959.

Li, Wen-lang, Matrix Analysis of Migration Streams, in: International Migration, Bd. 4 (1970).

Liedtke, Bernd, Daten zur territorialen Mobilität in der B. R. D. Teil 1: Arbeitshefte aus dem Institut für Soziologie der T. U. Berlin — Arbeitsgruppe Wanderungsforschung, H. 5, Berlin 1972.

Liedtke, Bernd, und *A. Pröger,* Daten zur territorialen Mobilität in der B. R. D. Teil 2: Wanderungstabelle W 13. Arbeitshefte aus dem Institut für Soziologie der T. U. Berlin — Arbeitsgruppe Wanderungsforschung, H. 6, Berlin 1973.

Lijfering, J. H. W., Selective migratie. Een empirische studie van de samenhang tussen plattelandsmigratie en selectie naar intelligentie in Nederland, Wageningen 1968.

List, Friedrich, Die Ackerverfassung, die Zwergwirtschaft und die Auswanderung, Stuttgart 1842.

Litwak, Eugene, Geographic Mobility and Extended Family Cohesion, in: American Sociological Review, Bd. 25 (1960).

Loevgren, Esse, Mutual Relations Between Migration Fields. A Circulation Analysis, in: Migration in Sweden. Lund Studies in Geography, Serie B, n° 13 (1957).

Mackenroth, Gerhard, Bevölkerungslehre (Theorie, Soziologie und Statistik der Bevölkerung), Berlin-Göttingen-Heidelberg 1953.

Mackensen, Rainer, K. Krämer und *M. Vanberg,* Probleme regionaler Mobilität. Ergebnisse und Lücken der Forschung zur gegenwärtigen Situation in der B. R. D./Berlin (West), Institut für Soziologie der T. U. Berlin, Manuskript März 1973.

Mälich, Wolfgang, Analyse und Prognose räumlicher Bevölkerungsverteilungen und ihrer Veränderungen, Berlin-München 1973.

Mälich, Wolfgang, Gegenüberstellung stochastischer und deterministischer Wanderungsmodelle, Manuskript 1973.

Mangalam, J. J., und *Cornelia Morgan,* Human Migration. A Guide to Migration Litterature in English, 1955—1962, Lexington, Ken. 1968.

Mangalam, J. J., und *Harry K. Schwarzweller,* General Theory in the Study of Migration: Current Needs and Difficulties, in: International Migration Review, Bd. 3 (1968).

Mayer, Kurt B., Migration and the Journey to Work, in: Social Forces, Bd. 42 (1963).

Mayntz, Renate, Soziale Schichtung und sozialer Wandel in einer Industriegemeinde, Stuttgart 1958.

Mehrländer, Ursula, Soziale Aspekte der Ausländerbeschäftigung. Schriftenreihe des Forschungsinstituts der Friedrich-Ebert-Stiftung, Bd. 103, Bonn-Bad Godesberg 1974.

Mendras, Henri, L'exode rural en France. Etat des travaux. Faculté des lettres et sciences humaines, Paris 1967.

Merlin, Pierre, L'exode rural. Cahiers de l' I. N. E. D., N° 59, Paris 1971.

Merner, Paul G., Das Nomadentum im nordwestlichen Afrika, Berlin 1937.

Meyer, Friedrich, Probleme und Methoden der Binnenwanderungsforschung, in: Archiv für Bevölkerungswissenschaften und Bevölkerungspolitik, Bd. 6 (1936).

Müller, Karl-Valentin, Das Konnubium als Maß der psychischen und sozialen Einwurzelung von Flüchtlingsgruppen, in: Raumforschung und Raumordnung, Bd. 10 (1950).

Müller, Karl-Valentin, Zur Frage der Stadt- und Landselektion, in: Raumforschung und Raumordnung, Bd. 16 (1958).

Müller, Karl-Valentin, Soziologische und sozialpsychologische Folgen der Austreibung, in: Das östliche Deutschland, Würzburg 1959.

Münchner Statistik, Die Mobilität im Münchener Stadtgebiet 1973/3.

Murphy, H. M. B. (Hrsg.), Flight and Resettlement, Paris 1955.

Nasser-Rahines, The Brain-Drain. The Concept, Causes, Socio-Economic Consequences and Proposals to Deal with the Problem. Paper presented to the seminar on "brain-drain", Teheran 15-18 nov. 1970.

Nellner, Werner, Die Pendelwanderung in der Bundesrepublik Deutschland, ihre statistische Erfassung und kartographische Darstellung, in: Berichte zur Deutschen Landeskunde, B. 17 (1956).

Neuloh, Otto, und *K. Birg*, Raumordnung und Pendlerfrage. Ergebnisse einer sozio-ökologischen Untersuchung mit empirischen Fallstudien. Institut für empirische Soziologie, Saarbrücken, Manuskript Juni 1973.

Neumann, Brigitte, Richard Mezoff und *Anthony H. Richmond*, Immigrant Integration and Urban Renewal in Toronto, Den Haag 1973.

Newton, Mary P., und *James R. Jeffery*, Internal Migration. Some Aspects of Population Movements within England and Wales, London 1961.

Neymark, Ejnar, Selektiv rörlighet, Stockholm 1961.

Nikolinakos, Marios, Wanderungsprozesse und ihre ökonomischen Determinanten, in: *Mackensen, Rainer*, und *H. Wever* (Hrsg.), Dynamik der Bevölkerungsentwicklung, München 1973.

Nourissier, Francois, und *A. Pillepich*, Enracinement des immigrants, Paris 1951.

OECD, L'adaption des travailleurs ruraux à l'industrie, Paris 1965.

OECD, Emigrant Workers Returning to their Home Country, Paris 1967.

Olsson, Gunnar, Distance and Human Interaction. A Migration Study, in: Geografiska Annaler, Bd. 47 (1965).

Paikert, Geza Charles, The German Exodus. A Selective Study on the Post-World War II Expulsion of German Population and its Effects, Den Haag 1962.

Peterson, William, A General Typology of Migration, in: American Sociological Review, Bd. 23 (1959).

Pfeil, Elisabeth, Soziologische und psychologische Aspekte der Vertreibung, in: Europa und die deutschen Flüchtlinge, Frankfurt 1952.

Pfeil, Elisabeth, Großstadtforschung, Entwicklung und gegenwärtiger Stand, 2. Aufl., Hannover 1972.

Pfister-Ammende, Maria, Untersuchungen zum deutschen Vertriebenen- und Flüchtlingsproblem, Berlin 1955.

Pforzheim, Wanderungen von und nach Pforzheim. Daten und Motive der räumlichen Bevölkerungsbewegung 1969. Amt für Wirtschaft, Verkehr und Statistik, Bd. 51 (August 1970).

Pihlblad, C. T., und *C. L. Gregory*, Selective Aspects of Migration Among Missouri High School Graduates, in: American Sociological Review, Bd. 19 (1954).

Pourcher, Guy, Le peuplement de Paris, Cahiers de l'I.N.E.D., N° 43, Paris 1964.

Pourcher, Guy, Un essai d'analyse par types de la mobilité géographique et professionnelle, in: Population, Bd. 19 (1966).

Price, Charles, The Study of Assimilation, in: *Jackson J. A.,* op. cit.

Price Charles, und *J. Zubrzycki,* The Use of Inter-Marriage Statistics as an Index of Assimilation, in: Population Studies, Bd. 19 (1962/63).

Price, Daniel O., A Mathematical Modell of Migration Suitable for Simulation on an Electronic Computer, Internationaler Bevölkerungskongress, Wien 1959.

Prognos, Struktur und Motive der Wanderungsbewegungen in der Bundesrepublik Deutschland (unter besonderer Berücksichtigung der kleinräumigen Mobilität). Untersuchungen der Prognos A. G. im Auftrag des Bundesministeriums des Innern, Basel 1968.

Rademacher, Manfred, Die wirtschaftlichen, sozialen, demographischen und politischen Verhältnisse in den Herkunftsländern als Determinanten individueller Auswanderungsentscheidungen, in: Deutsche Gesellschaft für Bevölkerungswissenschaft: Die Ausländer in der Bundesrepublik, 1972.

Rambaud, Placide, Economie et sociologie de la montagne. Vieux en Maurienne, Paris 1962.

Rauchberg, Die Bevölkerung Österreichs auf Grund der Ergebnisse der Volkszählung von 1890, Wien 1895.

Rauh, C. H., Mobilität. Ein neuer Ansatz, Manuskript Konstanz 1969.

Ravenstein, E. G., The Laws of Migration, in: Journal of the Royal Stat. Society, Bd. 48 (1885), Bd. 52 (1889).

Rose, Arnold M., Distance of Migration and Socio-Economic Status of Migrants, in: American Sociological Review, Bd. 23 (1958).

Rossi, Peter H., Why Families Move, Glencoe, Ill. 1956.

Rundblad, Bengt G., Problems of a Depopulated Rural Community, in: Migration in Sweden, Lund Studies in Geography, Serie B, no 13 (1957).

Saunders, Harold W., Human Migration and Social Equilibrium, in: *J. J. Spengler* und *O. D. Duncan* (Hrsg.), Population Theory and Policy, Glencoe, Ill. 1956.

Savorgnan, Franco, Celibi e coniugati nella popolazione nativa e nella popolazione immigrata, in: Scritti vari dedicati al Prof. Masè-dari, Modena 1935.

Sauvy, Alfred, Théorie générale de la population, Paris 1954.

Schäffer, Karl-August, Mathematische Analyse von Wanderungsströmen in der Bundesrepublik Deutschland, Köln 1968.

Schaffer, Franz, Räumliche Mobilitätsprozesse in Stadtgebieten, in: Beiträge zur Frage der räumlichen Bevölkerungsbewegung. Veröff. der Akad. für Raumforschung und Landesplanung, Sitzungsberichte, Bd. 55, Hannover 1970.

Schechtmann, Joseph B., The Refugee in the World. Displacement and Integration, New York 1964.

Schipulle, Hans P., Ausverkauf der Intelligenz aus Entwicklungsländern?, München 1974.

Schmeling, J. S., Räumliche Bevölkerungsbewegungen. Ein komplexes Grundproblem der Raumordnung, dargestellt in der Region Nord-Hessen, Dissertation T. U. Berlin 1972.

Schnieber, Hans, Statistik der Binnenwanderung, in: *Friedrich Burgdörfer* (Hrsg.), Die Statistik in Deutschland, Bd. I, Berlin 1940.

Schrettenbrunner, Helmut, Gastarbeiter, Frankfurt 1974.

Schwarz, Karl, Maßzahlen in der Wanderungsstatistik, in: Allgemeines Statistisches Archiv, Bd. 43 (1959).

Schwarz, Karl, Analyse der räumlichen Bevölkerungsbewegung. Veröffentlichungen der Akademie für Raumforschung und Landesplanung, Abhandlungen, Bd. 58, Hannover 1969.

Schwarz, Karl, Neuere Erscheinungen der Binnenwanderung, in: Veröffentlichungen der Akademie für Raumforschung und Landesplanung, Bd. 55, Hannover 1970.

Schwidetzki, Ilse, Großstadt und Kleinstadt nach sozialanthropologischen Untersuchungen in Schlesien, in: Homo, Bd. 1 (1949).

Schwidetzki, Ilse, Der Männerwall der Städte, in: Homo, Bd. 2 (1950).

Seifert, Werner, Darstellung des Pendlerproblems mit Hilfe mathematischer Modelle. Statistische Praxis (1968).

Sédlichi, Izumi, Acculturation among the Japanese Immigrants to Brazil. Proceedings of the World Population Conference 1954, New York 1955.

Senior, Clarence, Strangers — Then Neighbours: From Pilgrims to Puerto Ricans, New York 1961.

Shyrock, Henry S., Population Mobility within the United States, Chicago 1964.

Siu, Paul S. P., The Sojourner, in: American Journal of Sociology, Bd. 59 (1952).

Somermeijer, W. H., Een analyse van de binnenlandse migratie in Nederland tot 1947 en van 1948—1957, in: Statistische en econometrische Onderzoekingen 1961/3.

Sorre, Maximilian, Les migrations des peuples. Essai sur la mobilité géographique, Paris 1955.

Sorokin, Pitirim A., Social and cultural mobility, London 1964.

Specht, Karl-Gustav, Der Einfluß des Ortswechsels auf das Gruppenleben der Menschen, in: Kölner Zeitschrift für *Soziologie,* Bd. 5 (1952/53).

Statistisches Bundesamt Wiesbaden, Wanderungen: Fachserie A (Bevölkerung und Kultur), Reihe 3, vierteljährlich und jährlich (zuletzt 1970, Wiesbaden 1971).

Statistisches Bundesamt Wiesbaden, Pendler: Fachserie A (Bevölkerung und Kultur), Volks- und Berufszählung vom 6. Juni 1961, Heft 9 (Wiesbaden 1967).

Stewart, Charles T., Jr., Migration as a Function of Population and Distance, in: American Sociological Review, Bd. 25 (1960).

Stirn, Hans, Ausländische Arbeiter in Deutschland. Gestern und Heute, in: Psychologie und Praxis, Bd. 9 (1965).

Stöckmann, W., Die Wohnort- und Arbeitsplatzmobilität der Bevölkerung in ländlichen Räumen, Frankfurt 1971.

Stouffer, Samuel A., Intervening Opportunities. A Theory Relating Mobility and Distance, in: American Sociological Review, Bd. 5 (1940); auch in: *S. A. Stouffer,* Social Research to Test Ideas, New York 1962.

Sutter, Jean de, Evaluation de la distance séparant le domicile des futurs époux, in: Population, Bd. 11, 1958.

Sutter, Jean de (Hrsg.), Les déplacements humains, Paris 1962.

Sutter, Jean de, und *J. M. Eoux,* Evolution de la consanguinité en France de 1926 à 1958 avec des données récentes détaillées, in: Population, Bd. 15, 1962.

Tachi, Minon, Regional Income Disparity and Internal Migration of Population in Japan, in: Economic

Development and Cultural Change, Bd. 12 (1964).

Taft, Ronald, The Shared Frame of Reference Concept Applied to the Assimilation of Immigrants, in: Human Relations, Bd. 6 (1953).

Taft, Ronald, und *Richard Robbins,* International Migration, New York 1955.

Ter Heide, Hendrik, Migration Models and their Significance for Population Forecast, in: The Milbank Memorial Fund, Bd. 41 (1963).

Termote, Marc, Les modèles de migration. Une perspective d'ensemble, in: Recherches économiques de Louvain, 1967.

Thistlethwaite, Frank, Migration from Europe Overseas in the 19th and 20th Centuries, in: XIe Congrès internat. des Sciences historiques, Stockholm 1960 (nachgedruckt unter dem Titel: Europäische Überseewanderung im 19. und 20. Jahrhundert, in: *Wolfgang Köllmann* (Hrsg.), Bevölkerungsgeschichte, Köln 1972).

Thomas, Brinley, Migration and Economic Growth, Cambridge 1954.

Thomas, Brinley (Hrsg.), The Economics of International Migration, London 1958.

Thomas, Brinley, International Migration, in: *Philip M. Hauser* und *Otis D. Duncan* (Hrsg.), The Study of Population, Chicago 1959.

Thomas, Brinley, und *Dorothy S. Thomas,* Social and Economic Aspects of Swedish Population Movements 1750—1933, New York 1941.

Thomas, Dorothy S., Research Memorandum on Migration Differentials. Social Science Research Council. Bulletin n° 43, New York 1938.

Thomas, L. V., Acculturation et déplacement des populations en Afrique de l'ouest, in: Revue de psychologie des peuples, Bd. 16 (1961).

Thomas, William I., und *Florian Znaniecki,* The Polish Peasant in Europe and America, Chicago 1919—20 (nachgedruckt New York 1958).

Thomlinson, Ralph, A Model for Migration Analysis, in: Journal of the American Statistical Association, Bd. 56 (1961).

Thurnwald, Richard, The Psychology of Acculturation, in: American Antropologist, Bd. 34 (1932).

Tönnies, Ferdinand, Gemeinschaft und Gesellschaft, zuerst 1887, 8. Auflage Leipzig 1935.

Tugault, Yves, La mesure de la mobilité. Cinq études sur les migrations internes, Cahiers de l'I. N. E. D., N° 67, Paris 1973.

Union Internationale pour l'étude scientifique de la population: L'assimilation culturelle des immigrants, Paris 1950.

UNESCO, The Positive Contributions by Immigrants. A Symposium, Paris 1955.

UNESCO, Mobility — mobilité, in: Bulletin International des Sciences Sociales, Bd. 8 (1956).

UNESCO, Assimilation culturelle et tensions dans un pays de forte immigration: Israel. Mit Beiträgen von *A. Bonné, S. N. Eisenstadt u. a.,* in: Bulletin International des Sciences Sociales, Bd. 8 (1956).

United Nations, The Determinants and Consequences of Population Trends, in: Population Studies, Bd. 17 (1953) Neubearbeitung im Erscheinen (Bd. I als Population Studies, Bd. 50, 1973).

United Nations, International Migration Statistics. Statistical Papers, Serie M, 20 (1953).

United Nations, Multilingual Demographic Dictionary, in: Population Studies, Bd. 19 (1954).

United Nations, Methods of Measuring Internal Migration, Population Studies, Bd. 47 (1970).

Vallarché, Jean, La mobilité professionelle des ruraux dans une sociéte libre, Fribourg 1954.

Vanberg, Monika, Kritische Analyse der Wanderungsforschung in der B. R. D. Arbeitshefte aus dem Institut für Soziologie der T. U. Berlin — Arbeitsgruppe Wanderforschung, H. 2, Berlin 1971.

Van Wijk, Wouter, A Sociological Study of the Gypsies, Leiden 1948.

Verwey-Jonker, H., und *P. O. M. Brackel*, The Assimilation and Integration of Pre- and Postwar Refugees in the Netherlands, Den Haag 1957.

Vexliard, Alexandre, Introduction à la sociologie du vagabondage, Paris 1956.

Walker, M., Germany and the Emigration (1816—1885), Cambridge, Mass. 1964.

Weiß, Hans, Industrialisierung auf dem Lande, in: *René König* (Hrsg.), Soziologie der Gemeinde, Kölner Zeitschrift für Soziologie und Sozialpsychologie, Sonderheft 1, 4. Aufl. 1972 (zuerst 1956).

Wendel, Bertil, A Migration Scheme, in: Lund Studies in Geography, Serie B, Bd. 9 (1953).

Wendel, Bertil, Regional Aspects of Internal Migration and Mobility in Sweden, in: Migration. Lund Studies in Geography, Serie B, Bd. 13 (1957).

Werth, M., Analyse mobilitätshemmender Motivationen. Institut für Sozialforschung und Sozialwissenschaft, Saarbrücken 1971.

Wever, H., Forschungsdokumentation zur regionalen Mobilität. Arbeitshefte aus dem Institut für Soziologie der T. U. Berlin, Arbeitsgruppe Wanderungsforschung, H. 4. Berlin 1972. Ergänzt in *Mackensen 1974*.

Wilmanns, Karl, Zur Psychopathologie des Landstreichers, Leipzig 1906.

Wülker, Gabriele, Probleme der soziologischen Einordnung fremder ethnischer Gruppen in die deutsche Bundesrepublik.

Wulf, Jürgen, Ergebnisse der Wanderungsforschung und ihre Integration in Modelle, in: Zeitschrift für die gesamte Staatswissenschaft 128 (1972).

Zipf, George, The P_1 P_2/D Hypothesis. On the Intercity Movement of Persons, in: American Sociological Review, Bd. 11 (1946).

Zimmermann, Horst, Regionale Präferenzen zur Wohnortorientierung und Mobilitätsbereitschaft der Arbeitnehmer in der Bundesrepublik Deutschland, Manus. Marburg 1972.

Zubrzycki, Jercy, Polish Immigrants in Britain. A Study of Adjustment, Den Haag 1961.

Zubrzycki, Jercy, Immigration and Culture Conflict, in: R. E. M. P. Bulletin 5 (1957).

Zubrzycki, Jercy, The Role of the Foreign-Language Press in Migrant Integration, in: Population Studies, Bd. 12 (1958).

Zubrzycki, Jercy, Settlers of the Latrobe Valley, Canberra 1965.

Zühlke, W., Zu- und Abwanderung im Ruhrgebiet, Ergebnisse einer Umfrage, in: Schriftenreihe des Siedlungsverbandes Ruhrkohlenbezirk, Heft 13. Essen 1967.

Zwingmann, Charles A., und *Maria Pfister-Ammende*, Uprooting and After, Berlin—Heidelberg—New York 1973.

Namenregister

Abbot, Joan 84
Abegglen, James C. 71, 102
Adams, Stuart 84
Adebahr, Hubertus 174
Adelson, Joseph 89
Agersnap, Torben 174
Agulhon, M. 177
Alavi, Hamza 30, 33
Albrecht, Günter 112 f., 159, 172 f., 175
Alexander, C. Norman, Jr. 84
Allan, P. J. 87
Allendorf, A. 108, 175
Ammassari, Paolo 33, 60, 84
Anderson, Charles A. 84, 100
Anderson, Nels 105, 175
Anderson, Theodore R. 175
Andrieux, Andrée 33
Annales 110
Apter, David E. 15, 33
Archer, Margaret S. 33
Armstrong, John A. 15, 33
Arnold, Hermann 105, 175
Aron, Raymond 11, 13 f., 33
Aschenbrenner, Karin 86
Ascolani, Augusto 175
Association mondiale pour l'étude des problèmes des refugiés (AWR) 110
Atteslander, Peter 121, 163, 175
Azmon, Yael 35

Bacci, Massimo Levi 175 f.
Bages, Robert 128, 175
Bahr, Howard M. 84
Balan, Jorge 84
Baltzell, E. Digby 4, 15, 33
Banfield, Edward C. 33
Barber, Bernard 56, 79, 84
Barth, Hans Paul 38
Bastide, Henri 148, 175, 177
Bastié, I. 177
Batelle Institut 111, 175
Baumann, Zygmunt 84
Baumanns, H. L. 33
Baumert, Gerhard 33, 84
Bealer, R. C. 95
Bechhofer, Frank 35
Beck, Hansjürg 162 f., 175
Beijer, Gunther 125, 128, 163, 175
Bell, Colin 84
Bell, Daniel 26, 33
Beltramone, André 175
Benda, Julien 14, 33
Bendix, Reinhard 33, 38, 46, 59, 63, 79, 81, 84, 97, 101
Bennet, William J. 84
Bergel, Egon E. 33
Berger, Peter 84, 96
Bergonzini, L. 34
Bergstein, B. F. 85
Berteaux, Daniel 85
Beyme, Klaus von 34
Bieri, James 85
Biermann, Benno 73, 85
Billewics, W. Z. 85
Bingemer, Karl 175
Birg, Herwig 175, 182
Birindelli, Anna Maria 175
Bismarck, Otto von 130
Blache, J. 105, 175
Blackburn, R. M. 85
Blacker, J. G. C. 85
Blalock, Hubert M., Jr. 85 f.
Blau, Peter M. 17, 22, 34, 46, 58, 62, 64, 70, 77, 85
Blau, Zena S. 80, 85
Blauner, Robert 34
Bleicher, Helmut 108, 175
Bloch, Marc 34
Blotevogel, Hans H. 128, 176
Blumer, Giovanni 176
Böhning, U. R. 164, 176
Böker, Hugo 128, 176
Boetticher, Karl W. 73, 99
Bogue, Donald J. 110, 156, 176
Bohnsack, Else 77, 85, 110, 125, 176
Bolte, Karl Martin 4, 34, 45, 47, 50, 56, 61, 63 f., 76 f., 79, 85
Bonjean, Charles M. 86
Bonné, A. 185
Borgardus, Emory S. 86
Bosl, Karl 56, 86
Bottomore, Thomas B. 13, 15, 34, 86

Boudon, Raymond 44, 86
Bouglé, Célestin 19, 24, 34
Bourdieu, Pierre 86
Boustedt, O. 176
Bouvier-Ajam, M. 34
Boyle, Richard P. 87
Brackel, P. O. M. 110, 186
Brainerd, Carol P. 87, 180
Brams, Lucien 87
Breed, Warren 81, 87
Brenez, J. 105, 176
Brepohl, Wilhelm 107, 162 f., 176
Bressler, Marvin 87, 103
Brice, Herrington 98
Briefs, Götz 34
Brock, D. 95
Broom, Leonard 87
Brotz, Howard M. 87
Bruce, C. D. 86
Buchholz, E. W. 141, 176
Buckley, Walter 37
Bülow, Friedrich von 128, 176
Bukharin, Nikolai 21, 30, 34
Burgdörfer, Friedrich 179, 183
Burschtyn, H. 87
Burt, Cyril 87
Busch, Dirk W. 56, 62 ff., 87

Caldwell, John C. 127, 176
Capecchi, Vittorio 44, 87
Carleton, Robert O. 93
Carlsson, Gösta 45, 50, 87, 101
Caro, F. G. 87
Carrère d'Encausse, Hélène 30, 34
Caserman, Andrej 62, 87
Castles, Stephen 34
Cave, E. D. 87
Centers, Richard 34, 87
Chapin, F. Stuart 88
Charbit, Y. 177
Chevalier, Louis 110, 176
Chinoy, Ely 88
Chudacoff, H. P. 88
Clark, Colin G. 53, 88
Clark, Burton R. 88
Clayton, Lane W. 89 f.
Clémens, René 164, 176
Clément, Pierre 176
Clements, R. V. 88
Clerc, Paul 176
Cohen, Stephen F. 21, 30, 34
Coleman, James S. 88
Conant, Jonas B. 88
Cooley, Charles H. 78
Copeman, George H. 88
Counts, George S. 88
Courgeau, D. 111, 151, 155, 170, 176
Crockett, Harry J., Jr. 88
Croner, Fritz 34
Curtis, Richard F. 81, 88, 93
Cutright, Philips 88

Daheim, Hansjürgen 34, 38, 56, 63 f., 81, 88, 101, 178
Dahl, Robert 14 f., 34
Dahrendorf, Ralf 9, 22, 27, 34 f., 73, 88
Davidson, R. B. 176
Davies, A. F. 88
Davis, James A. 88, 94
Davis, Kingsley 8, 17, 35, 88
Delcourt, J. 35
Delruelle, N. 89
Dietrich, H. 81, 89
Di Tella, Torquato 87
DIVO-Institut 89
Djilas, Milovan 21, 35
Dörge, F. W. 86
Dollard, John 18, 35
Domhoff, G. William 14 f., 35
Douvan, Elizabeth 89
Dreitzel, Hans P. 13, 35
D'Souza, Victor S. 89
Dublin, Robert 102
Duchac, René 108, 177
Dumont, Louis 35
Duncan, Beverly 89
Duncan, Otis D. 17, 22, 34, 46, 58, 62, 64, 70, 76 f., 85, 89, 176, 183, 185
Durant, R. 178
Durkheim, Emile 7, 24, 35

Easterling, Richard A. 180
Ebel, H. 66
Eberhard, Wolfram 56, 89
Edinger, Levis J. 89
Edwards, H. 103
Egger, Martin 140, 177
Eisendraht, Ernst 89
Eisenstadt, Shmuel N. 35, 89, 113, 173, 177, 185
Eisermann, Gottfried 13, 35

Elder, Glen H., Jr. 89
Eldridge, Hope T. 177
Elhai, H. D. 177
Elizaga, Juan C. 127, 177
Elkan, Walter J. 127, 177
Ellis, Evelyn 89
Ellis, Robert A. 89 f., 93
Engels, Friedrich 2, 37
Eoux, J. M. 184
Eulau, Heinz 90
Europarat 112
Ex, Jacques 110, 177

Farber, Bernhard 90
Feldman, Arnold S. 90, 102
Feldmesser, Robert A. 90
Floud, Jean 90, 100
Foote, Nelson H. 90
Form, William H. 63, 90, 96, 98
Fourastié, Jean 53, 90
Fox, Thomas G. 90
Freedman, Linton 96
Freedman, Ronald 90, 177
Friedeburg, Ludwig von 99
Friedlander, Dov. 124, 177
Friedmann, Georges 180
Frödin, J. 105, 177
Fröhlich, Karl-Heinz 90
Fürstenberg, Friedrich 35, 43, 90
Fuller, Ronald 105, 177
Furth, Peter 37

Gadda, Conti G. 90
Galle, Omer R. 177
Gandhi 31
Ganser, Karl 111, 135, 137 ff., 177
Gardon, Joan 95
Gatzweiler, Hans-Peter 119, 177
Geiger, Theodor 14, 35, 41 ff., 81, 90
George, Pierre 160, 177
Germani, Gino 90
Gerstl, Joel E. 91, 99
Geschwender, James A. 91
Gesser, B. 87
Giddens, Anthony 15, 35, 39
Giner, Salvador 33
Gini, Corrado 161, 177
Ginsberg, Morris 91
Girard, Alain 45, 72, 91, 111 f., 175, 177
Girod, Roger 46, 64, 69, 80, 91
Glass, David V. 17, 22, 34, 44 f., 50, 59, 61, 63 f., 68, 76, 84 f.
Glass Ruth 167, 177 f.
Goldhammer, Herbert 91
Goldner, Fred H. 91
Goldstein, Sidney 178
Goldthorpe, John H. 11, 28, 35, 91
Gomberg, William 39
Goode, William J. 91
Goodmann, Leo A. 44, 91
Graubard, Stephen R. 27, 35
Gregory, C. L. 159, 182
Gregory, F. W. 92
Grimm, Susanne 78 f., 92
Gross, Edward 92
Grossmann, H. 33
Gruber, Utta 61, 86, 92
Guest, Robert H. 92
Gugler, Josef 127, 178
Gulliver, Philip H. 127, 178
Gunzert, Rudolf 106, 178
Gurvitch, Georges 35
Gusfield, Joseph R. 92
Gustad, John W. 85
Guttsman, W. L. 15, 35

Haegerstrand, Torsten 111, 151, 170, 178
Hagood, Margaret J. 156, 176
Hagstrom, Warren O. 92
Halbwachs, Maurice 35
Hall, John 98
Hall, Richard H. 68, 92
Halsey, Arthur H. 92, 100
Hamilton, Horace C. 178
Hamilton, Richard F. 35 f., 92
Hamon, Léo 36
Handlin, Oscar 167, 178
Hannan, Damian 178
Hanneberg, D. 178
Hansen, D. 99
Hargens, L. L. 92
Harloff, Hans-Joachim 92
Harris, I. 92
Hartmann, H. 96
Hassert, Karl 108, 178
Hassinger, Hugo 108, 178
Hatt, Paul K. 90, 100
Hauser, Philip M. 110, 176, 185
Havighurst, Robert J. 76, 92
Hawley, Amos H. 90
Hazelrigg, Lawrence E. 37, 92, 96

Heberle, Rudolf 104, 109, 113, 116, 121, 126, 131, 167, 178
Heek, Frederik van 79, 92
Heintz, Peter 99
Heller, C. S. 36
Henry, Louis 111, 178
Hérin, Robert 129, 178
Herle, L. 81, 89
Herman, W. M. 87
Herzog, Dietrich 92
Hetzler, Stanley A. 92
Himmelweit, Hilde T. 92
Ho, Ping-ti 92
Hodge, Robert W. 76, 89, 93
Hörning, K. H. 36
Hofbauer, Hans 36, 46, 56, 63 f., 69, 82, 93
Hoffmann-Novotny, Hans-Joachim 112 f., 164, 173, 178 f.
Hofstee, E. W. 110, 161, 178
Hoggart, Richard 4, 36
Hollander, P. 98
Hollingshead, August B. 93
Hope, Keith 44, 91, 93
Horowitz, Irving L. 86
Horstmann, Kurt 104 ff., 129, 179
Hoselitz, Bert 19
Howton, Frank W. 84
Hruschka, Erhard 111, 125, 131, 142 ff., 145, 147 f., 179, 182
Hsu, Francis L. K. 93
Hunter, Floyd 15, 36
Hunter, Lawrence C. 93
Hutchinson, Bertram 165, 179
Hyman, Herbert H. 93

Illsley, Raymond 98
Inchiesta Shell 36
INFAS 111, 125, 179
Inkeles, Alex 58, 93
Institut National d'Etudes Démographiques 112
International Sociological Association 81, 93
Ipsen, Gunther 136, 179
Isaac, Julius 109, 179
Isbell, Eleanor C. 179

Jackson, Elton F. 93
Jackson, John Archer 36, 179
Jaeggi, Urs 36
Jaffe, Abraham L. 93
Jaher, Frederic C. 15, 36, 72
Jahoda, Marie 63
Janowitz, Morris 15, 30, 36, 56, 81, 93
Jansen, Clifford J. 179
Jansen, Paul-Günter 179
Jeffery, James R. 121, 182
Jencks, Christopher 94
Jerome, Harry 109, 179
Jessor, Richard 85
Jochimsen, Lukrezia 105, 179
Johnson, Terence J. 36
Johnsson, O. H. 179
Jolles, Hiddo M. 179
Jones, F. Lancaster 87
Jonston, Ruth 110, 179
Josylin, Carl S. 71, 102
Jüres, Ernst A. 38
Jürgens, Hans 179
Jurkat, Ernest 178

Kaelbe, Hartmut 73, 94
Kästner, Friedrich 136, 179
Kahl, Joseph A. 36, 75, 79, 94
Kant, Edgar 115, 168, 179
Kappe, Dieter 34, 76, 79, 86
Katz, E. 94
Katz, F. M. 94
Kavadias, George B. 105, 179
Kayser, Bernard 179
Keller, Suzanne 13, 36, 94
Kelsall, R. K. 15, 36
Kemper, Theodore D. 94
Kesting, Hermann 38
Keyfitz, N. 94
King Roy, C. 179
Kirby, E. 93
Klages, Helmut 63, 94
Klahr, D. 94
Kleiner, Robert J. 94
Kleining, Gerhard 36, 56 f., 94, 98
Klineberg, Otto 159, 179
Kluess, S. 179
Kluth, Heinz 36, 78, 94
Knoke, David 94, 100
Kocka, Jürgen 73, 94
Köllmann, Wolfgang 180, 185
König, Karl 134, 180
König, René 10, 14, 22, 34, 45, 59, 61, 64, 84 f., 116, 140, 163, 166, 178, 180, 186
Koff, D. 90

Kohn, Melvin L. 94
Kolabinska, Marie 94
Kolko, Gabriel 36, 94
Koller, Albert 162, 180
Kornrumpf, Martin 109
Kosack, Godula 34
Kottwitz, Gisela 112, 153 ff., 180
Krader, Lawrence 6, 36
Krämer, K. 112, 181
Kraft, Hermine 46, 63 f., 69, 93
Krahn, Karl 95
Krauss, Irving 95
Kreckel, Reinhard 61, 82, 86, 95
Krier, Henri 180
Krönlein, Eckhard D. 63, 95
Kruk, M. 36
Kruskal, J. B. 95
Kubat, Daniel 45, 95
Küpper, Franz 111, 125, 131, 142, 180
Kulischer, Alexander 109
Kulischer, Eugene M. 107, 109, 180
Kulldorf, Gunnar 111, 180
Kurz, Ursula 165, 180
Kuvlesky, William P. 95
Kwan, K. M. 18, 39

Ladame, Paul A. 110, 180
Ladinsky, J. 95
Lamarque, G. 35
Lamy, M.-L. 177
Landwehrmann, F. 86
Lane, Angela 95
Lane, David 36, 95
Langenheder, Werner 113, 173, 180
Lasch, H. 136
Lavandeyra, L. A. 177
Lee, Everett S. 109, 124, 159 f., 180
Leggett, John C. 36
Lehmann, Edward W. 95
Lehmkühler, Marlies 165, 180
Lemberg, Eugen 110, 181
Lenski, Gerhard E. 19, 36, 58, 95
Lepsius, Rainer M. 36
Leveil, Christiane 180
Lewin, Kurt 154, 173
Lewin, Moshe 30, 36
Li, Wen-lang 181
Libby, William L., Jr. 94
Lieber, Hans-Joachim 37
Liedtke, Bernd 112, 122, 181
Lignon, Jean 33
Liifering, J. H. W. 181
Lipset, Seymour M. 15, 27, 33, 37 f., 46, 59, 63, 78 f., 81, 95 ff., 100, 103
List, Friedrich 108, 181
Littig, L. W. 96
Litwak, Eugene 96, 181
Livi, Livio 96
Lloyd, Peter C. 37
Lobeck, Robin 85
Lockwood, David 35, 37, 96
Loevgren, Esse 110, 181
Lopreato, Joseph 37, 45, 92, 96
Loroque, P. 36
Luckmann, Thomas 84, 96
Ludz, Peter Christian 15, 37
Lueptow, Lloyd 96
Lüschen, Günther 81, 96
Lukácz, Georg 4, 37
Lunt, Paul S. 17, 39
Lystad, Mary H. 81, 96

MacDonald, K. I. 96
McFarland, David D. 44, 97
McGinnis, Robert 96
McGuire, Carson 97
Machonin, P. 22, 37
Mack, Raymond 96
Mackenroth, Gerhard 107 f., 181
Mackensen, Rainer 111 ff., 181 f., 186
Mackenzie, R. T. 37
Madison, James 2, 37
Mälich, Wolfgang 169, 181
Malewski, Andrzej 96
Mallet, Serge 29, 37
Malm, F. Th. 95
Mandic, Oleg 37
Mangalam, J. J. 181
Mannheim, Karl 13, 37
Marsh, Robert 97
Marshall, Thomas H. 37
Martin, Norman H. 97
Marx, Karl 2 ff., 5 ff., 9 f., 19, 21, 37
Matras, Judah 80, 97
Matthews, Donald 97
Matthews, Mervyn 15, 22, 37
Mauke, Michael 37
Mayer, Karl Ulrich 39, 57, 97, 100, 103

Mayer, Kurt B. 15, 37, 97, 178, 181
Mayntz, Renate 37, 56, 97, 162, 181
Mehrländer, Ursula 112, 181
Meisel, James H. 13, 37
Meistermann-Seeger, Edeltrud 175
Mendras, Henri 128, 181
Merlin, Pierre 111, 117, 128, 130 ff., 133, 151, 181
Merner, Paul G. 105, 181
Merrit, Richard L. 97
Merton, Robert K. 97
Meyer, Friedrich 109, 126, 178, 181
Meyers, J. K. 97
Meynaud, Jean, 37
Mezoff, Richard 182
Michels, Robert 13, 37, 97
Milic, Vajin 46, 97
Millar, John 2, 37
Miller, Delbert C. 63, 90, 98
Miller, S. M. 46, 53, 60 f., 90, 97 f.
Miller, William 15, 37, 92, 98
Mills, C. Wright 4, 13 f., 22, 25, 37 f., 72, 98
Minon, Paul 164, 176
Mitgau, Hermann, 42, 98
Mizruchi, Ephraim 98
Moore, Barrington 19, 25, 38
Moore, Harriett 36, 94, 98
Moore, Wilbert E. 8, 17, 35
Morgan, Cornelia 181
Morris, Richard 98
Mosca, Gaetano 12 f., 38
Moser, Claus A. 98
Müller, Karl-Valentin 158 ff., 165, 181 f.
Müller, Walter 57, 97 f.
Mulligan, Raymond A. 98
Murillo, Francisco 38
Murphy, H. B. M. 110, 182
Mury, G. 34
Musgrave, P. W. 98

Nasser-Rahines 182
Neidhardt, Friedhelm 34, 79, 86
Nellessen, W. 38
Nellner, Werner 137, 182
Neu, F. D. 92
Neubert, Edgar 175
Neugarten, B. J. 92
Neuloh, Otto 136 f., 182
Neumann, Brigitte 110, 182
Newcomer, M. 72
Newton, Mary P. 121, 182
Neymark, Ejnar 160, 182
Nichols, T. 38
Nikolinakos, Marios 113, 141, 182
Noel, Edward 98
Nold, K. 38
Nosow, S. 96
Nothaas, J. 44, 56, 62, 98
Nourissier, François 182

OECD 112, 165, 182
Oldman, David 98
Olsson, Gunnar 182
Ornstein, Michael D. 62, 100
Ortlieb, D. H. 86
Ortman, Hedwig 98
Ossipov, G. V. 98
Ossowski, Stanislaw 10, 21, 38, 99

Packard, Vance 99
Page, Charles H. 38
Paikert, Geza Charles 182
Palmer, Gladys L. 87
Pareto, Vilfredo 12 f., 38, 43, 70
Parker, Seymour 94
Parkin, Frank 21, 38
Parnes, Herbert S. 85, 87, 99
Parry, Albert 38
Parry, Geraint 38
Parsons, Talcott 8, 24, 38, 173
Passeron, Jean Claude 86
Patterson, Samuel C. 99
Pearl, Arthur 99
Pearlin, Leonhard I. 99
Pedell, Irmela 75, 99
Pedroux, Pierre-Yves 179
Peisert, Hansgert 76, 99
Peroy, Eduard 56, 99
Perucci, Robert 91 f.
Peruccis, Carolyn 99
Petersen, William 99, 182
Pihlblad, C. T. 87, 159 f., 182
Pillepich, A. 182
Pin, Emile 38
Pirenne, Henri 23, 38
Pfeil, Elisabeth 128, 130 f., 157, 162, 182
Pfister-Ammende, Maria 182, 186
Pforzheim, siehe Erhard Hruschka

Platt, Jennifer 35
Plotnick, Harald L. 85
Pollings, Harold 178
Popitz, Heinrich 38, 99
Porter, John 22, 38, 60, 99
Poulantzas, Nicos 13 f., 38
Pourcher, Guy 110, 125, 151, 182 f.
Pournier, G. 177
Prais, S. J. 99
Preradovich, Nicolaus von 99
Price, Charles 165, 183
Price, Daniel O. 183
Pröger, A. 112, 181
PROGNOS A.G. 111, 125, 171 f., 183
Prosenc, Miklarz 99
Pross, Helge 73, 99

Rademacher, Manfred 183
Rambaud, Placide 133, 183
Randet, P. 177
Ratner-Miller, Ann 180
Rauh, C. H. 183
Ravenstein, E. G. 108, 168, 183
Recker, Helga 40 ff., 99
Recum, Hasso von 99
Redlich, Frederic C. 93
Reid, Graham L. 93
Reigrotzki, Erich 99
Reiss, Albert J. 38, 99 f.
Reissman, Leonard 38
Research Group of European Migration Problems (REMP) 110
Richert, Ernst 38
Richmond, Anthony H. 182
Ridge, J. M. 96
Riessman, Frank 99
Rinde, Erich 100
Rishoj, T. 101
Ritti, R. R. 91
Robert, B. H. 97
Robbins, Richard 162, 185
Rogoff-Ramsoy, Natalie 57, 95 f., 100
Rokkan, Stein 97, 100
Romano, S. F. 38
Rose, Arnold M. 100, 183
Rosen, Bernard C. 100
Roshier, J. 124, 177
Rossi, A. Kitt 97
Rossi, Peter H. 58, 62, 93, 100, 106, 183
Rousseau, Jean Jacques 2, 38
Runciman, W. G. 38
Rundblad, Bengt G. 162, 183
Rüschemeyer, Dieter 39
Rushing, William A. 80, 100

Sack, Fritz 178
Sagi, Philip C. 87, 103
Saunders, Harold W. 173, 183
Sauvy, Alfred 183
Savorgnan, Franco 165, 183
Scarr, Harry A. 99
Schaeffer, R. 177
Schaffer, Franz 134, 183
Schäffer, Karl August 134, 169 f., 183
Schechtmann, Joseph B. 183
Schelsky, Helmut 14, 38, 75
Scheuch, Erwin K. 38 f., 101
Schipulle, Hans P. 106, 183
Schmeling, J. S. 183
Schmuck, Richard 80, 100
Schmuck, Robert W. 80, 100
Schnieber, Hans 122, 83
Schooler, Carmi 94
Schram, Stuart R. 30, 34
Schrettenbrunner, Helmut 112, 183
Schultz-Wild, Karin 86
Schumpeter, Joseph A. 39
Schwarz, Karl 104, 111, 121, 134, 169 f., 184
Schwarzweller, Harry K. 181
Schwidetzki, Ilse 157, 160, 184
Scripps Foundation 156
Scudder, Richard 100
Searing, D. D. 89
Sedlichi, Izumi 165, 184
Seeman, Melvin 100
Segal, David R. 100
Segal, Mady W. 100
Seifert, Werner 184
Senior, Clarence 167, 184
Sewell, William H. 100
Shah, V. P. 100
Shanin, T. 20, 39
Shibutani, Takeo 18, 39
Shils, Edward A. 100
Shostak, Arthur B. 39
Shyrock, Henry S. 184
Siegel, Pane M. 93
Silberstein, Fred B. 100

Silver, A. 37
Simey, Thomas S. 100
Simpson, George 100
Siu, Paul S. P. 165, 184
Sivignon, Michel 179
Slocum, Walter L. 62, 100
Smelser, Neil J. 91, 100, 103
Smelser, William 101
Smith, J. H. 87
Smith, Thomas C. 101
Solari, Aldo 15
Somermeijer, W. H. 170, 184
Sorokin, Pitirim A. 40 f., 43 ff., 70, 79 f., 101, 104, 184
Sorre, Maximilian 184
Spady, William G. 101
Spencer, Herbert 24, 39
Spengler, J. J. 183
Specht, Karl-Gustav 184
Sprondel, Walter M. 78, 101
Srinivas, M. N. 23, 39
Stacey, Barrie 101
Stäglin, Reiner 50, 101
Stanworth, Philip 15, 39
Statistisches Bundesamt Wiesbaden 184
Steiner, Helmut 39
Stewart, Charles T. Gr. 184
Stirn, Hans 164, 184
Stöckmann, W. 184
Stoebe, Axel 101
Stouffer, Samuel A. 169, 184
Strauss, Anselm L. 97, 101
Stuckert, Robert P. 80, 101
Stückmann, Günther 101
Sturmthal, Adolf 39
Suleiman, Ezra N. 15, 39
Sumner, William G. 7, 39
Sutter, Jean de 133, 171, 184
Svalastoga, Kaare 46, 50, 59, 61, 80, 87, 101
Szabady, Egon 80, 102

Tachi, Minon 184
Taeuber, Karl E. 177
Taft, Ronald 162, 185
Tausky, Curt 102
Taussig, Frank W. 71, 102
Tawney, Richard H. 16, 39
Taylor, Lee 102
Ter Heide, Hendrik 170, 185
Termote, Marc 185
Thernstrom, Stephan 58, 102
Thistlethwaite, Frank 108, 185
Thode, H. 95
Thoenes, Piet 39
Thomas, Brinley 109 f., 185
Thomas, Dorothy S. 109, 185
Thomas, L. V. 185
Thomas, William I. 109, 185
Thomlinson, Ralph 170, 185
Thompson, E. P. 39
Thompson, Kenneth H. 102
Thurnwald, Richard 163, 185
Tien, H. Yuang 80, 102
Timasheff, Nicholaus S. 102
Tönnies, Ferdinand 116, 185
Touraine, Alain 10 f., 29, 39
Treiman, Donald J. 93
Tugault, Yves 111, 124, 155, 185
Tulder, J. J. M. van 102
Tumin, Melvin M. 39, 102
Turner, Ralph H. 76, 102

UNESCO 110, 185
Union Internationale pour l'étude scientifique de la population 108, 110, 185
United Nations (UN) 108, 110, 120 ff., 123, 185 f.
Urry, J. 15, 39
Utechin, S. V. 102

Vallarché, Jean 151, 186
Vanberg, Monika 112, 154, 180 f., 186
Vaughan, Michalina 39
Veblen, Thorstein 39, 78
Verwey-Jonker, H. 110, 186
Vexliard, Alexandre 105, 186
Vieille, Paul 176
Vorwaller, Darrell J. 102
Vosse-Smal, G. 164, 176

Wagenfeld, M. D. 102
Wakeford, J. 15, 39
Walker, M. 186
Warner, W. Lloyd 17, 39, 71, 97, 102
Weber, H. 111
Weber, Max 4, 6 f., 11, 15 ff., 18, 21, 39
Weichselberger, Kurt 102
Weiss, Hans 140, 186

Welford, A. 96
WEMA-Institut für empirische Sozialforschung 103
Wendel, Bertil 186
Werth, M. 103, 186
Werts, Charles E. 103
West, Patricia 81, 103
Westoff, Charles F. 87, 103
Wever, H. 182 f., 186
Weydemeyer, Joseph 2
White, H. C. 103
Wiehn, Erhard R. 39, 103
Wiese, Leopold von 103, 115
Wijk, Wouter van 105, 186
Wilcock, Richard C. 85, 87
Wilensky, Harold L. 63, 103
Williams, Allen J., Jr. 86
Wilmanns, Karl 105, 186
Winkler, H. J. 86
Wirth, Louis 103
Wittfogel, Karl August 6, 19, 39
Wohl, R. Richard 71, 103
Wolf, Eric 20, 30, 39
Wülker, Gabriele 110, 186
Wulf, Jürgen 141, 170, 186

Yarrow, Maria Radke 99
Yasuda, Saburo 50, 103
Yellin, Seymour 96
Yeracaris, C. A. 96

Zapf, Wolfgang 15, 39, 43, 72 f., 103
Zavalloni, Marisa 94
Zeisel, Hans 63
Zetterberg, Hans L. 59, 78, 96
Zimmermann, Horst 186
Zipf, George K. 168 f., 186
Znaniecki, Florian 109, 185
Zubrzycki, Jercy 125, 165 f., 183, 186
Zühlke, W. 125, 186
Zwingmann, Charles A. 186

Sachregister

Abstromquoten 49 f.
Affluxes (Zustrom) 42
Akademiker 42, 73 ff.
„American Dream" 44
Angestellte 26, 44, 48
Anpassung bei Wanderung 162
Appropriation des Produzierten 5
Arbeiter 44, 48
Arbeiterklasse
— Bewußtsein der 28
Arbeitsplatzwechsel 63
Arbeitsteilung
— Theorie der 7
— und Schichtung 25
Assoziationsindex (-indizes) 49 f., 57, 65
Aufstieg ohne Berufswechsel 75
Aufstiegsbewegung und religiöse Aktivität 81
Aufstiegsmotivationen 76
Auf- und Abstiegsbewegungen 47 ff., siehe auch Faktoren
— Häufigkeit von 60
— Messung von 58
— Krieg, seine Auswirkungen auf 64
Ausbildung 70
Ausbildungsstandard 23
Ausländische Arbeitnehmer 112, 152, 154, 164
Auslese durch Wanderung, s. Siebungsvorgänge
Auswanderung 108, 110, 120

Bauern
— -bewegungen 30
— -gesellschaften 30
— -gesellschaft 29
— -tum 30
Beamte(r) 48
— höherer 18
Beruf(e) 47
— Angestellten 27
— freie 18
— „farm" 58
— als Indikator
— manual" 58 f., 61
— „non-manual" 58 f., 61
Beruf(s)
— gruppen 23, 47, 49 f., 71
— Staffelung von 50
— Prestige von 50
— -hierarchie 16
— kategorien 59
— laufbahnen 52
— Prestigeskalen 52, 58
— strukturen der Industrieländer 53
— tradition 52
— vererbung 72
— vergleiche 52
— wahl 70
— potential 45
— -rollen 17
— -status 46
Berufsoffiziere 44, 62 f.
Berufsposition(en) 47
— väterliche und Ausbildung der Söhne 64 ff.
— von Vätern und Söhnen 46
Berufswechsel 47
— „institutionalisierter" 66
— „Medien" des 75
Bestimmungsfaktoren
— objektive 78
— subjektive 78
— sozialpsychologische 78
Betriebskarrieren 63, siehe auch Karrieren
Bewegung
— von Personen (social mobility) 40
— von Kulturelementen (cultural mobility) 40
Bewegungen
— Distanz vertikaler 61
— Häufigkeit von 56
Bewegungstypen 42
Bildungssystem als „Medium", Kanal der Entscheidungsstelle für Auf- und Abstiege 75
Bourgeoisie 3, 10, 12
„Blue-Collar-workers" 70
Brain Drain 106
Bürokraten 10
Bürokratie, bürokratisch 7

Chancengleichheit 68, 70, 75
„cultural mobility" 40

„Demokratisierung" des Bildungssystems 68
Differenzierung 24, 61, 76
— soziale 10, 24
Disposition zur Wanderung 152
Distanz vertikaler Bewegungen, s. Bewegungen
Doktrin, politische 5
Dritte Welt 6, 12

Ehre 16
Eigentum, Konzentration von 28
Eingliederung bei Wanderung, s. Anpassung
Eingliederungswanderungen 109, 111, 116, 165
Einwanderung 57, 77
Elite vs. Masse 12
Elitenmobilität, s. Intra-Generations-Mobilität
Elite, s. a. Schichten
— deutsche 73
— in Entwicklungsländern 30
— funktionale, funktionelle 13, 46
— Herkunft der 46, 70 ff., 74
— historische 48
— Kreislauf der 43
— Manager- 28
— modernisierende 15, 29
— politische 44, 48, 79
— -positionen 71
— regierende 12
— Theorie der 12 f.
— traditionelle 29
— -untersuchungen, -studien 18, 71
— wirtschaftliche 44
— Zirkulation der 12, 25
Entwicklung, technologische 25
Entwicklungsgesellschaft 24, 29
Entwicklungsländer
— Rolle der Eliten, s. Eliten
Erwerbsbevölkerung 49
Entwurzelung durch Wanderung 115 f., 162
Etappenwanderung, s. Kettenwanderung
Experten 14

Faktoren für Auf- und Abstiegsbewegungen
— ökologische 79
— sozialpsychologische 79
— soziologische 79
— sozio-ökonomische 79
Feudalismus 22
Fluktuation 41 f.
Fruchtbarkeit, berufsspezifisch differenzierte 77
Funktionalismus 7, 9
Funktionsrang 42

Generationsschicksal
— persönlichkeitsbetontes 42
— traditionsbetontes 42
— milieubetontes 42
Gesellschaft
— Agrar-, agrarische 19 ff., 22
— Anatomie der bürgerlichen 5
— asiatische 19
— Bauern- 30
— Feudal- 19
— hydraulische 19
— Industrie-, industrielle 19, 20 f., 24, s. a. post- -
— kapitalistische 6, 19, s.a. post- -
— Klassen- 19
— klassenlose 7, 29
— Mittelklassen- 24
— „offene" 29
— postindustrielle 10, 14, 21, 26, 28
— post-kapitalistische 9, 26
— sozialistische 6 f., 20 f.
— spätkapitalistische 14, 25 f.
— staatskapitalistische 12
Gesellschaftstyp, asiatischer, s. Gesellschaft
Gravitationsmodelle der Wanderung 168

Handarbeit 26
Heiratskreise 75
Herkunfts
— -quoten 49 f.
— -schicht 42
— -status 70
— -studien 43, 48 f., 71

Industrialisierung 43
— agrarischer Gesellschaften 20
— und Bauernschaft 20
— und Offiziere 20
Industrie, staatseigene 28
Industriegesellschaft 24
— demokratisch strukturierte 70
— kapitalistische 20
— moderne 47
— sozialistische 20
Integration, soziale 8
Intellektuelle
— kritische 15
— und Politik 14
— reformistische 29
— revolutionäre 4, 29
Intergenerationen — (Berufs-prestige) — Mobilität 46
Intragenerations-Mobilität 46, 62 ff.
— nationale Besonderheiten der 63

Kapitalismus
— organisierter 26
— Spät- 26
— Wohlfahrts- 26
Karriere(n) (careers) 63, 70
— mobilität, s. Intragenerations-Mobilität
— „disorderly" 63
— „orderly" 63
— -stufen 46
Kasten
— -regime, indisches 19
— -scheidungen 31
— -system 16
Kettenwanderung 117, 121, 124, 128, 132, 155, 160, 163
Klasse(n) 6, 8
— an sich 3 f.
— für sich 3
— -kämpfe 9, 11
— -konflikt 7
— politische 12
— soziale 1 f., 4, 25
— Beziehung zur Politik 10
— Unternehmer- 20
Klassenbewußtsein 4
Klassentheorie, Marxistische 10, 12
— vs. Elitentheorie 12
Kohortenanalyse 58
Kommunikation bei Wanderung 151
Konflikt
— -gruppen 9
— industrieller 9
— Klassen-, s. da
— sozialer 8
Kraftfelder bei Wanderung 149, 173 f.
Kultur(en), hydraulische 6

Landflucht 109, 125, 128, 162
Land-Stadt-Wanderung 126
Lebensstandard 27
Lebensstile 16
„Lebensziele" 79
Liberalisierung 43, 53

Manager
— Eliten 28
— -revolution 28
Meßzahlen über Wanderung 121
„Medien" des Berufswechsels, s. Berufswechsel
Mittelklasse(n) 10, 13, 24, 29, 61
— -berufe 26
Mobilität
— Arbeitsstellen- 41
— Berufs- 41
— Einkommens- 41
— Folgen der 46
— horizontale 104
— Intra-Generations- 41
— Inter-Generationen- 41, 48
— in der BRD 53
— regionale 41
— soziale 7, 10, 26 f., 40
— Total-Index der 83
— vertikale 40 ff., 43
— Kanäle der 75 ff.
— Bestimmungsgründe der 75 ff.
— Konsequenzen der 75 ff.
Mobilität
— in einer Modellgesellschaft 47
— im internationalen Vergleich 47
— im Zeitvergleich 47
— von Frauen und Erziehungs-praktiken 80, 82
— und Alkoholismus 81
— Familiengröße 80
— Herkunftsmilieu und Aufwärts-bewegungen 71, 81

— Intelligenzgrade 80
— Leistungssportler 81
— Nachbarschaft und Herkunftsfamilie 80
— Parteipräferenz 81
— Professionalisierungstendenzen in Industriegesellschaften 81
— Schizophrenie 81
— hemmende und fördernde Strukturelemente von Schulsystemen 80
Mobilitäts-
— forschung 44 f., 48
— forschungstechnische Faktoren 45
— forschungsorganisatorische Faktoren 45
— fördernde Einflüsse 80
— motive, subjektive 77
— raten
— internationaler Vergleich von 58, 61
— internationale Vergleichbarkeit von 59
— studien 4, 17
— vorgänge
— in bestimmten gesellschaftlichen Gruppen 42

Nationalismus 32

Oberklasse 27 f.
Oberschicht 46, 72 f.
Offiziere in Entwicklungsgesellschaften 29
Oligarchische Tendenzen 13
Ortsveränderung 104
Ortswechsel 63

Partei, monopolistische 11
Pendelwanderung 105, 111, 129, 135
Position
— als sozialer Auf- und Abstieg 43
— Differenzierung der 40
— gesellschaftliche 40
— Wechsel der 40
Positionsvererbung 52 f.
Prestige 15 f., 46 f., 52, 73
— Berufs- 21
Privilegien 75
Produktionsweise 5
— antike 6
— asiatische 6
— bürgerliche 6
— feudale 6
Professionalisierung 23
Proletariat 10, 12
Psyche der Mobilen 79

Radikalismus, politischer 27
Rang, sozialer 1
Rationalisierung 7
Reisen 105, 117
Relativierung der Werte 80

Saisonwanderungen 109, 129
Schicht(en)
— -„barrieren" 45
— -gefüge 45
— -strukturen 45
Schichtung 16
— soziale 1, 15, 76
— und Arbeitsteilung 25
Schichtungssysteme
— Typologie der 21
— Wandel der 22
Schichtungstheorie 18
Selbständige 48
Selektion durch Wanderung, s. Siebungsvorgänge
Siebungsfunktion der Bildungssysteme 76
Siebungsvorgänge durch Wanderung 128, 133, 156
„social mobility" 40
Sozialistische Länder 11
Sozialstruktur 32
Spezialisierung 23
Spitzenberufe 72
Sprachbarrieren 78
Staatskapitalismus 28
Stabilisierung der Sozialordnung 80
Stadt-Wanderung 126
Stand 1
Status 15, 18
— -änderungen 40
— beruflicher 16
— -differenzen 19
— -gewißheit 78
— -gruppen 16 ff.

— -kriterien, Index von 17
— sozialer 9, 17, 47
— -system 23
— -unsicherheit 80
Studenten 44, 48

Technobürokratie 28
Technokraten 10
Theorie, funktionalistische 8, 17
Theorie der Wanderungen 111, 122, 173

Umschichtungen 41
Umweltänderung bei Wanderungen 115, 163
Umzüge (innerstädtische) 106, 123
Ungleichheit, drei Haupttypen sozialer 1
Urbanisierung 127

Vagabunden 105, 166
Verbürgerlichung 11, 28
Vergleich
— internationaler 74, 76, 82
— Zeit- 57
Verschiebungen
— Netto- der Berufsgruppen 77
Verteilung der Talente 80

Wandel, sozialer 8
Wanderung 104
— differenzierte 156
— internationale, s. Auswanderung
— überseeische, s. Auswanderung
Wanderungs
— begriff 105, 113, 117
— entscheidung 130, 141, 154
— entschluß, s. -entscheidung
— forschung 106
— gesetz 168
— gründe, s. -motive
— matrix 119, 122
— merkmale 113
— modelle 111, 113, 119, 122, 167,
— motive 111, 114, 125, 131, 139, 141, 172
— prognose 113, 122, 171
— selektion, s. Siebungsvorgänge
— statistik 120
— ströme 112, 114, 121, 150, 168, 174
— theorien 111, 113, 122, 173
— typologien 114
— wahrscheinlichkeiten 122, 172
Wechsel
— als individuelle Bewegung 41 f.
— als kollektive Bewegung 41 f.
— zwischen Schichten 47
Weltwirtschaftskrise 44, 58
„White Collar"-Berufe 58
Wirkungen (Konsequenzen)
— der Mobilität 79
— auf die Sozialordnung 80
Wohlstand 10
Wohnortwechsel 105, 118, 120

Zeitvergleich, s. Vergleich